中国国情调研丛书
村庄卷
China's national conditions survey Series

Vol. Villages

中国国情调研丛书·乡镇卷
China's national conditions survey Series · **Vol towns**
主 编 刘树成
吴太昌

浙西中心镇扩权与绿色增长

——华埠镇的工业化与城市化调研

Core-Towns' Empowering and Green Growth in Western Zhejiang:
The Investigation of Huabu Town's Industrilization and Civilization

王宏淼 魏枫 贵斌威 著

中国社会科学出版社

图书在版编目(CIP)数据

浙西中心镇扩权与绿色增长：华埠镇的工业化与城市化调研 /
王宏淼，魏枫，贵斌威著. —北京：中国社会科学出版社，
2013.4

(中国国情调研丛书·乡镇卷)
ISBN 978-7-5161-2270-9

Ⅰ.①浙… Ⅱ.①王… ②魏… ③贵… Ⅲ.①城市建设—
关系—工业化—调查研究—开化县 Ⅳ.①F299.275.54

中国版本图书馆 CIP 数据核字(2013)第 055713 号

出 版 人	赵剑英	
责任编辑	喻 苗	
责任校对	王雪梅	
责任印制	王炳图	

出 版	中国社会科学出版社	
社 址	北京鼓楼西大街甲 158 号 (邮编 100720)	
网 址	http：// www.csspw.cn	
	中文域名：中国社科网 010-64070619	
发 行 部	010-84083685	
门 市 部	010-84029450	
经 销	新华书店及其他书店	

印 刷	北京君升印刷有限公司	
装 订	廊坊市广阳区广增装订厂	
版 次	2013 年 4 月第 1 版	
印 次	2013 年 4 月第 1 次印刷	

开 本	710×1000 1/16	
印 张	18.5	
插 页	2	
字 数	315 千字	
定 价	55.00 元	

中国国情调研丛书·企业卷·乡镇卷·村庄卷

总　序

陈　佳　贵

　　为了贯彻党中央的指示，充分发挥中国社会科学院思想库和智囊团作用，进一步推进理论创新，提高哲学社会科学研究水平，2006 年中国社会科学院开始实施"国情调研"项目。

　　改革开放以来，尤其是经历了近 30 年的改革开放进程，我国已经进入了一个新的历史时期，我国的国情发生了很大变化。从经济国情角度看，伴随着市场化改革的深入和工业化进程的推进，我国经济实现了连续近 30 年的高速增长。我国已经具有庞大的经济总量，整体经济实力显著增强，到 2006 年，我国国内生产总值达到了 209407 亿元，约合 2.67 万亿美元，列世界第四位；我国经济结构也得到优化，产业结构不断升级，第一产业产值的比重从 1978 年的 27.9% 下降到 2006 年的 11.8%，第三产业产值的比重从 1978 年的 24.2% 上升到 2006 年的 39.5%；2006 年，我国实际利用外资为 630.21 亿美元，列世界第四位，进出口总额达 1.76 万亿美元，列世界第三位；我国人民生活水平不断改善，城市化水平不断提升。2006 年，我国城镇居民家庭人均可支配收入从 1978 年的 343.4 元上升到 11759 元，恩格尔系数从 57.5% 下降到 35.8%，农村居民家庭人均纯收入从 133.6 元上升到 3587 元，恩格尔系数从 67.7% 下降到 43%，人口城市化率从 1978 年的 17.92% 上升到 2006 年的 43.9% 以上。经济的高速发展，必然引起国情的变化。我们的研究表明，我国的经济国情已经逐渐从一个农业经济大国转变为一个工业经济大国。但是，这只是从总体上对我国经济国情的分析判断，还缺少对我国经济国情变化分析的微观基础。这需要对我国基层单位进行详细的分析研究。实际上，深入基层进行调查研究，坚持理论与实际相结合，由此制定和执行正确的路线方针政策，是我们党领导革命、建设与改革的基本经验和基本工作方法。进行国情调研，也必须深入基层，只有深入基层，才能真正了解我国国情。

为此，中国社会科学院经济学部组织了针对我国企业、乡镇和村庄三类基层单位的国情调研活动。据国家统计局的最近一次普查，到2005年底，我国有国营农场0.19万家，国有以及规模以上非国有工业企业27.18万家，建筑业企业5.88万家；乡政府1.66万个，镇政府1.89万个，村民委员会64.01万个。这些基层单位是我国社会经济的细胞，是我国经济运行和社会进步的基础。要真正了解我国国情，必须对这些基层单位的构成要素、体制结构、运行机制以及生存发展状况进行深入的调查研究。

在国情调研的具体组织方面，中国社会科学院经济学部组织的调研由我牵头，第一期安排了三个大的长期的调研项目，分别是"中国企业调研"、"中国乡镇调研"和"中国村庄调研"。"中国乡镇调研"由刘树成同志和吴太昌同志具体负责，"中国村庄调研"由张晓山同志和蔡昉同志具体负责，"中国企业调研"由我和黄群慧同志具体负责。第一期项目时间为三年（2006—2008），每个项目至少选择30个调研对象。经过一年多的调查研究，这些调研活动已经取得了初步成果，分别形成了《中国国情调研丛书·企业卷》、《中国国情调研丛书·乡镇卷》和《中国国情调研丛书·村庄卷》。今后这三个国情调研项目的调研成果，还会陆续收录到这三卷书中。我们期望，通过《中国国情调研丛书·企业卷》、《中国国情调研丛书·乡镇卷》和《中国国情调研丛书·村庄卷》这三卷书，能够在一定程度上反映和描述在21世纪初期工业化、市场化、国际化和信息化的背景下，我国企业、乡镇和村庄的发展变化。

国情调研是一个需要不断进行的过程，以后我们还会在第一期国情调研项目基础上将这三个国情调研项目滚动开展下去，全面持续地反映我国基层单位的发展变化，为国家的科学决策服务，为提高科研水平服务，为社会科学理论创新服务。《中国国情调研丛书·企业卷》、《中国国情调研丛书·乡镇卷》和《中国国情调研丛书·村庄卷》这三卷书也会在此基础上不断丰富和完善。

2007年9月

中国国情调研丛书·乡镇卷

序 言

　　中国社会科学院在 2006 年正式启动了中国国情调研项目。该项目为期 3 年，于 2008 年结束。经济学部负责该项目的调研分为企业、乡镇和村庄 3 个部分，经济研究所负责具体组织其中乡镇调研的任务，经济学部中的各个研究所都有参与。乡镇调研计划在全国范围内选择 30 个乡镇进行，每年 10 个，在 3 年内全部完成。

　　乡镇作为我国最基层的政府机构和行政区划，在我国社会经济发展中，特别是在城镇化和社会主义新农村建设中起着非常重要的作用，担负着艰巨的任务。通过个案调查，解剖麻雀，管窥蠡测，能够真正掌握乡镇层次的真实情况。乡镇调研可为党和政府在新的历史阶段贯彻城乡统筹发展，实施工业反哺农业、城市支持乡村，建设社会主义新农村提供详细具体的情况和建设性意见，同时达到培养人才，锻炼队伍，推进理论创新和对国情的认识，提高科研人员理论联系实际能力和实事求是学风之目的。我们组织科研力量，经过反复讨论，制定了乡镇调研提纲。在调研提纲中，规定了必须调查的内容和自选调查的内容。必须调查的内容主要有乡镇基本经济发展情况、政府职能变化情况、社会和治安情况三大部分。自选调查内容主要是指根据课题研究需要和客观条件可能进行的各类专题调查。同时，调研提纲还附录了基本统计表。每个调研课题可以参照各自调研对象的具体情况，尽可能多地完成和满足统计表所规定的要求。

　　每个调研的乡镇为一个课题组。对于乡镇调研对象的选择，我们没有特别指定地点。最终确定的调研对象完全是由课题组自己决定的。现在看来，由课题组自行选取调研对象好处很多。第一，所调研的乡镇大都是自己工作或生活过的地方，有的还是自己的家乡。这样无形之中节约了人力和财力，降低了调研成本。同时又能够在规定的期限之内，用最经济的支出，完成所担负的任务。第二，在自己熟悉的地方调研，能够很快地深入下去，同当地的父老乡亲打成一片、融为一体。通过相互间无拘束和无顾忌的交流，能够较快地获得真实的第一手材料，为最终调研成果的形成打下良好的基础。第三，便于同当地的有关部门、有关机构和有关人员加强联系，建立互惠共赢的合作关系。还可以在他们的支持和协助下，利用双方各自的优势，共同开展对当地社会经济发展状况的研究。

第一批的乡镇调研活动已经结束，第二批和第三批的调研将如期进行。在第一批乡镇调研成果即将付梓之际，我们要感谢经济学部和院科研局的具体安排落实。同时感谢调研当地的干部和群众，没有他们的鼎力支持和坦诚相助，要想在较短时间内又好又快地完成调研任务几乎没有可能。最后要感谢中国社会科学出版社的领导和编辑人员，没有他们高效和辛勤的劳动，我们所完成的乡镇调研成果就很难用最快的速度以飨读者。

目　　录

图表目录

第五章

第六章

第七章

第八章

第九章

第十章

第十五章

背景与内容简介

作为城市与乡村的中间联结点，市镇的广泛兴起和发展是一个引人注目的现象。市镇并非州县城市的附属或变形，而是一定历史条件下经济都市的雏形，也是一种特殊的城市形态，是乡村经济中心形态。在中国历史上，从两宋时期起各种市镇的持续兴盛就已经成为社会发展的一道亮丽的风景线。从社会经济的角度出发，当代市镇的兴起乃是改革开放以来农村经济全面发展和经济结构发生重大变化的结果。其影响是相当广泛和深刻的，不仅有力地推动了农村市场的发育和发展，引发了乡村都市化现象的出现，而且也对传统的行政基础和管理体制带来了新的挑战和变革。因此，如何看待市镇的性质及其与乡村、城市的关系，揭示市镇发展对社会经济所产生的影响和意义，是当代中国研究的一个重要方面。

"中心镇"是从当代市镇（建制镇）概念中派生出来的，是市镇的最重要组成部分，一般指县市域中处于经济社会发展次中心地位的小城镇。新世纪以来，浙江省在推动城市经济发展的同时，将视线转向了更广大的市镇和农村。根据经济社会发展和城市化趋势，对传统的"市带县"体制进行了大力度的尝试，着力推行"强县扩权"战略和"中心镇"战略。试图通过政策倾斜，加快推进人口集中、产业集聚、要素集约、功能集成，促进乡村工业化和都市化，统筹城乡一体化发展，并着力推进小城市培育。在全省735个建制镇中，首批选定的141个省级中心镇，到2009年底的总人口、建成区人口、农村经济总收入、财政总收入，分别占全省建制镇总量的35.2%、47.4%、39%和39.6%。其中，人口超5万、财政总收入逾5亿元的中心镇已达51个。中心镇平均建成区人口3.2万，年均农村经济总收入105亿元、财政总收入3.2亿元。在这些中心镇中，涌现了一批特别突出的强镇，已初具城市功能和规模，拥有强劲的辐射和带动能力，俨然就像个"小城市"。发轫于农村的中国改革，30多年后又聚焦于城乡结合的中心镇，这确实并非偶然，而是历史的必然。

在浙江省"中心镇"战略背景下，作为浙江这个沿海发达省份中的欠发达地区、地处浙江西部的衢州市在 2002 年推行了"经济强镇"政策。选择各区县的"中心镇"——江山市贺村镇、龙游县湖镇镇、开化县华埠镇、常山县辉埠镇等四镇（后又加入航埠、廿里两镇）作为经济强镇试点，从规划、土管、财政、建设和干部管理等方面制定了 30 条政策，扩大中心镇的经济和人事管理权限，对中心镇予以重点扶持，争取这些中心镇的主要指标能够以超出全市平均增长率 50% 以上的速度快速增长。这些政策的出台及后续支持，大大地改善和优化了衢州中心镇发展的软硬环境，为各镇注入了强大的活力。如土地政策中将土地出让金和城市建设配套费全额返还中心镇、行政管理中的人事制度综合改革试点、户籍制度改革、财政政策的倾斜、投融资的扶持等，都取得了相应的成效。"十一五"时期，这 6 个经济强镇的 GDP 年均增长 20.1%，高出衢州全市 6 个百分点；地方财政收入年均增长 24.9%，高出全市 6.4 个百分点。

本书调查的案例——华埠镇，即为衢州市开化县一个有代表性的省级和市级中心镇。该镇是一个千年古镇，区位独特，历史悠久，风光秀丽，文化深厚。素有"三桥卧波达皖赣，九溪汇流通钱塘"、"钱江源头第一埠"、浙西"小上海"的美誉，不仅是开化县对外的重要窗口，是衢州市经济强镇和商贸重镇，也是浙皖赣三省交界的主要商品集散地。同时由于华埠镇域内山青水绿、田园竞秀，因而是浙西地区重要的生态屏障。在经济迈向工业化、城市化的过程中，先天优越的自然与生态环境，省、市、县各级政策给予中心镇的"强镇扩权"扶持及华埠人民的努力，加上注重环境保护，使华埠镇在近些年实现了经济与生态环境比较协调的发展，实现了绿色经济增长。虽然其经济发展要相对滞后于浙江东部沿海城镇，工业化和城市化的绝对速度也远不如某些全国经济强镇，但因其注重科学发展、环境友好和社会和谐，因此使得"华埠模式"有着鲜明的浙西特色与借鉴意义。同时，华埠实践中遇到的中心镇发展约束与体制性困惑，对于中国的下一步改革，也有一定的政治经济学含义和政策启示。

第一部分

禀赋、制度及总体增长

第一章

区位与历史变迁

一　地理区位

华埠镇位于浙江省西部衢州市开化县境内。界开化、常山和玉山三县边缘，东临林山乡，北连城关镇，东南接常山县，西北与西部分别毗邻池淮镇、桐村镇。华埠镇区距开化县城关镇荷花广场约 16 公里，距衢州市区约 91 公里，距黄山市区 100 公里，距金华市区 151 公里，距杭州市区 343 公里，距宁波市区 475 公里。华埠是开化县对外联系主方向的前沿地带，是毗邻边界县区的出口，是开化县的南大门，区位条件在开化县属各镇中为最佳。

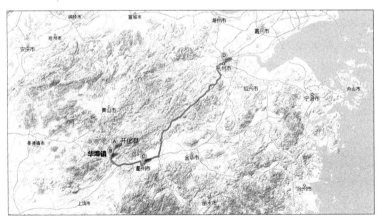

图 1-1　华埠镇地理区位

由于地处浙、皖、赣三省相接的交通线上，该镇水陆交通方便，205国道南北贯穿，317省道、华星公路、华殿公路从镇区向周边延伸；马金溪、池淮港、龙山港、马垅港交汇，水路可直达杭州。特殊的区位条件和交通条件，使该镇成为浙、皖、赣三省七县交通枢纽及木材、食盐、瓷器等各类商品物资重要的集散地。

图1-2　碧水与蓝天、传统与现代交相辉映的生态文明中心镇——华埠镇

正如"四溪碧水入钱塘，山桥青石达赣皖"、"三水环半岛，一江通钱塘"等诗句形容的，该镇镇区三面环水，一面依山，境内气候温暖湿润，空气清新宜人，尤其是每年三四月间，丝丝春雨，叶叶扁舟，虽为山区边城，却别有一派烟雨水村山郭之韵味。

二　历史沿革

华埠一带很早就有百姓聚居，繁衍生息。春秋时期，此地为姑篾国疆域，越国灭吴国后，成为越国附庸。战国时期属楚[①]，秦时属会稽郡太末县。汉代先后隶属于会稽郡的新安县（今衢县）、定阳县（今常山县）。三国时期，自吴国宝鼎元年（266年）起，隶属东阳郡，并历经两晋和南朝的宋、

---

① 1947年，"中央地质调查组"盛莘夫博士等人在界首村（今永丰）隔河公路旁发现一出土陶片。经考证，为2300年前战国时期的器物。

齐、梁而不变。南朝陈永定三年（559年），为信安郡辖区。隋炀帝时属信安县（今衢县），唐时又先后属于定阳县和常山县。

华埠古镇的真正建制，始于唐天祐三年（906年）。其时政府于常山县城西北二十公里（即今华埠境域）设立甘露镇，为屯兵戍防之所。

五代乾德四年（966年），吴越王钱弘椒于常山西境七乡①置开化场，驻地以水命名称华川，属石门乡。

北宋太平兴国六年（981年），因常山县令郑安之请，开化场升格为县，隶属衢州，今华埠镇域为崇仁里属于开化县石门乡。南宋时，随着江南市镇的兴起，此地也成为重要的运输中转站，官盐经此地向皖、赣诸地辐射销售，皖、赣朝廷贡品也经华埠运往临安。

元代改州为路，易乡为都。元贞元年（1295年）此地始称华镇、华埠，属于衢州路二十三都辖区。元至正十九年（1359年），改衢州路为龙游府，二十六年（1366年）又改龙游府为衢州府，华埠属于衢州府开化县。

明代天顺年间（1457—1464年），设立华埠、云台、低坂巡检司。隆庆年间（1567—1572年），设华埠兵营，配有把总一员，哨官和士兵近百人。后改在常山石门寨驻防。天启年间设华埠市，为开化三市之一。崇祯初，废市设华埠镇，与县治芹阳（清末又称开阳）、马金共为县域三镇，直至民国。

清代顺治六年（1649年），设立县前、溪盘、后台、孔埠、玉头五处驿铺，专施递送官衙公文，每铺配有四名候递司兵。顺治十六年（1659年），华埠复设军营。雍正六年（1728年），设华埠分汛总司一员，外委一员，防兵60名，哨船一条。千总、把总每年轮换，皆辖左营调委。雍正七年（1729年），华埠新立军营调衢协营都司驻扎镇守。

从明末清初开始，皖、赣、闽等地商人纷纷涌到华埠经商，各种商店越开越多，各地同乡会也应运而生。仅华埠前街就有商店250多家，其中手工业作坊88家，从业人员2360多人，会馆、茶馆近20家。到抗日战争爆发前，一度被人们誉为"小上海"的华埠商埠，经济、贸易和航运活动发达，十分繁华。据史载，华埠镇周边的马金溪两岸和龙山、池淮二溪具有一定规模的码头有10多个，停泊的船只每天有300艘以上，若逢年尾大集，沿江停泊货船可达上千只，毛竹筏百余排，连绵几里长，白天帆樯如林，夜晚船灯通明，蔚为壮观。每年由此销往杭州、上海的木材，有2.2万—2.5万立

---

① 即开源、崇化、金水、玉山、石门、龙山和云台七乡。

方米。

民国十九年（1930 年），设立区公所，开化全县分 4 个区，华埠镇属于第四区。1942 年 8 月 9 日，华埠遭日本侵略军焚烧、抢掠，一夜之间化为废墟。之后，虽有复苏，但发展缓慢。

第二次国内革命战争时期，华埠镇是通往闽浙赣苏区红色贸易线路上的重要商埠。为粉碎国民党政府的经济封锁，自 1931 年初至 1934 年底，在开化建立起一条由开化县华埠镇经南华山至江西瑞金的"红色贸易线"，为闽浙赣边区革命根据地提供了数百万担食盐及大量的医药、布匹与部分军需品，为巩固和发展红色政权立下了卓越功勋。江西苏区先后开辟了由华埠经白沙关至德兴和由华埠经桐村至玉山的两条红色贸易线。华埠作为苏区贸易窗口，仅向苏区运送的食盐就有几百担。为了粉碎敌人的经济封锁，华埠镇及沿线人民付出了很大的牺牲，作出了杰出的贡献。1937 年 10 月，江南新四军的三个支队于 1938 年 2 月中旬至 4 月中旬先后到开化集结，先在开化县华埠镇汇合，其中有闽东游击队、粟裕率领的浙南游击队等部队。2 月 26 日，陈毅在开化县华埠镇作了《国共合作，团结抗日》的演讲，官兵和群众受到很大的鼓动。3 月 3 日，陈毅、傅秋涛率"抗日游击第一支队"和湘赣游击队离开华埠，进驻开化县城开阳镇。3 月 4 日，陈毅在开化县署前门进行了一次《团结全体民众共同抗日》的演讲。开阳镇的一千余民众聆听了陈毅的演说。江南新四军一、二、三支队 7000 人左右，在开化集结，基本完成了以支队为单位的编组。为了纪念这段光荣的历史，开化县委、县政府于 2008 年 3 月 25 日在开化县华埠镇新四军旧址举行新四军集结组编 70 周年纪念活动，陈毅元帅之子陈小鲁、粟裕大将之女粟惠宁、叶飞上将之女叶小楠、原浙江省委书记江华之子江小华等出席纪念活动。开化县华埠镇成为新四军一、二、三支队集结的纪念地。

三　镇制变迁

1949 年 5 月，华埠镇民主政府成立，之后该镇经历了几轮的撤区并乡扩镇。1950 年 5 月开化县划为 5 个区，华埠镇属于华埠区。1956 年，撤区并乡，全县设两镇，华埠为其中之一。1958 年，青阳、星口、大路边、龙山底乡独山以下 5 个村并入华埠镇，成为政社合一的东风人民化社，华埠为管理区。1959 年 1 月，改称华埠公社，6 月复称华埠镇。1961 年 9 月更名为华埠镇公社。同年12月，复建5区，华埠镇属华埠区。1980年华埠公社并入复称华埠镇。1992年撤区并乡扩镇，青阳乡及龙山底乡所属新下等8个村并入。1995年青阳乡重建。2005年，华埠再次并乡扩镇。

1992年，华埠镇镇域为105.4平方公里，辖3个居委会，以及华喜、华阳、昌谷、华东、华民、炉庄、炉新、毛力坑、孔桥、华锋、鱼塘、下田坞、永丰、下界首、许家源、双林、新下、独山、皂角、新建、下溪、毛家坎、金星、齐新24个村委会，1个果木场，67个自然村。

2005年开化县乡行政区划调整后，华埠镇被定位为副中心城镇级别，将封家镇和青阳乡并入，同时将原华埠镇北部沿马金溪的下溪、独山、新下、新建、皂角5个行政村划入城关镇。由此全镇

图1-3 2009年课题组访问镇党委书记苏新祥并合影

说明：苏新祥书记（中）；中国社会科学院王宏森博士（右）；中国政法大学贵斌威博士（左）

图1-4 与汪奎福镇长座谈（2009年）

说明：汪奎福镇长（左），中国社会科学院王宏森博士（中），衢州农办巫燕飞副处长（右）

面积扩展为 232 平方公里,城区面积 2.45 平方公里,辖 43 个行政村,一个果木场,3 个居委会。2010 年底该镇总人口为 3.87 万人。

图 1-5 青山绿水环抱的现代城镇

21 世纪以来,该镇充分发挥优越的交通区位优势,加快小城镇的建设发展,依托清秀的自然环境、丰富的人文历史,坚持生态立镇,着力打造华埠山水园林城镇个性特色,成为全国首批 500 家小城镇建设试点镇、浙江省东海明珠工程建设试点镇、科技星火示范镇和省级文明镇,是"全国小城镇综合改革试点镇"、"国家级经济综合示范镇"、"浙江省中心镇"、"全国创建精神文明工作先进单位"、"国家经济综合开发示范镇"、"全国文明村镇"、"衢州市经济强镇"、"省级小企业创业基地"、"省十大特色乡镇"等。

第二章

气候与形胜

一　气候

华埠所处地理位置位于北纬 29°01′15″，东经 118°20′50″，属亚热带季风区。气候温暖湿润，四季分明，光照充足，雨量充沛。常年主导风向为正北风，夏秋两季主导风向为南风。

据开化县气象局资料记载，该地年平均气温 16.3℃。最热为七月，平均气温 27.6℃，年极端最高气温为 41.3℃（1967 年 9 月 8 日和 1971 年 8 月 1 日）。最冷为一月，平均气温为 4.2℃，年极端最低气温为 -11.2℃（1967 年 1 月 16 日），三月底四月初气温逐步回升。无霜期约 250 天，雾 83 天，年平均日照 1785.7 小时，年太阳辐射热量每平方厘米为 101.94 卡。

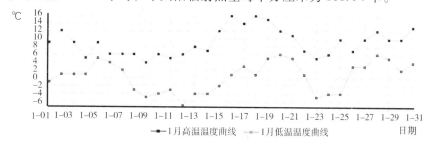

图 2 - 1　2009 年 1 月华埠镇气温曲线

年平均降水量 1881 毫米，年蒸发量 1378.5 毫米，相对湿度 80%。7 月下旬到 9 月中旬是干旱期（主要是伏旱、秋旱），气温较高，降水量少，虽有雷雨和减轻旱情，但不能满足晚稻的需要。10 月到次年 2 月是另一个干旱

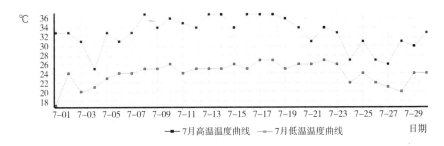

图 2 - 2 2009 年 7 月华埠镇气温曲线

期，但对农业生产影响不大。华埠镇历年的降雨主要集中在春夏季节，每年
3 至 6 月份的降水量能够占到全年的 50% 以上，每年 6 月中旬至 7 月中旬为
梅雨期，是浙江省暴雨中心之一，降雨持久，面广强度大，极易造成山洪暴
发，江河漫溢，形成洪涝灾害，是全年主汛期。

二 地质与地貌

全镇属浙西山地丘陵区。地质结构主要是泥页岩、钙质泥岩、夹瘤状灰
岩、砂岩和东岸少量的紫砂岩。河床和浅滩中则是砂卵石层。在开化城南两公
里的溪边，灰黄色页岩中所产下的三叶虫及笔石化石，在浙江名为印诸埠系，
属下奥陶纪。开化城区至华埠间地层，均为印诸埠系。自华埠以南之上下界
首，向东北集义乡大梅岭西南，至华埠西南之凤山画一直线，该线与第三带
间，可称为第四带。此带内地层，几乎全部为印诸埠系所占据。该系下与常山
系石灰岩成假整合接触，上与千里岗砂岩成不整合接触，厚度 94 至 704 米。

该镇地貌为低山丘陵谷地，全境东西窄，南北长。因受新地质构造运动
影响，具有典型的江南古陆强烈上升山地的地貌特征。由于下古生界、加里
东旋回的作用，出现焦坑口—阴山坝、薛家岭—华埠、里洪—泉坑三条斜交
断层，控制了龙山港、池淮港和马金溪三条水系，形成山河相间的地形特
点。此三条溪流纵横于华埠政区，汇入常山港，造就了该镇域内沿溪两岸分
布面积较大的河谷平原。

三 山脉

华埠镇的山脉，东北部为千里岗山余脉，西南为怀玉山余脉。千里岗山

脉，由淳安、常山两县的边界入县境。其主峰为磨心尖，海拔 1522 米，在常山县境内，往西走 3 公里即为开化县最高峰白石尖，海拔 1453.7 米，再往西南约 50 公里尽于常山港，为华埠镇所属的开化县与常山县的县界。千里岗另一分支，经林公山（其主峰海拔 876.8 米）往西南行，经王母尖（海拔 849.9 米）、大头岭（海拔 134 米）、岗瞒山（海拔 616 米），尽于常山港。该山脉共长约 60 公里，为开化县的菖蒲与金村、林山与城关、封家与华埠诸乡镇的分界线，也是马溪与马金溪的分水岭。怀玉山脉，发脉于江西省玉山县境内的三清山，其主峰玉京山海拔 1816.9 米，其中一支脉向西南而行，到桐村乡华山村的风扇格（海拔 752.2 米）进入华埠镇境内，往东蜿蜒 27 公里，尽于常山港，是桐村、青阳（已并入华埠）、华埠诸乡镇与常山县的分界。

四　河　流

华埠镇所属的开化县河流属钱塘江水系，马金溪贯穿全境，支流池淮溪、龙山溪、马尪溪均属山溪，源短流急，河床比降大，水量充沛，洪枯水位变化明显，含沙量少。流域面积 2092.11 平方公里，其中在开化境内的有 1947.16 平方公里。2005 年并镇前华埠镇的河道情况及运载能力见下表。

表 2-1　　　　　华埠镇主要河流的河道情况及运载能力

	河道情况	水运能力	放运木排河段
池淮溪	从下坞至华埠河段全长 30 公里，全年平均流量每秒 14.9 立方米。水面宽 30—150 米，水深 0.3—2 米	据旧县志载：篁岸经航头到华埠可容载 600 斤之船。《开化古树》还记载：唐代从华埠逆流而上的船只，可直达池淮的楼底村。1964 年，白渡、星口拦河坝建成，航运中断	自虹桥至篁岸木材仓库 7.5 公里，可放运小木排。自篁岸到华埠，可放运成条木排
龙山溪	全年平均流量每秒 11.9 立方米，水面宽 30—150 米，水深 0.3—2 米	历史上丰水期，杨林以下可通船筏。民国时期，自杨林至华埠镇、严村至华埠镇可载 300 公斤之船。1957 年炉庄建坝后，全港停航	杨林至桐村 15.5 公里，严村至横山头 7.5 公里，可放运小木排。桐村至华埠 16 公里，可放运成条木排

	河道情况	水运能力	放运木排河段
马金溪	河长 104.17 公里，流域面积 1067.46 平方公里，河道比降 5.9‰。河床多为卵石夹沙。溪口村以上，岩石外露。溪口村以下，河道较深，河床稳定。全年平均流量每秒 39.8 立方米	民国初期，溪口以上可通竹筏，溪口以下丰水期可通小木船。新中国成立后，兴修水利，蓄水建坝，航运终止	溪口至下江 4.5 公里可放运小木排，下江以下经界首到文图 23 公里可放运成条木排

资料来源：2002 年《华埠镇志》。

马金溪（又名金溪、芹江），发源于开化县钱江源国家森林公园之莲花尖，流经齐溪、霞山、马金、底本、音坑、城关，沿独山村西面流入华埠境内，纳池淮溪、龙山溪、马溪、叶溪后经下界首入常山港，全长 104.17 公里，流域面积 1067.46 平方公里。该溪自马金至华埠河段，历史上为主要航道，每年平均流量每秒 39.8 立方米，水深 0.4—3 米，宽 100—250 米，河道比降 5.9‰。马金溪是华埠镇域内最大的水系，水运能力远超过任一支流，据《开化县志稿·卷三》载：自马金七里垄头至县城可容载千市斤之船，自县城至华埠可容载三千市斤之船。自华埠至文图河段，全长 7.2 公里，水深 0.5—3 米，丰水期可通 15 吨重的大船。1962 年，龙潭口大坝建成后，航运才终止。此外，马金溪流域中何田何家至马金 13 公里，可放运小木排，自霞山至华埠镇 42.5 公里，可放运成条木排。

池淮溪，发源于江西省婺源县大鳙岭头东麓，流经长虹、池淮、星口，至华埠镇北鸭后，由西向东注入马金溪。河长 53.8 公里，流域面积 413.03 平方公里。因流经池淮畈，故名。河床多为卵石夹沙，虹桥村以上河床岩石外露，河道狭窄，两岸高山陡峭，水流湍急。长虹乡河段仅 18 公里，落差却有 164 米。虹桥村以下，开阔平衍，沿溪有立江畈、大圩畈、池淮畈、白渡畈、庄埠畈等河谷平地，冲击现象不明显，含沙量比较少。沿途纳西坑、老屋基、外十里坑、灶马坑、十里干滩、张湾、余村等小溪流。据旧县志记载，从篁岸经航头到华埠可容载 600 斤之船。1964 年，白渡、星口拦河坝建成，航运中断。

龙山溪，发源于杨林王山，流经杨林、桐村、华埠镇，自西而东交汇于马金溪。河长 40.57 公里，境内流域面积 332.85 平方公里。河床多为卵石夹沙，不稳定，红庙以上，变迁尤甚，两岸冲淤严重。红庙以下，河道较窄，水流受阻，若遇山洪暴发，淹没农田。沿途纳十八跳、焦坑、新源、裴源、王畈、严村、大郡等小溪流。历史上丰水期，杨林以下可通 200 斤船筏。1957 年炉庄建坝后全港停航。

马尪溪，源出白石尖流至姜坞口，有菖蒲溪注入。南流至田后，有外徐水注入。折东转西，至溪口纳舜山溪。至上汪村纳小举水。至渊底，绕过店口弄于小坑口，合太史、小史两水。至大路边，有瑶坑水注入。蜿蜒至封家后，南流至下界首，自东向西注入马金溪，流入常山港。河长 56.7 公里，流域面积 287.78 平方公里，河道比降 6.26‰。河床多为卵石夹沙。溪口村以上，岩石外露。溪口村以下，河道较深，河床稳定。民国初年，溪口以下丰水期可通小木船。新中国成立后蓄水建坝，航运终止。

叶溪，发源于叶溪岭，水流湍急，河面狭窄，河床多为卵石夹沙，河道比降为 9.13‰。北流 7.5 公里至华埠下星口注入马金溪。

第三章

农地禀赋稀缺性

一　70年来的耕地变迁

华埠镇人均耕地比较稀缺。新中国成立前，镇区沿河两岸的土地，既怕涝，又怕旱，农业收入不稳定。民国三十二年（1943年），全镇经土地编查有水田5501.22亩，旱地3966.08亩，合计耕地面积9467.3亩①，不过土地的90%为地主占有。20世纪50年代实施土地改革后，直至"文革"之前，华埠镇人均耕地保持在1亩左右。此后近半个世纪，尽管经历了多次扩并镇运动，1961—2007年间该镇的耕地面积总量增加了近14倍，但农业人口却增长更快，约达23倍。加上建设用地占用，因此人均耕地面积出现较大减少。1967—1992年，人均耕地还保持在0.7—0.8亩之间，1993年后因工业化与城市化扩张，人均耕地下降至0.7亩以下。

综合2002年《华埠镇志》及历年《开化统计年鉴》的数据，课题组整理得出了华埠镇近70年来的耕地变迁情况，绘成下表。

---

① 1943年近9500亩耕地与其后的解放初期数据相差极大。其原因或许有：（1）解放前民国时期调查的数据有误；（2）解放前镇域范围较大；（3）该数据或许包括山场数。但由于年代较久，具体是何原因难以考证，因此仅罗列在此，留待后查。

表 3 – 1　　　　　　　华埠镇近 70 年来的耕地变迁情况

| 年份 | 农业人口（人） | 耕地面积 | | | | | 农业人口人均耕地（亩） | 人均水田（亩） | 人均旱地（亩） |
		总计（亩）	水田（亩）	占比（%）	旱地（亩）	占比（%）			
1943	—	9467	5501	58	3966	42	—	—	—
1961	1330	1447	829	57	618	43	1.09	0.62	0.46
1963	1443	1446	842	58	604	42	1.00	0.58	0.42
1964	1544	1491	857	57	634	43	0.97	0.56	0.41
1968	1661	1301	821	63	480	37	0.78	0.49	0.29
1971	1842	1349	855	63	494	37	0.73	0.46	0.27
1975	2162	1247	858	69	389	31	0.58	0.40	0.18
1977	1910	1335	856	64	479	36	0.70	0.45	0.25
1979	2209	1363	879	64	484	36	0.62	0.40	0.22
1980	11592	9899	7206	73	2693	27	0.85	0.62	0.23
1982	12044	9873	6781	69	3092	31	0.82	0.56	0.26
1984	12192	9846	6848	70	2095	21	0.81	0.56	0.17
1985	12000	9417	6656	71	2761	29	0.78	0.55	0.23
1986	13032	9269	6643	72	2626	28	0.71	0.51	0.20
1987	12179	9244	6622	72	2622	28	0.76	0.54	0.22
1988	12415	9190	6727	73	2463	27	0.74	0.54	0.20
1989	12446	9116	6840	75	2276	25	0.73	0.55	0.18
1990	12494	8940	6672	75	2268	25	0.72	0.53	0.18
1991	12521	8972	6807	76	2165	24	0.72	0.54	0.17
1992	22661	16227	13223	81	3004	19	0.72	0.58	0.13
1993	22656	15898	12995	82	2903	18	0.70	0.57	0.13
1994	22668	15607	12829	82	2778	18	0.69	0.57	0.12
1995	22819	11577	9379	81	2198	19	0.51	0.41	0.10
1996	17029	11746	9507	81	2239	19	0.69	0.56	0.13
1997	16975	11746	9514	81	2232	19	0.69	0.56	0.13

年份	农业人口(人)	耕地面积					农业人口人均耕地(亩)	人均水田(亩)	人均旱地(亩)
		总计(亩)	水田(亩)	占比(%)	旱地(亩)	占比(%)			
1998	16966	11746	9514	81	2232	19	0.69	0.56	0.13
1999	16962	11434	9264	81	2170	19	0.67	0.55	0.13
2000	16845	11543	9307	81	2236	19	0.69	0.55	0.13
2001	16824	11274	8960	79	2314	21	0.67	0.53	0.14
2002	16957	11547	9233	80	2314	20	0.68	0.54	0.14
2003	17058	11797	9349	79	2448	21	0.69	0.55	0.14
2004	17060	11357	9211	81	2146	19	0.67	0.54	0.13
2005	30668	20994	17730	84	3264	16	0.68	0.58	0.11
2006	31111	21705	18099	83	3606	17	0.70	0.58	0.12
2007	31222	21378	17772	83	3606	17	0.68	0.57	0.12
2008	31452	21378	17772	83	3606	17	0.68	0.57	0.11
2009	31539	21377	17772	83	3606	17	0.68	0.56	0.11
2010	31616	21377	17772	83	3606	17	0.68	0.56	0.11

资料来源:1982年以前数据来自2002年《华埠镇志》第145—148页;1984年以后数据来自1985—2008年《开化统计年鉴》。人均耕地、人均水田和人均旱地数据为作者的计算。

说明:(1)"—"表示未获得数据。(2)该镇1980、1992、1996、2005年经历了乡镇行政调整,因此相关年份总数出现较大变化。

二 人均耕地的结构变动

由于该镇在1980、1992、1996、2005年经历了行政性扩镇或调整,使镇域面积及人口出现变动。考虑该因素,为保持口径一致而分阶段来看:

(1)在1980年扩镇前的19年间,即1961—1979年,华埠镇的农业人口从1330人增加到2209人,增长了66%。耕地面积却从1961年的1447亩,下降到1979年的1363亩,减少6%。人口增长与耕地增长的大幅度背离,从而导致人均耕地迅速从1亩左右减至人均0.6亩左右。

（2）在1980—1991年的12年间，华埠镇的农业人口从11592人增加到12521人，增长了8%。耕地面积从1980年的9899亩，减少到1991年的8972亩，下降9%。导致人均耕地从0.85亩减至人均0.72亩。

（3）在1992—1994年间，农业人口从22661人增至1994年的22668人，保持了基本稳定。耕地面积从16227亩，下降到15607亩，减少约4%。因此人均耕地面积也从0.72亩下降至0.69亩。

（4）若不考虑1995年数据的异常，在1996—2004年间，农业人口从17029人减少至2004年的17060人，这10年间华埠镇的农业人口总数仅增长31人，增长1.8%，其中1996—2001年连续6年出现农业人口减少。耕地面积从1996年的11746亩下降至2004年的11357亩，下降了约3.3%。因而这10年间人均耕地基本上得以维持在0.68亩左右。

（5）2005年扩镇后，华埠镇的总耕地面积从1.1万亩增加到2.1万亩，不过相应的农业人口也由1.7万人增加到3万人。2005—2010年六年，农业人口从30668人增至31616人，增加948人，增长3.1%；耕地面积从2005年的20994亩增至21377亩，增加383亩，增长1.8%。按232平方公里的镇域面积折算，耕地面积占比约为6.14%，其中水田17772亩，占83%；旱地3606亩，占17%。在农业人口与耕地面积同步增加的情况下，农业人口人均耕地仍保持在0.68亩左右，人均水田0.56亩，人均旱地0.11亩。

为了更直观地得出华埠镇人均耕地的结构变动，将人均水田和人均旱地的趋势绘成图3-1。从中可理解，由于水稻是该镇的传统作物及主食来源，水田从而"米袋子"的重要性在某种程度上对于华埠人来说是居前的。新中国成立后，通过一轮轮的农业投入和农田水利基本建设，华埠镇的水田比例从解放前1943年的不足3/5（58%）不断提高，到1992年之后，已经稳定在4/5的比重。与1961年、1980年相比，2007年该镇的人均耕地面积分别减少了约38%、20%，但人均水田面积仅减少0.05亩，减少约8%；而人均旱地却分别减少约74%、48%。总体上看，华埠镇在改革开放以来的三十余年间一直保持了"人均七分地"的人地关系。因此，工业化和城市化中土地开发主要针对旱地进行，人均耕地的减少主要来自人均旱地面积大幅度下降，而对水田却采取了一定的保护措施。在华埠这一传统市镇的现代变迁中，传统的朴素重农思想、生存之道，仍然得到了有效的沿袭和贯彻。

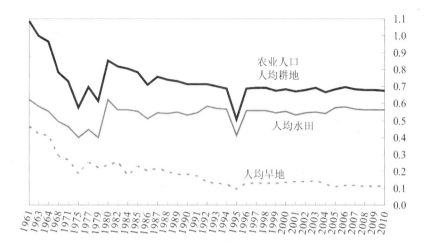

图 3 - 1   半个世纪以来华埠人均旱地的大幅萎缩与人均水田的
稳定性（1961—2010）（亩）

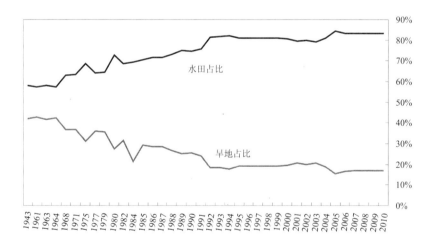

图 3 - 2   华埠镇耕地中的水田和旱地比例

三   耕地的位置和条件

在耕地中，水田、旱地及菜地的位置分布和条件又如何呢？由于未获得
2005 年并镇后的数据，在此仅列举该镇 2000 年的调查（不包括封家和青
阳），详情如下：

水田。2000 年，千亩以上大畈有渔梁滩畈、六社畈、渔塘畈、下溪畈、深渡畈。按类型分，畈田占水田总面积的 65.3%，宽垅田占 27.1%，窄垅田占 7.6%。全县最低水田坐落在下界首村，海拔 95 米，面积 35 亩。水田土壤多为潴育型水稻土与潜育型水稻土。前者的母质为溪流冲积物，也有红、黄壤的坡积物，土质以重壤为主，适耕性好。其中部分为培泥沙土，主要分布在溪流两岸，耕性好、肥力高，是高产农田。潜育型水稻土主要分布在山垄田或畈田的低洼处，土体糊烂，为低产水稻土。

旱地。山坡地（不包括大于 25 度的陡坡旱地）占旱地面积的 86.7%，其他山脚村沿等处的旱地占 13.3%。全县最低的旱地在下界首村，溪口畈面积 2 亩。旱地土壤以潮土为主，成土母质以河流冲积物为主，土层深厚，质地砂壤重，较肥沃，适宜旱粮作物及桑树、柑橘等经济林生长。

专业菜地。2000 年，全镇蔬菜基地 528 亩，主要分布在孔桥、华喜、华阳三个村。华阳村下星口蔬菜示范园面积 60 亩，占耕地面积的 4.6%。专业菜地按全镇非农业人口 7199 人计，人均菜地只有 0.073 亩。

第四章

人口与就业

历史上华埠共有三次人口大迁入，最多一次是宋末元初，中原百姓纷纷南逃，甚至举族迁徙华埠避难。现有近4万人口的90%以上系从外地迁入，吴越文化、徽州文化、赣文化、闽文化、鲁文化等多种文化在此相汇交融，形成了独特的华埠文化。

一　60 年来的人口变迁

民国三十六年即 1947 年，该镇的总户数为 1196 户，总人口 5117 人（户均人口为 4.3 人）。其中，男性 2830 人（占 55%），女性 2287 人（45%）。在总人口中，本籍人口 4279 人（占总人口的 84%），男性 2305 人（占总人口的45%），女性 1974 人（占 39%）；来自浙江省内的外县人有 614 人（占本镇总人口的 12%），来自外省的人口有 224 人，占本镇人口的 4%。

表 4 - 1　　　　　　民国三十六年（1947）华埠镇人口统计

单位名称		总户数	总人口			本籍人口			本省外县人			外省人口		
保	甲		合计	男	女	小计	男	女	小计	男	女	小计	男	女
10	71	1196	5117	2830	2287	4279	2305	1974	614	397	220	224	131	93
在本镇总人口中的占比（%）			55	45	84	45	39	12			4			

资料来源：华埠镇志（2002）。各项所占比例系本课题组根据镇志数据计算得出。

新中国成立以来，国家先后组织了六次全国人口普查。截至本书截稿日，2010 年第六次人口普查详细数据并未公布①，因此列出华埠镇前五次的普查情况，如下表：

表 4-2　　　　　华埠镇前五次全国人口普查情况统计

年份	全镇总人数（人）			其中：非农人口	总户数（户）			自然增长（人）		
	合计	男	女		合计	城镇户数	农村户数	出生	死亡	自然增长
1953	6256	3500	2756	4409	1731	1015	716	127	34	93
1964	6343	3455	2888	4667	1514	1057	457	85	23	62
1982	21059	11979	9080	9170	4895	2058	2837	288	144	144
1990	23054	12855	10199	10548	7361	2658	4703	456	180	276
2000	23873	12167	11706	7192	9521	3891	5630	309	170	139

年份	占全县总人口的比重	占本镇总人口比重（%）			户均人口（人）	占本镇总户数比重（%）		出生率（‰）	死亡率（‰）	自然增长率（‰）
		男性占比	女性占比	非农人口占比		城镇户数占比	农村户数占比			
1953	1.70	56	44	70	3.6	59	41	20	5	15
1964	2.86	54	46	74	4.2	70	30	13	4	10
1982	6.78	57	43	44	4.3	42	58	14	7	7
1990	6.88	56	44	46	3.1	36	64	20	8	12
2000	7.12	51	49	30	2.5	41	59	13	7	6

资料来源：华埠镇志（2002）。各项所占比例系本课题组根据镇志数据计算得出。

1953 年、1964 年两次普查数据显示，在改革开放前的相当长时期内，华埠镇的总人口约为 6300 人左右，男性占比约 55%，女性占比约为 45%，从新中国成立前就存在的性别失衡问题并未有很大改观，男女性别比（女性为 100）一直在 120—130 之间。2000 年全国人口第五次普查数据显示，其时华埠镇户籍人口总数为 23873 人，其中女性 12167 人，占总人口的

① 开化统计局于 2011 年 7 月 26 日发布的"开化县 2010 年第六次全国人口普查主要数据公报"，其中涉及镇级的仅有总人口数。华埠镇常住人口为 35141 人，占全县常住人口（245088 人）的 14.34%。

50.9%；男性 11706 人，占总人口的 49.1%。华埠镇的性别比例基本与同期全国持平①，但与本镇历史相比，男女失衡现象已得到很大改善，男女性别比从 1982 年的 132 下降到 2000 年的 103。

关于华埠镇人口变迁的另一数据来源为《开化统计年鉴》②。本课题组根据 1985—2011 年的各年鉴整理的总人口变动的时间序列数据如后。

表 4 - 3　　　　　　　　华埠镇总人口变动（1984—2010）

年份	大队或村委会（个）	生产队或村民小组（个）	总户数（户）	总人口（人）	户均人口（人）	男（人）	女(人)	性别比
1984	16	123	4970	21458	4.3	—	—	—
1985	16	124	5456	21703	4.0	—	—	—
1986	16	124	5631	21940	3.9	—	—	—
1987	16	124	5972	21958	3.7	—	—	—
1988	16	123	5986	22235	3.7	12608	9627	131.0
1989	16	123	6029	22516	3.7	12844	9672	132.8
1990	16	123	5995	22790	3.8	13147	9643	136.3
1991	16	123	6083	22617	3.7	12974	9643	134.5
1992	33	210	8560	29527	3.4	15316	14211	107.8
1993	33	210	8203	29463	3.6	15266	14197	107.5
1994	33	210	9701	29442	3.0	15241	14201	107.3
1995	24	153	9701	29630	3.1	15322	14308	107.1
1996	24	153	8658	23986	2.8	12423	11563	107.4
1997	24	153	8738	24016	2.7	12426	11590	107.2
1998	24	153	8844	24089	2.7	12455	11634	107.1

---

① 第五次全国人口普查的登记时点为 2000 年 11 月 1 日。此次数据显示：大陆 31 个省、自治区、直辖市和现役军人的人口中，男性为 65355 万人，占总人口的 51.63%；女性为 61228 万人，占总人口的 48.37%。性别比（以女性为 100，男性对女性的比例）为 106.74。

② 2002 年《华埠镇志》第 148 页亦有 60 年代至 2000 年间若干年份的人口数据，但由于数据间断、前后的出入较大两个原因，我们只能舍之不用，而以 1985 年以来《开化统计年鉴》数据为准，各年度年鉴公布的为上一年数据。如 1985 年年鉴公布的是 1984 年数据，2011 年年鉴为 2010 年数据。

续表

年份	大队或村委会（个）	生产队或村民小组（个）	总户数（户）	总人口（人）	户均人口（人）	男（人）	女（人）	性别比
1999	24	154	8836	24135	2.7	12447	11688	106.5
2000	24	154	9521	24137	2.5	12448	11689	106.5
2001	24	152	8944	24116	2.7	12480	11636	107.3
2002	24	152	9131	24139	2.6	12538	11601	108.1
2003	24	152	8785	24201	2.8	12393	11808	105.0
2004	24	152	8785	24102	2.7	12348	11754	105.1
2005	43	288	12897	37785	2.9	19646	18139	108.3
2006	43	288	13104	38241	2.9	19812	18429	107.5
2007	43	288	13264	38357	2.9	19840	18517	107.1
2008	43	288	13495	38545	2.9	19882	18663	106.5
2009	43	288	13687	38656	2.8	19933	18723	106.5
2010	43	288	13733	38714	2.8	19951	18763	106.3

资料来源：历年《开化统计年鉴》。注：1980 年、1992 年、2005 年数字为扩并数。

　　总的来看，由于计划生育政策的控制以及经济发展等原因，华埠镇的自然增长率在近 60 年趋于下降（仅在 90 年代初有所反弹），近几年的自然增长率更是下降到 3‰以下（见表 4-4）。人口总数的增加，更多的是由于开化县乡行政区划调整引起的。如 2005 年由于封家镇、青阳乡的并入，村委会增加 19 个，村民小组增加 136 个，总人口增加了约 13600 人。华埠镇已进入 "低出生率、低死亡率、低自然增长率" 的人口增长类型，预期其人口自然增长率在未来一段时间内仍然会保持在较低水平。

表 4-4　　　　　　华埠镇的人口自然增长率（2004—2010）

年份	本年度人口变动（人）						人口自然增长（‰）		
	出生			死亡			出生率	死亡率	自然增长率
	小计	男	女	小计	男	女			
2004	309	154	155	215	118	97	12.8	8.9	3.9
2005	265	147	118	125	64	64	7.0	3.3	3.7

续表

年份	本年度人口变动（人）						人口自然增长（‰）		
	出生			死亡			出生率	死亡率	自然增长率
	小计	男	女	小计	男	女			
2006	711	378	333	321	184	137	18.7	8.4	10.3
2007	452	239	213	343	193	150	11.8	9.0	2.9
2008	398	194	204	211	132	79	10.4	5.5	4.9
2009	384	215	169	272	155	117	10.0	7.1	2.9
2010	432	227	205	329	174	155	11.2	8.5	2.7

资料来源：历年《开化统计年鉴》。

二　年龄结构与抚养比

表4-5列示了课题组根据近六年《开化统计年鉴》整理的华埠镇人口的年龄结构，并根据该数据计算了相应的抚养比。

表4-5　　　　　华埠镇人口的年龄结构及抚养比　　　　单位：人、%

年份	总人口	18岁以下	占比	18—34岁	占比	35—59岁	占比	60岁以上	占比	少年抚养比	老年抚养比	总抚养比
2003	24201	4450	18.4	7249	30.0	9287	38.4	3215	13.3	26.9	19.4	46.4
2004	24102	4445	18.4	6371	26.4	9811	40.7	3475	14.4	27.5	21.5	48.9
2005	37785	6601	17.5	9864	26.1	15846	41.9	5474	14.5	25.7	21.3	47.0
2006	38241	6916	18.1	9759	25.5	16222	42.4	5344	14.0	26.6	20.6	47.2
2007	38357	6838	17.8	9525	24.8	16581	43.2	5413	14.1	26.2	20.7	46.9
2008	38545	6746	17.5	9238	24.0	16889	43.8	5672	14.7	25.8	21.7	47.5
2009	38656	6692	17.3	8949	23.2	17072	44.2	5943	15.4	25.7	22.8	48.6
2010	38714	6700	17.3	8710	22.5	17148	44.3	6156	15.9	25.9	23.8	49.7

资料来源：历年《开化统计年鉴》。各"抚养比"系本课题组计算。

2003—2010 年，华埠镇 18 岁以下占总人口的平均占比为 17.8%，18—34 岁人口占比为 25.3%，35—59 岁人口占比为 42.4%，60 岁以上人口占比为 14.5%。18—59 岁人口比重合计为 67.7%，占总人口的 2/3，其余无劳动力或低劳动力人口约占 1/3。

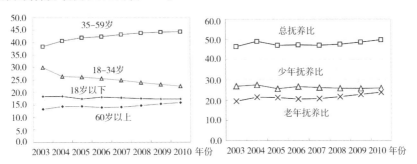

图 4 - 1　华埠镇近年的人口年龄结构及抚养比

按国际上通用的人口类型划分标准，少儿抚养比为 0—14 岁人口与 15—64 岁人口数量之比（%）；老年抚养比为 65 岁及其以上人口与 15—64 岁人口数量之比（%），总抚养比等于少儿抚养比和老年抚养比之和。老年型社会的主要指标有：当一个国家或地区 0—14 岁的少年在总人口中少于 30%；65 岁及以上的老年大于 7% 或 60 岁及以上人口在总人口比例中大于 10%。另外中位年龄大于 30 岁，老少比大于 30%，也可作为一项附加指标。

由于未获得该镇 14 岁以下及 65 岁以上人口的更细致的分类数据，因此为计算抚养比，我们采取了与国际通行标准不一样的计算方法。前表中的少年抚养比 = 18 岁以下人口/18—59 岁人口 × 100%；老年抚养比 = 60 岁以上人口/18—59 岁人口 × 100%；总抚养比 = 少年抚养比 + 老年抚养比。如此处理，有一定的合理性。因为中国实行九年制义务教育后，18 岁以下均属于受教育年龄，此期间的生活费用均由家庭提供；而浙江省已于近年实施相应的农村养老保障措施，只要缴纳一笔少量初始费用，60 岁以上农村人口每月均可从政府领取月生活补贴。

计算得出的抚养比数据表明：少年抚养比从 2003 年的 26.9% 下降到 2010 年的 25.9%，六年来下降了一个百分点；老年抚养比从 2003 年的 19.4% 上升到 2010 年的 23.8%，上升了 4.4 个百分点；两者合计，总的社会抚养比从 2003 年的 46.4% 上升到 49.7%，上升了 3.3 个百分点。这意味着，近几年华埠镇总的社会抚养负担在加大，2010 年华埠镇平均 2 个 18—

59 岁劳动力需要抚养 1 个 18 岁以下或 60 岁以上人口。

　　总的来看，当前华埠镇的社会结构中，仍是劳动人口占绝对优势，因而镇域经济享受着人口红利所带来的好处，从事生产人口的相对比重较大，经济发展与人均收入的提高较快。但是在现有的发展趋势下，若干年以后，随着少年人的比例减少，当现在的中青年人相继进入老龄阶段以后，社会总的生产人口比重就会有较大幅度的下降。因而，未来镇域内的老龄化将是华埠发展不得不面临的问题。

三　就业与人口流动

1. 农业与非农业人口

　　早期华埠镇的人口以居住在镇区为主，非农人口占 70%。改革开放后，随着扩镇、人口迁移等因素，非农业人口比重经历了迅速下降（80 年代）、有所回升（90 年代）、快速下降（21 世纪以来）的变化过程。2005 年之后，由于封家、青阳两个传统农业乡镇的并入，华埠镇的农业人口比重从之前的约 71% 上升到 81%，增加了 10 个百分点；相应的非农业人口比重则由 29% 下降至 19%。可见未来华埠镇城市化的任务还比较重。

表 4 - 6　　　　　　　华埠镇的人口分布：农业与非农业

年份	总人口（人）	农业人口（人）	非农业人口（人）	农业人口占比（%）	非农人口占比（%）
1984	21458	12192	9266	56.8	43.2
1985	21703	12000	9703	55.3	44.7
1986	21940	13032	8908	59.4	40.6
1987	21958	12179	9779	55.5	44.5
1988	22235	12415	9820	55.8	44.2
1989	22516	12446	10070	55.3	44.7
1990	22790	12494	10296	54.8	45.2
1991	22617	12521	10096	55.4	44.6
1992	29527	22661	6866	76.7	23.3
1993	29463	22656	6807	76.9	23.1

年份	总人口（人）	农业人口（人）	非农业人口（人）	农业人口占比（%）	非农人口占比（%）
1994	29442	22668	6774	77.0	23.0
1995	29630	22819	6811	77.0	23.0
1996	23986	17029	6957	71.0	29.0
1997	24016	16975	7041	70.7	29.3
1998	24089	16966	7123	70.4	29.6
1999	24135	16962	7173	70.3	29.7
2000	24137	16845	7292	69.8	30.2
2001	24116	16824	7292	69.8	30.2
2002	24139	16957	7182	70.2	29.8
2003	24201	17058	7143	70.5	29.5
2004	24102	17060	7042	70.8	29.2
2005	37785	30668	7117	81.2	18.8
2006	38241	31111	7130	81.4	18.6
2007	38357	31222	7135	81.4	18.6
2008	38545	31452	7093	81.6	18.4
2009	38656	31539	7117	81.6	18.4
2010	38714	31616	7098	81.7	18.3

资料来源：历年《开化统计年鉴》。

2. 劳动力资源

2005 年并镇以来，华埠镇的劳动力资源基本上保持了稳定并略有上升（除 2008 年外），从 2005 年的 19890 人增至 2010 年的 21977 人，增加了 2087 人；在占全镇总人口的比重，也从 52.6%，上升至 56.8%，增长了 4.2 个百分点。实际从业人员（实有劳动力）从 2005 年的 19357 人，增至 2010 年的 21730 人；占全镇总人口中的比重，从 2005 年的 51.2%，上升至 2010 年 56.1%，增加了近 5 个百分点。平均来看，2004—2010 年的七年间，劳动力资源、实际从业人员在全镇总人口中的比重分别达到 53%和 52%（见表 4-7）。

从性别看，在从业人员（实有劳动力）中，男性劳动力和女性劳动力在最近七年中的平均比重分别为53.1%和46.9%，男性高于女性约6个百分点。2005年并镇后，男性劳动力从2005年的10393人，增至2010年的11584人，增加了1191人，占全部从业人员的比重，从2005年的53.7%，减少至2010年53.3%，下降了0.4个百分点。女性劳动力从2005年的46.3%，增至2010年的46.7%，上升了0.4个百分点。

表4-7   华埠镇劳动力资源（2004—2010）

年份	总人口（人）	劳动力资源（人）	劳动力资源占总人口（%）	实有劳动力（从业人员）合计（人）	从业人员占总人口（%）	实有劳动力（从业人员）			
						男劳动力（人）	女劳动力（人）	男劳动力占比（%）	女劳动力占比（%）
2004	24102	10935	45.4	10486	43.5	5395	5091	51.4	48.6
2005	37785	19890	52.6	19357	51.2	10393	8964	53.7	46.3
2006	38241	20688	54.1	20126	52.6	10656	9470	52.9	47.1
2007	38357	20805	54.2	20472	53.4	10900	9572	53.2	46.8
2008	38545	21059	54.6	20533	53.3	10772	9761	52.5	47.5
2009	38656	20455	52.9	20915	54.1	11402	9513	54.5	45.5
2010	38714	21977	56.8	21730	56.1	11584	10146	53.3	46.7
平均			53.0		52.0			53.1	46.9

资料来源：历年《开化统计年鉴》。

3. 人口与劳动力流动

华埠镇域总人口构成，如按户籍划分主要包括两部分：有本镇户籍的在册人口（本章简称为户籍人口）；非本镇户籍的外来暂住人口（以下简称外来人口）。华埠镇在2005年以前的十多年间，外来人口比例基本处于较低水平，第二、三产业的外来人口基本没有，仅有部分安徽、江西等周边省份过来从事第一产业活动的外来劳动人员。

根据开化县民政局统计，2004年底华埠镇户籍总数为24102人，与1999年的24134人相比，基本没有变化。但在2005年以后，第二产业的外来从业人员急剧增长。据华埠镇提供的数据显示，2005年年末外来经商务工人员约为 3700 人，2006 年急剧增加到 6800 人。特别是，随着城镇一体化的发展和镇域范围的变动，2005 年封家镇和青阳乡并入华埠镇，以及城华对接的发展，使得华埠镇人口基数由 2004 年的 24102 人，急剧增长到 37785 人。

2006 年底华埠镇域总人口约为 4.5 万人（含外来人口以及住校学生，其中有镇域户籍的年末人口数为 38241 人），镇区 202 平方公里范围内的常住人口约为 1.98 万人，其中三个居委会户籍人口为 6883 人，外来务工经商常住人口约为 6800 人，在校学生 1800 人，还有 5 个农村居民点共计约 4300 人，华喜村 699 人，孔桥村 255 人，华阳村 1022 人，华峰村 1500 人（部分），华民村 800 人（部分）。

为了进一步分析劳动力流动情况，课题组整理了华埠镇 2004 年以来的相应数据，如下表：

表 4 - 8　　　　　　华埠镇的劳动力流动（2004—2010）　　　　　单位：人

年份	实有劳动力（从业人员）合计	在外出劳动力中					从业人员中，外出临时工、合同工数量	外来劳动力
		合计	乡外县内	县外州市内	市外省内	出省的劳动力		
2004	10486	3233	1296	489	1014	434	—	865
2005	19357	5999	1416	838	2730	1015	3227	632
2006	20126	6231	1690	830	2742	969	2053	632
2007	20472	6443	1696	917	2857	973	2232	495
2008	20533	6566	1946	929	2641	1050	3581	483
2009	20915	6186	1825	1136	2276	949	3737	474
2010	21730	6706	1967	1075	2763	901	—	—

年份	占比（%）	外出劳动力占总实有劳动力比重合计（%）	在外出劳动力中的占比（%）				外出临时工、合同工占农村从业人员的比重（%）	外出与外来劳动力比重（%）
			乡外县内	县外州市内	市外省内	出省的劳动力		
2004	—	30.8	40.1	15.1	31.4	13.4		3.74
2005	—	31.0	23.6	14	45.5	16.9	16.7	9.49
2006	—	31.0	27.1	13.3	44.0	15.6	10.2	9.86
2007	—	31.5	26.3	14.2	44.3	15.1	10.9	13.02

续表

年份	占比（%）	外出劳动力占总实有劳力比重合计（%）	在外出劳动力中的占比（%）				外出临时工、合同工占农村从业人员的比重（%）	外出与外来劳动力比重（%）
			乡外县内	县外州市内	市外省内	出省的劳动力		
2008	—	32.0	29.6	14.1	40.2	16.0	17.4	13.59
2009	—	29.6	29.5	18.4	36.8	15.3	17.9	13.05
2010	—	30.9	29.3	16.0	41.2	13.4	—	—
平均	—	31.0	29.4	15.0	40.5	15.1	14.6	10.46

资料来源：历年《开化统计年鉴》。

2004 年以来，华埠镇外出劳动力占全部实有劳动力的比重一直稳定在 31% 左右（除 2009 年受国际金融危机影响而略有下降）。也就是说，接近 1/3 的劳动力外出打工。在外出的劳动力中，约有 40% 是在衢州市外的浙江省其他地区打工，约 15% 是在开化县外的衢州其他市县打工，约近 30% 是在本县城区或县内其他乡镇打工。合计来看，约 85% 的外出打工者是在浙江本省内，只有约 15% 出省打工。此外，2005 年以来，华埠镇外出临时工、合同工数量大体上在 3000 人左右，占农村从业人员的比重约在 15% 左右。

近年来，外来劳动力的数量一直趋于下降，从 2004 年的 865 人减至 2010 年的 474 人，净减少 391 人。相应的，全镇外出劳动力与外来劳动力数量之比也从 2004 年的 3.74 倍，增至 2009 年的 13.05 倍。华埠的经济一直处于发展之中，但无论对于本地劳动力还是外来劳动力的吸引力似乎并不那么大，甚至有所下降。这是一个值得关注的问题。

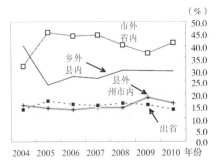

图 4-2　华埠镇外出劳动力的
地域流向结构

数据来源：历年《开化统计年鉴》。

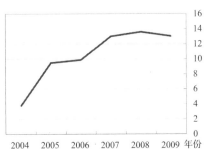

图 4-3　华埠镇外出与外来
劳动力之比（倍数）

数据来源：历年《开化统计年鉴》。

4. 就业结构

从劳动力就业的产业分布格局看，在全镇约 2.1 万实有劳动力中，农业部门约 1.15 万人，约占 55%；工业和建筑业（第二产业）约有 2500 人，约占 13%；第三产业约 7000 人，约占 32%。显然华埠镇的工业化水平还相对偏低。第一、二、三产业部门 55∶13∶32 的就业格局，从就业视角度量了华埠镇的城市化水平为 45%，略低于全国平均水平。

表 4-9　　　　　　　　华埠镇的劳动力就业情况

年份	实有劳动力(从业人员)	农林牧渔业劳动力	工业劳动力	建筑业劳动力	交通运输仓储及邮电通信业劳动力	计算机服务劳动力	批发和零售业劳动力	餐饮业劳动力	其他劳动力
2003	11753	4976	n. a.	1034	362	n. a.	635	319	1816
2004	10936	5411	949	998	369	162	676	450	1921
2005	19357	11158	1379	1144	554	67	789	450	3816
2006	20126	11306	1379	1164	579	62	921	445	4270
2007	20472	11130	1418	1144	604	69	913	461	4733
2008	20533	11781	1393	1147	630	73	753	439	4317
2009	20915	11370	1319	1199	621	90	804	504	5008
2010	21730	n. a.	n. a.	n. a.	n. a.	n. a.	n. a.	n. a.	n. a.
占比（%）									
2004	100	49.5	8.7	9.1	3.4	1.5	6.2	4.1	17.6
2005	100	57.6	7.1	5.9	2.9	0.3	4.1	2.3	19.7
2006	100	56.2	6.9	5.8	2.9	0.3	4.6	2.2	21.2
2007	100	54.4	6.9	5.6	3.0	0.3	4.5	2.3	23.1
2008	100	57.4	6.8	5.6	3.1	0.4	3.7	2.1	21.0
2009	100	54.4	6.3	5.7	3.0	0.4	3.8	2.4	23.9
2010	100	n. a.	n. a.	n. a.	n. a.	n. a.	n. a.	n. a.	n. a.
平均		54.9	7.1	6.3	3.0	0.5	4.5	2.6	21.1
合计平均	第一产业 54.9	第二产业 13.4		第三产业 31.7					

资料来源：历年《开化统计年鉴》。各项比例系本课题组计算。

注：《开化统计年鉴 2011》未提供本表 2010 年数据。《衢州统计年鉴 2011》只提供了 2010 年华埠镇的农林牧渔业从业人员数 710 人、建筑业从业人员数 804 人两个数据，但显然这两数与前些年数据出入较大，故不加以使用。

在第三产业中，近六年来各部门占全部实有劳动力就业的比重分别为：交通运输仓储及邮电通信业占 3.0%、计算机服务业占 0.5%、批发和零售业占 4.5%、餐饮业占 2.6%、其他行业占 21.1%。

第五章

制度与增长表现

新中国成立后，华埠镇工农业生产得到较快发展，尤其国营工业的迅速崛起，使其很快成为开化的工业重镇。镇区国营商业、供销、外贸日益兴隆。但经历了"文革"十年内乱，各项事业一度处于停滞状态。

1978 年改革开放启动后，镇办、街道办、村办、户办企业发展迅速。利用传统的工贸优势，近年来该镇经济发展较快。尤其在新世纪以来，先后荣获"全国小城镇建设试点镇"、"全国创建精神文明工作先进单位"、"国家经济综合开发示范镇"、"全国文明村镇"、"衢州市经济强镇"、"省级小企业创业基地"、"省十大特色乡镇"等殊荣。这些成绩的取得，是与浙江中心镇战略与衢州强镇扩权政策所带来的发展机遇分不开的。

一 浙江中心镇战略与衢州强镇扩权政策

上者因之，其次利导之。一个地区经济社会发展的快慢、活力的强弱，最主要地取决于该地区的微观主体和各个层级的区域组织。浙江民间经济最为发达，私营企业和个体工商户"密度"之高均在全国居前，这成为浙江在全国最早启动基层政治经济体制改革的根本动因。通过持续实施放权强县、扩权强镇，推动一轮轮地权力与资源重心下移，既适应了民间经济的增长需求，同时又激发出更大的发展动力。如此交互推进，制度变革与经济增长形成了良性循环。这种机制，既体现了生产力与生产关系的辩证原理，同时也符合现代经济增长理论的基本假定。

改革开放后，浙江城乡集市贸易的开放和迅速发展，使大量农民进入城市和小城镇，出现大量的城镇暂住人口。乡镇企业、个私企业的蓬勃发展又进一步促进了浙江小城镇和县域经济的发展。在20世纪80年代全国各地"市领导县"的主流体制下，1992年浙江省率先对13个经济发展较快的县市进行了扩权，内容主要是扩大建设、技术改造和外商投资项目的审批权；之后的1997年，允许萧山、余杭实行部分地级市的经济管理权限，之后省级机关带头减少50%以上的审批项目。到1998年，浙江省建制镇数量达到1006个，比1978年增长10.1倍，平均每年增加45.8个建制镇。2002年8月17日，浙江再次深化改革，省委办公厅下发了《中共浙江省委办公厅、浙江省人民政府办公厅关于扩大部分县（市）经济管理权限的通知》（浙委办〔2002〕），将313项原属地级市的经济管理权限下放给17个县（市）和萧山、余杭、鄞州3个区。中小城市在此过程中从无到有，也得到稳步发展。1981年浙江新设第一个县级市——椒江市，至2009年末，浙江省县级市为22个。在民间和市场力量主导下，浙江城市化稳步较快发展，城市化水平从1978年的14.5%上升到1998年的36.7%、2010年的约60%。

新世纪以来，浙江省在推动城市经济、县域经济发展的同时，将视线转向了更广大的市镇和农村。根据经济社会发展和城市化趋势，对传统的"市带县"体制进行了一些尝试，实施了"中心镇"战略。试图通过政策倾斜，加快推进人口集中、产业集聚、要素集约、功能集成，促进乡村工业化和都市化，统筹城乡一体化发展，并着力推进小城市培育。浙江省政府2007年出台的《关于加快推进中心镇培育工程的若干意见》（浙政发〔2007〕13号），对141个试点小城镇的行政管理体制进行了大幅度改革，改革措施包括建立和完善小城镇的财政体制、扩大经济社会管理权限、投入与投资体制、城镇规划与小城镇建设用地权、户籍制度改革等10项权力。

表 5-1　　　　　　　　浙江省中心镇战略的主要政策演变①

时间	文号	文件名
2007 年	【浙政发（2007）J13 号】	浙江省政府《关于加快推进中心镇培育工程的若干意见》

---

① 作者补注：截至本书出版日，另两个最新的文件是【浙政发（2012）12 号】浙江省人民政府关于印发《浙江省新型城市化发展十二五规划》的通知；【浙政办发（2012）33 号】浙江省人民政府办公厅关于印发《2012 年全省小城市培育试点和中心镇发展改革工作要点》的通知。

续表

时间	文号	文件名
2007 年	【浙发改规划（2007）767 号】	浙江省发改委《浙江省中心镇发展规划（2006—2020）》
2010 年	【浙政办发（2010）162 号】	浙江省政府办公厅《关于开展小城市培育试点的通知》
2010 年	【浙委办（2010）115 号】	浙江省委、浙江省政府办公厅《关于进一步加快中心镇发展和改革的若干意见》
2010 年	【浙发改城体（2010）1178 号】	浙江省发改委、省编委办、省法制办《浙江省强镇扩权改革指导意见》
2010 年	【浙财建（2010）353 号】	浙江省财政厅、省发改委《关于省小城市培育试点专项资金管理若干问题的通知》
2011 年	【浙政办发（2011）52 号】	浙江省政府办公厅《2011 年全省中心镇发展改革和小城市培育试点工作要点》

资料来源：作者整理。

在强县经济发展战略的实施中，浙江的百强县（市）数量占据全国的近 1/4 的比重①。事实上，每一个百强县都是由多个实力超强的中心镇构成的。在浙江全省 735 个建制镇中，首批选定的 141 个省级中心镇，到 2009 年底的总人口、建成区人口、农村经济总收入、财政总收入，分别占全省建制镇总量的 35.2%、47.4%、39% 和 39.6%。其中，人口超 5 万、财政总收入逾 5 亿元的中心镇已达 51 个。中心镇平均建成区人口 3.2 万，年均农村经济总收入 105 亿元、财政总收入 3.2 亿元。在这些中心镇中，涌现了一批特别突出的强镇，已初具城市功能和规模，拥有强劲的辐射和带动能力，俨然就像个"小城市"。发轫于农村的中国改革，30 多年后又聚焦于城乡结合的中心镇，这并非偶然，而是历史的必然。

在浙江省"中心镇"战略背景下，作为浙江这个沿海发达省份中的欠发达地区、地处浙江西部的衢州市在 2002 年推行了"经济强镇"政策，制定出台了《关于加快经济强镇发展的若干意见》（衢委发〔2002〕45 号）。在

---

① 1991 年之后，浙江省的"全国百强县"数量不断上升，1991 年 12 个，1992 年 21 个，1994 年 23 个，2000 年 22 个，2001 年 26 个，2002 年达到 30 个。

全市 8 个中心镇中选择贺村、湖镇、辉埠、华埠作为首批 4 个经济强镇（2007 年又增设航埠、廿里两镇），从管理权限、财政税收和干部配备等方面给予重点扶持。紧接着 2003 年初开化县委也出台了《中共开化县委、开化县人民政府关于加快华埠经济强镇发展的若干意见》，其核心就是完善行政管理体制，强化华埠镇经济和社会管理职能，最大限度地赋予华埠镇在计划、经贸、规划、公安、土管、建设、工商管理等方面的县级管理权限；实行财政政策倾斜，增强华埠镇财政实力，原则上以 2002 年镇财政体制基数为基数，一定五年不变，超出基数县财政可用部分，全额留给镇用；优化土地资源利用，鼓励经营土地筹措建设资金，土地计划单列，土地出让、置换中所得的地方收益部分，全额留给镇用于建设。

衢州经济强镇政策启动后，各县市土地政策中将土地出让金和城市建设配套费全额返还中心镇，使四个中心镇都获得了 1000 万元以上的启动资金，多的超过 2000 万元，这笔资金支撑起了各镇建设起步阶段的工业园区建设和集镇配套建设。2008 年作了重新完善，同时各县（市、区）按照市里的政策精神分别制定了各自的扶持政策，这些政策为经济强镇的发展注入了强大活力。

经过几年的培育扶持，6 个经济强镇发展步伐不断加快，始终坚持加快发展为首要任务，着力做大经济总量、提升发展质量，发展速度明显加快，综合经济实力明显提升。在小城镇建设中实现了率先发展：

一是纵向看保持了较快发展速度。在衢州市 47 个镇中，列入"十一五中心镇培育工程"的省级中心镇有 8 个。衢州市农办的资料显示：除去两个县城所在地（常山县天马镇、开化县城关镇），2009 年底，其余 6 个经济强镇 GDP 共计 62.6 亿元，2007—2009 年三年平均增长 25.9%，高出全市平均12.3 个百分点，其中增速最快的航埠镇平均增长 36.2%；地方财政收入共计 2 亿元，2007—2009 年三年平均增长 33.4%，高出全市平均 9.8 个百分点，其中增长最快的航埠镇三年平均增长 125.1%（存有体制调整因素）。

二是区域内经济总量占比不断提高。截至 2009 年底，衢州市 6 个中心镇区域面积 605.8 平方公里，占全市 6.9%；总人口 24.92 万人，占全市10%；经济总量（GDP）62.6 亿元，占全市的 10%。6 个经济强镇 GDP 在全市的比重由 2007 年的 8.4%提高到 2009 年的 10%；地方财政收入在全市的比重由 2007 年的 4.3%提高到 2009 年的 5.4%。

从整个"十一五"时期看，航埠、廿里、湖镇、贺村、辉埠、华埠 6

个经济强镇的 GDP 年均增长 20.1%，高出衢州全市 6 个百分点；地方财政收入年均增长 24.9%，高出全市 6.4 个百分点。6 个经济强镇工业功能区建成面积已超过 16 平方公里，规模以上企业有 247 家，亿元企业达到 28 家，初步构筑了各具特色且具有相对竞争优势的主导产业，集聚功能进一步增强。

在浙江省中心镇战略、衢州市及开化县经济强镇政策扶持下，华埠镇作为首批四家列入经济强镇的中心镇，获得了一系列"强镇扩权"的优惠政策，经济与社会各项事业借势发展，获得了超常规的发展速度，在此过程中由于较好地贯彻了科学发展的理念，经济、社会和生态建设齐头并进，协调发展，实现了绿色增长。

二　强镇扩权以来的华埠经济增长

2003 年进入衢州市首批四家"经济强镇"以来，华埠的经济发展进入了新的快车道。2005 年封家、青阳两个乡镇并入华埠，2006 年全镇实现地区生产总值 4.99 亿元（含封家、青阳），人均地区生产总值约 1.57 万元。

2007 年，全镇实现地区生产总值 6.59 亿元，比上年增长 36.3%；财政总收入达到 6923.35 万元，地方财政收入达到 3674.1 万元，比上年增长 42.17%；工业增加值完成 2.68 亿元，比上年增长 59.9%；全社会固定资产投资达到 5.26 亿元，比上年增长 11.2%。其中，工业固定资产投资达

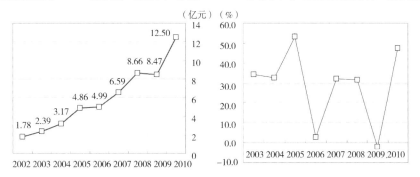

图 5 - 1　华埠镇的地区生产总值　　　图 5 - 2　华埠镇地区生产总值年增
（2002—2010）　　　　　　　　　　　长率（2003—2010）

到 3.54 亿元，比上年增长 43.9%；人民生活水平得到较大幅度提升，农民人均纯收入达到 6440 元，比上年增长 15.07%；社会消费品零售总额达到 3.79 亿元，比上年增长 15%。

2008 年，全镇实现地区生产总值 8.66 亿元，比上年增长 28.3%；财政总收入达到 6923.35 万元，地方财政收入 3950 万元，比上年增长 7.5%，占县比重 14.6%；全社会固定资产投资达到 8.43 亿元，农民人均纯收入达到 7450 元。有大小企业 530 多家，规模以上企业 27 家，其中超亿元企业 3 家。

2009 年，全镇实现地区生产总值 8.47 亿元，工业总产值达到 17.85 亿元，同比下降 1.9%，其中规模以上企业完成 11.06 亿元，同比增长 3.2%；财政总收入完成 8022.66 万元，同比下降 11.42%；地方财政收入完成 2933.33 万元，同比增长 1.3%，占全县地方财政收入的 9.02%；工业增加值达到 3.3 亿元，同比增长 9.8%；全社会固定资产投资达到 6.63 亿元，同比下降 20.8%。其中，工业固定资产投资达到 4.22 亿元，同比下降 23.6%；农民人均纯收入达到 7940 元，同比增长 8.01%。

2010 年，全年实现地区生产总值 12.5 亿元，同比增长 29.5%；全社会固定资产投资 11 亿元，其中工业固定资产投资 6.2 亿元，同比增长 41.0%；农民人均纯收入 8983 元，同比增长 13.1%；实现财政总收入 6900.79 万元，其中地方财政收入 2659.9 万元；人口自然增长率 2.97‰，同比下降 34.6%。2010 年底全镇储蓄余额突破 10 亿元，同比增长 20% 以上。

表 5 - 2   华埠镇的地区生产总值及三次产业结构

年度	地区生产总值（当年价格）（万元）				地区生产总值比重（%）		
	总计	第一产业	第二产业	第三产业	第一产业	第二产业	第三产业
2003	23818	3841	13946	6031	16.13	58.55	25.32
2004	34553	4087	19634	10832	11.83	56.82	31.35
2005	42813	4537	25673	12603	10.6	59.97	29.44
2006	46091	7800	26015	12276	16.92	56.44	26.63
2007	73899	13008	46044	14847	17.6	62.31	20.09
2008	94813	15300	61726	17787	16.14	65.1	18.76

资料来源：华埠镇工业办公室；本课题组 2009 年问卷调查。

三　华埠产业结构的演进：四个视角

1. 劳动力就业视角

按照三次产业之间的发展规律，第一产业机械化的提高，必然会出现第一产业的劳动力向第二、三产业转移情况，1984 年，华埠镇总劳动力为5763 人，其中第一产业劳动力5095 人，第三产业劳动力668 人，没有人从事第二产业工作；到了2009 年，在全镇约2.1 万实有劳动力中，农业部门约1.15 万人，约占55%；工业和建筑业（第二产业）约有2500 人，约占13%；第三产业约7000 人，约占32%。

华埠镇自80 年代以来劳动力的平均增长率为12%。显然，华埠镇第一产业的劳动力平均增长率低于该镇总劳动力的平均增长率，同时也远远低于第二、三产业劳动力的平均增长率。从相对数分析看三次产业从业人员构成对比，1984 年，第一产业及第三产业的劳动力占总劳动力的比重分别为88.41% 和11.59%，没有工业就业；到2009 年，第一、二及第三产业的劳动力比重分别为55%、13% 和32%。第一产业虽然还占据着大量的劳动力，但是所占比重已经大大降低，共减少了33 个百分点，其他两个产业则分别增加了13 个百分点和20 个百分点，由此可见，第二、三产业吸纳了大量农业剩余劳动力，为农业现代化创造了条件。如果考虑数据统计中，可能存在将乡村企业或农业企业的就业纳入第一产业部门就业的情况（他们虽仍具农民身份，但显然不是脸朝黄土背朝天的传统农民），因此该镇第一产业就业的数据可能会高估，而第二、三产业的就业则被低估了。

2. 居民收入构成视角

除了 GDP 可以反映一个地区三次产业的发展状况，居民收入的构成情况同样可以从另一个角度来反映三次产业之间的关系。1984 年，华埠镇总收入为 602.71 万元，其中第一、二、三产业的比重分别为88.40%、0.00% 和11.60%；2006 年，华埠镇总收入为189580.96 万元，各产业占其比重分别为5.53%、71.63% 和22.84%。其中第一产业收入比重下降了82.87 个百分点，第二、三产业收入比重分别上升了71.63 个百分点和11.24 个百分点。库兹涅茨指出，第一产业所实现的国民收入在整个国民收入中的比重和农业劳动力在全部劳动力中的比重一样，处于不断下降之中；第二产业的国民收入的相对比重，大体看是上升的；然而第三产业在国民收入中的相对比重是大体不变略有上升。库兹涅茨是从宏观的角度来分析国民收入在三次产业中比重的变化，但是从华埠镇的数据，也就是从微观的角度来看，它的国民收入变化大致与库兹涅茨的结论相符，只是由于华埠镇的发展，把这种变化放大了，然而它变化的整个趋势是与其结论一致的。

3. 三次产业收入增加值的角度

上面是从国民收入在三次产业中比重的变化来分析产业结构的变化，接下来要用收入变化的绝对数来进一步分析，第二、三产业的发展带动了第一产业的发展，为第一产业实现现代化创造了条件。为了使数据更具有可比性，以1978年为基期，计算出各个产业的国民收入。2006年比1984年第一、二、三产业国民收入分别增加了26.22万元、66.72万元和24.56万元，第二产业从无到有，第一、三产业则分别增长了7.51倍和68.84倍。第二、三产业的增长幅度要远远高于第一产业的增长幅度，第二、三产业大力反哺第一产业即农业是非常必要的。农业实现机械现代化是客观要求，但是仅仅依靠农业本身的力量是很难实现了，它需要第二、三产业的帮助。

4. 三次产业劳动生产率的视角

1984年，华埠镇第一、二、三产业劳动生产率分别为0.10万元、0元、0.10万元；到2006年，它的第一、二、三产业劳动生产率分别上升为0.93万元、98.47万元和5.82万元。23年，仅第三产业的劳动生产率就提升了58倍，第二产业更是从无到有，最终成为劳动生产率最高的产业。而从三次产业劳动生产率对比来看，第二、三产业的劳动生产率大大高于第一产业，这也从另一个角度解释了农村农业劳动力转移的原因，也就是说要想发展农业，提高它的劳动生产率无疑是最有效的方式。

综上所述，无论从宏观角度还是从一个万人小镇的微观角度来分析，都可以得出这样一个研究结论，第一、二、三产业相辅相成，相互促进发展，在发展之初，第一产业要尽其最大能力促进第二、三产业的发展；当第二、三产业发展初见成效后，也应反哺第一产业，吸纳剩余劳动力，为其实现科技现代化创造条件。华埠镇目前正处于后一个发展阶段。

四 与经济强镇的横向比较

新世纪以来，华埠的财政收入水平增长速度是比较快的，但与本省发达地区仍有差距①。2008 年华埠镇财政收入为 2992 万元人民币，浙江省千余个乡镇（街道）财政收入排名中，排在 275 位（参见附录一）。同期浙江省乡镇财政总收入排名第一位的台州市玉环县珠港镇为 75580 万元人民币，约是华埠镇财政总收入的 25 倍，排名第二位的杭州市萧山区宁围镇财政总收入为 38496 万元人民币，约是华埠镇财政总收入的 13 倍。

若与衢州市目前列入"强镇计划"的其他县市的 5 个中心镇相比，华埠无论从经济总量还是发展速度，目前均处于中间位置（见表 5 - 3）。但华埠的生态环境，不仅在衢州各中心镇中，而且在浙江省甚至在全国，都是极出突出的。绿色增长，正是本书特别强调的华埠经济的最大特色。

表 5 - 3　　衢州市 6 个强镇的地区生产总值增长情况（2007—2009）

类别		2007 年		2008 年		2009 年			三年平均增长（%）
		总量	增长（%）	总量	增长（%）	总量	增长（%）	占比（%）	
航埠镇		2.0	15.7	3.12	55.5	4.4	41.0	7.4	36.2
甘里镇		4.2	17.2	4.87	16.5	5.9	21.0	8.8	18.2
贺村镇		12.4	32.5	15.27	22.7	18.3	19.7	13.0	24.9
湖镇镇		9.4	28.6	12.18	29.2	14.9	22.2	15.0	26.7
辉埠镇		5.4	23.9	9.62	77.9	10.7	11.2	17.3	34.8
华埠镇		6.6	32.2	8.66	31.3	8.5	-2.2	14.3	19.3
累计占比（%）	总量累计	40.1		53.7		62.6			25.90
	占全市比	8.4		9.3		10.0			—

注：①占比是指占所在县（市、区）的比重。

②总量仅保留了两位数，增长率仍根据原数据列出。

资料来源：衢州市农办；衢州市政府研究室《调查与思考》（2010 年 9 月 25 日）年

---

① 根据浙江省委〔2005〕22 号文件，欠发达市县（25 个）包括：丽水市、衢州市、淳安县、武义县、磐安县、苍南县、永嘉县、文成县、泰顺县、三门县、仙居县、天台县、云和县、景宁县、龙泉市、青田县、遂昌县、松阳县、缙云县、庆元县、龙游县、常山县、江山市、开化县、平阳县。

度第六期,《产业支撑,资源整合,机制创新,把中心镇建设成为落实"三大任务"的新平台:对我市中心镇培育建设的调查与思考》。

表 5-4　衢州市 6 个强镇工业和固定资产投资情况 (2009)　　　　单位:亿元、%

类别	工业总产值		工业增加值		固定资产投资	
	总量	增长 (%)	总量	增长 (%)	总量	增长 (%)
航埠镇	9.0	21.0	1.38	151.3	4.1	37.5
廿里镇	11.7	10.7	1.5	20.5	3.8	79.3
贺村镇	56.3	22.5	12.8	33.6	13.9	34.7
湖镇镇	33.6	19.1	7.9	19.3	10.7	8.9
辉埠镇	30.1	14.5	7.8	15.0	13.4	36.4
华埠镇	17.9	-1.9	3.3	8.5	6.6	-20.8
全市	1110.8	9.5	276.8	12.4	415.4	15.0
占全市比 (%)	14.30		12.50		13.10	

资料来源:衢州市农办;衢州市政府研究室《调查与思考》(2010 年 9 月 25 日) 年度第六期,《产业支撑,资源整合,机制创新,把中心镇建设成为落实"三大任务"的新平台:对我市中心镇培育建设的调查与思考》。

表 5-5　　衢州市 6 个强镇的地方财政收入增长情况 (2007—2009)

类别	2007 年		2008 年		2009 年			三年平均增长(%)
	总量	增长 (%)	总量	增长 (%)	总量	增长 (%)	占比 (%)	
航埠镇	588.0	600.0	786.5	33.7	962.5	22.4	3.8	125.1
廿里镇	360.0	56.4	561.6	56.1	732.0	30.3	2.9	47.1
贺村镇	4960.8	31.7	4284.7	-13.6	5386.0	25.7	8.2	12.7
湖镇镇	1318.0	68.0	2044.0	55.1	2598.0	27.1	5.1	48.9
辉埠镇	3751.0	47.2	7087.2	88.9	7898.6	11.4	20.8	45.8
华埠镇	1687.8	42.2	2992.3	77.3	2933.3	-1.9	9.0	35.2
累计占比 (%) 总量累计	12665.6		17756.3		20511.4			33.4
占全市比	4.3		5.2		5.4			—

注:①占比是指占所在县 (市、区) 的比重。

②总量仅保留了两位数,增长率仍根据原数据列出。

资料来源：衢州市农办；衢州市政府研究室《调查与思考》（2010 年 9 月 25 日）年度第六期，《产业支撑，资源整合，机制创新，把中心镇建设成为落实"三大任务"的新平台：对我市中心镇培育建设的调查与思考》。

五　城华对接的发展机遇

随着 205 国道城华段新线的开通，硅电子工业园区规划的实施，开化县经济开发区和华埠镇区的不断拓展，城关、华埠两镇空间距离越来越近。尤其是黄衢南、杭新景两条高速公路开通后由北向南、由西向东穿境而过，加之城关镇用地相对紧张，迫切需要向华埠镇方向发展，以互补两镇的功能。城区、华埠对接"大县城"的空间重组被提上日程。2004 年 8 月，由南京大学城市规划设计研究院着手编制第四轮《开化县城总体规划》（2006—2020），确定该县规划近期（2010 年）人口为 8.8 万人，建设用地 9.05 平方公里；远期（2020 年）人口为 12 万人，建设用地为 12.51 平方公里。《开化县城总体规划》明确"一轴三片"组团式布局结构，芹江作为城市发展轴，城关、工业园区、华埠三个组团沿芹江呈南北向带布置，城市发展空间进一步拓展，包括城关镇的全部，华埠镇的大部分、池淮镇的部分以及林山乡的西南角，总面积约 320 平方公里。2007 年 5 月经衢州市政府批准实施，开化城区、华埠对接空间格局的构建，将使得华埠市镇的城市功能也随之逐步完善。

根据华埠镇《2007—2020 年城镇总体规划》，华埠将发挥交通和区位优势，依托山清水秀的自然环境和内涵丰富的历史人文传统，坚持生态立镇、商贸兴镇、工业强镇、农业稳镇，着力营造华埠山水园林城镇个性特色，走可持续发展道路，加速建设成为浙皖赣边界生态贸工型中心城镇。因此华埠的工业化和城市化具备极大的发展机遇和发展空间。

第二部分

生产与交换：工业化进程

第六章

工业化进程中的传统农业

近年来，华埠镇经济社会发展取得长足进步。按镇政府的统计口径，以生产总值度量的三次产业结构比例 2003 年为 16：59：25，到 2008 年为 16：65：19，华埠正处于快速工业化发展阶段，工业在产业结构中占据相对支配地位。

本章将首先回顾华埠镇 60 年来农地制度的演进历史，之后剖析该镇第一产业的结构，以便在总体层面上把握第一产业在该镇的发展轮廓。在此基础上，后面章节还将从传统农业、林业、牧渔养殖业，以及水果、食用菌、茶叶、采桑养蚕业等特色农业的产业化分别进行考察。

一　农地制度变迁

新中国成立以来，华埠镇的经济关系与土地制度变革经历了几个重要时期：1950 年的土地改革、1951—1958 年的农业合作化、1958—1978 年的人民公社、1979 年以来的家庭联产承包责任制。

1. 土地改革（1950 年）

在解放前，华埠镇土地制度的特点是：土地私有、地主占有和租佃制度。民国三十二年（1943 年）土地编查的全镇地籍表显示，全镇耕地总面积 9467.3 亩，山场 90.16 亩，水塘 32.95 亩。1951 年核查全镇地主出租土地 8520.57 亩，占全镇耕地总面积的 90%，平均每户地主占有耕地 71 亩多，人均占有耕地 20.78 亩。其他阶层共有耕地面积 947.3 亩，剔去富农、小土地出租和中农占有较多土地外，贫雇农占有的人均耕地是很少的。地主阶层不仅占有大量土地，还占有较多山场、耕畜、农具等生产资料和房产。最多的占有田 700 余亩、山场 2000 余亩、耕牛 100 多头、房屋 60 余间（占地 5 亩余）。

土地出租有定租、分租和预租三种形式。据 1951 年调查，地主出租土地定租制有 6347.82 亩，占出租总面积的 74.5%；分租制有 2104.58 亩，占 24.7%；预租制有 68.16 亩，占 0.8%。定租制是铁钉租，不分丰歉年。租额按土质、土地坐落分为：业八佃二、业七佃三、业六佃四、业佃各半、业四佃六、业三佃七 6 种，其中，业六佃四、业佃各半和业四佃六者，分别占出租土地总数的 46%、31% 和 15%。山租，佃户租山开荒的，只归收开山三年套种的山玉米，扦插杉木幼苗，成活率要在 80% 以上，方可归还山主。

1949 年 8 月，华埠镇界首村在农村废除保甲制的基础上，成立开化县第一个农民协会，开展减租和反霸斗争，实行减租减息，规定地主、富农租额不得超过 25%，农民之间则双方协商或由农协会调解。此举为废除旧中国的剥削制度迈开了第一步，也为土地改革奠定了基础。1950 年 12 月 30 日，开始进行土地改革；1951 年 4 月，全镇土地改革结束，历时 96 天。1951 年 4 月 3 日，召开全镇庆祝土改胜利大会，有 665 户翻身农民扶老携幼参加千人大会。

2. 农业合作化（1951—1958 年）

进入农业合作化时期，经历了互助组、初级社和高级社三个发展阶段，前后历时 8 年。

——互助组。1950 年春，新中国成立后的农民为了生产度荒，临时换工互助。1951 年底，在自愿互利、典型示范和国家帮助的原则下，全镇成立常年互助组 16 个 143 户，临时互助组 30 个 120 户，合计 263 户，占全镇农户的 39.9%。1952 年，常年互助组发展到 30 个 282 户，临时互助组增至 56 个 195 户，合计 477 户，占农户总数的 72.5%。1953 年春，开展互助组合作运动中的"反冒进"，进一步贯彻自愿互利政策。年底，有 56 户农民退出互助组。

——初级社。1952 年 3 月 29 日，全镇开始以土地入股、分等定产、耕牛农具作价入社，称初级社。初级社实行劳动评工记分。收入分配政策是扣除定产成本后，按劳动工分分配 55%，按土地定产分配 42%，提留公积金

3%。超定产收入分配，在扣除增施肥料金额后，按劳动工分60%，按土地定产33%，提留公积金7%。农业税由各户自缴。初级社时期，保留农民的土地所有权，公有财产较少，收入以按劳分配为主，土地分配为次。1953年春，中央农村工作部处长金少英来双林村调查山区林业互助合作情况。是年底，建立低级社2个，共35户。至此，组织起来的农户共计456户，占总农户的69.3%。

——高级社。1954年春，对2个自发建立的合作社批准继续巩固，对1个条件不成熟的劝说拆社退回互助组。与此同时，试办高级农业生产合作社。高级社实行土地集体所有制和按劳分配原则。10月，贯彻浙江省委山区工作会议精神，掀起第一次农业合作化高潮。至年底，农业生产合作社从上半年的2个23户，发展到18个432户，占总农户的65.6%。规模以15—30户居多，因而一村数社。

1955年4月，贯彻浙江省委"坚决收缩"的方针，开展整社工作。一部分合作社仍转为互助组、低级社。10月，批判了"坚决收缩"的错误方针，从而掀起了第二次农业合作化高潮。到1956年3月，建立高级社21个529户，初级社18个108户，合计有637户参加合作社，占总农户658户的96.8%，平均每社16户。

合作社普遍建立后，连续两年进行并社升级，即将小社并为大社，将初级社升为高级社。1957年底，全镇实现了由高级社组成的农业合作化。

合作化后，以巩固提高为目标，开展整顿合作社工作。重点是：建立劳动组织，改进经营管理，推广生产责任制，按件计酬制，建立财务会计制度，贯彻勤俭办社方针。推行包工、包产、包成本的"三包"，定质、定量、定时、定工、定奖惩的"五定"，配备记工员、技术员、定额员、保管员、检查员的"五员"，生产队建立正队长、副队长的"二长"制，加强了合作社的组织建设。合作化初期，限制一部分人入社，还依据表现吸收为社员或候补社员。

3. 人民公社（1958—1978年）

1958年9月7日，成立东风人民公社，由华埠、星口、青阳和大路边四个乡、镇的33个高级社、镇渔业社、手工业社、商业部门等5587户19519人组成，成立大会有6000多人参加。次年1月改称华埠人民公社。其时，取消区、乡、镇建制，实行"政社合一"和工农商学兵五位一体的新体制，推行组织军事化、行动战斗化、生活集体化。以公社为核算单位，实行基本工资和奖励工资制，办公共食堂，吃饭不用钱。出现了高指标、瞎指挥、浮夸风、共产风和命令风的现象。

1959年4月，开展纠正"一平二调"为内容的整社活动，对过去无代价平调社员的房屋、家具、农具、物资等财产，进行清理、结算和退赔，改公社核算为大队核算。在三年困难时期，1960年7月至1961年6月，实行"以人定量、粮食到户、节约归己"的政策，公共食堂相继解体。1961年9月，调整社队规模，下放核算单位，实行以生产队为基础的公社、大队、生产队三级所有的经济体制。

1968年下半年，掀起献自留地、献零星果木、献宅边地的"三献一并"运动，将生产队合并为大队核算，作为学大寨的实际行动。1971—1974年，纠正了穷富拉平的合并核算。

4. 家庭联产承包责任制（1979年至今）

1979年10月，该镇就有以操作组为单位的"三定一奖"承包责任制出现。1981年12月，全面开展落实多种形式的农业生产责任制。

1981年底，全镇17个大队、103个生产队中，大田联产到户的有14个生产队，占生产队总数的13.6%；分口粮田和责任田的有46个生产队，占总数的44.6%；包产到组的有21个，占总数的20.3%；按劳计酬比例包干到户的有19个，占总数的18.5%；继续实行小段包工、定额计酬的有3个生产队，占总数的3%。

1982年初至4月上旬，有89个生产队建立了家庭联产承包责任制，占生产队总数的86.4%，其中包产到户24个，包干到户47个，联产到劳18个。年底全面推行承包责任制。1984年，将承包期由原来的3—5年延长到15年或15年以上。同时，根据大稳定、小调整的原则，因地制宜制订了承包合同的管理条例。

实行家庭联产承包责任制后，原队属的仓库、耕牛、农机具、储备粮等集体财产和粮食物资，都先后折价出卖，出现了包产到户、不要账簿与平分集体财产和积累资金等现象。1983年5月，全镇开展整顿社、队财务工作。

1999年，第二轮土地承包又与农户签订了合同，再延长到30年。

5. 农村土地流转与规模经营的"四结合"

新世纪以来，华埠镇结合本镇实际，在稳定和完善土地承包关系的前提下，按照"依法、自愿、有偿"的原则，做好"四个结合"①，在农村土地规模经营方面取得了一定的成效。到 2009 年底，全镇土地流转面积达到5000 亩，占耕地总面积的 23.43%，涉及土地流出农户 762 户，规模经营面积在 20 亩以上的大户有 16 户，规模经营面积 4130 亩，平均每户 258 亩，最大户 2000 亩。通过土地流转实现规模经营，推进农业产业化进程，增加劳动就业，促进农业增效、农民增收。

（1）把土地流转与农业招商相结合。2009 年 4 月，在镇村干部的竭力引荐下，绍兴客商来到华埠考察，对松崖村清山秀水及良好的生态环境产生了浓厚兴趣，认为很适合发展种养殖业和休闲观光农业项目。经过几轮洽谈，签下 30 年的租赁合同，从松崖村 67 户农户中以每亩 350 元的租金，成功流转土地 738 亩，其中水田 157 亩，旱地 40 亩，林地 541 亩。项目总投资400 万元，年饲养芦花鸡 2 万只。在全民招商的努力下，2009 年 3 月，龙游客商投资 600 万元，从永丰村 119 户农户流转土地 417 亩，从事清水鱼苗的养殖，流转期限 30 年。2008 年 8 月，丽水客商在郑家村流转土地 140 亩种茭白，由于效益可观，2009 年又在封家村流转土地 160 亩，在昌谷村流转60 亩，今年还打算再扩大种植计划。山东客商在新岩村投资建起了蔬菜大棚。农业招商为土地流转创造了有利的条件，土地流转为农业招商提供了土地保障。

（2）把土地流转与专业合作社相结合。专业合作社是土地流转一个较好的平台，成立一家专业合作社，就能帮助想流转土地的农户实现土地流转的愿望。2009 年 6 月成立的永丰硒地渔业专业合作社，就从 100 多农户手中流转土地 400 多亩。近年来，华埠镇先后成立了花卉苗木、名茶、食用菌、西瓜、蚕桑、生猪饲养等 20 多家专业合作社，带动土地流转 3000 多亩，产生了较好的规模经营效益。

（3）把土地流转与推动产业化发展相结合。华埠镇是开化县食用菌大镇，年种植食用菌 5600 万袋，每年有 1000 多农户外出种菇，外出种菇期间，有大量的闲置土地需要流转，食用菌产业的发展有利于土地流转。溪上

---

① 见华埠镇党政综合办《做好"四个结合"，推进农村土地规模经营》，华埠镇政府网站。

村是食用菌重点村，家家户户外出种菇致富，村支书罗洪平因村务工作需要不能外出种菇，于是就把全村外出菇农的 200 多亩土地流转种上油菜，花了十几万元购置收割等农机具，通过土地流转和外出菇农一样一年也能赚上几万元。华埠镇花卉苗木产业的发展也有利于土地流转，全镇仅花卉苗木一项流转土地就有 3000 多亩。

（4）把土地流转与推进城镇化建设相结合。华埠镇不是单纯为了土地流转而流转土地，而是把土地流转与推进城镇化进程和促进经济强镇建设结合起来，把土地流转与推进城华对接"小县大城"有机地结合起来。城镇化建设需要强大的商贸支撑，城镇商贸的发展需要大量的第二、三产业人才，这些人才不能光靠外地人才的流入，还需要大量的本地人才。而土地流转使本镇一些善于经商的人才，把家里的土地流转给专业大户种植经营，自己可以专心的到集镇从事第二、三产业。通过土地流转把农村一部分闲余劳动力解放出来，而这部分劳动力正好推动城镇化建设。他们通过经商在城镇购房，成为城镇居民，而这些居民正是成为推进"小县大城"最有效的人力资源。

华埠镇的实践证明，土地流转加快了城镇化建设的步伐。主要效果有：

（1）土地流转为专业大户提供土地资源。土地流转实际上是一种供求关系，是互利互惠的。原来土地分到户以后，有些外出务工和经商的农户，由于没有及时将土地流转出，出现了不同程度的抛荒现象。现在从土地性质来看，专业大户流转的土地大多是抛荒地。因此，土地流转不光为专业大户提供土地资源，也减少了土地抛荒现象，提高了土地生产率。

（2）土地流转增加农民收入。土地流转不但增加善于经营的专业大户的收入，而且也增加了农民的收入。一是外出务工经商的农户通过土地流转，不但可增加务工收入，而且还增加转包或租赁收入。全镇土地流转面积 5000 多亩，按平均每亩 300 元租金计算，可增加农民收入 150 万元。二是因土地流转全镇有 7500 人外出务工，增加外出务工收入 5000 多万元。三是专业大户的雇用也增加了农民在家门口赚钱的机会，如种茭白大户周洪杰每年要雇用 100 多个劳动力，全镇因专业大户每年雇工，就为当地农民增加收入 1000 多万元。

（3）土地流转有效推进农业产业化进程。土地流转的对象是专业大户，他们懂管理善经营，通过规模经营降低生产成本，提高经济效益，这样必将加快农业产业化的进程。由于土地流转的支撑，全镇出现了花卉苗木、名茶、蚕桑、食用菌、养殖五大支柱产业。全镇现有花卉苗木 5000 多亩，名茶 11000 亩，蚕桑 2454 亩，食用菌 5600 万袋，规模养猪场 38 个，规模养鸡场 22 个，全县首家肉牛养殖场 1 个。

二　第一产业的结构趋势

从华埠镇政府历年的工作报告，可大体上看出该镇近年来的农林牧渔等第一产业部门的发展状况。在稳定传统农业种植的同时，新世纪以来华埠在特色农业等方面取得了不小成绩：

2002—2006 年的五年间，坚持科技兴农，大力推广农业生产新品种、新技术，大力实施农村水利建设和大中型病险水库除险加固工程，全镇累计完成各类水利工程建设 160 处，建成防洪堤 3500 米，农业综合生产能力和生产条件不断改善。主要农产品稳步增长，特色农产品增势强劲，农村经济结构调整和农业产业化经营深入推进，发展壮大食用菌、名茶、绿化苗木、西瓜、蚕桑、蔬菜六大农业特色产业，2006 年发展食用菌 5000 万袋，茶园、苗木、蔬菜、蚕桑生产面积分别达到 11853 亩、6000 亩、2000 亩、2600 亩，食用菌和名茶成为华埠镇农民增收致富的重要渠道。

2007 年农业特色产业有了新突破。农业结构调整，突出食用菌、蚕桑、茶叶、西瓜、无公害蔬菜等产业发展。全镇发展特色绿色农产品生产基地 3700 亩，其中城郊型蔬菜 1300 亩，吊瓜基地 300 亩，西瓜 2100 亩。食用菌栽培 5100.8 万袋，实现销售收入 1.07 亿元，纯利达 5712 万元，2007 年又发展了 5303.3 万袋；新发展蚕桑面积 471 亩，总饲养量 5580 张，总产值 433.7 万元；新发展茶叶面积 510 亩，茶叶总面积达到 11953 亩，全年茶叶产量达到 25.1 万斤，总产值 2073.5 万元；畜牧业进一步发展，年生产总收入 2758.8 万元；完成绿化造林 4520 亩，完成率 226%，完成基地抚育 4822 亩；积极开展"四位一体"建设工作，新成立了"深渡"名茶等 5 个合作社，通过成立合作社带动农户增收致富，有效促进了华埠镇各大产业的健康快速发展。

2008 年由于受市场、价格等因素的影响，华埠镇在农业产业结构上有了新的调整，畜牧业产值占农业产值的比重逐步增大。全镇畜牧业生产总收入 4186.8 万元，同比上年增长 49.9%。食用菌、西瓜、无公害蔬菜等传统特色产业有了新发展，全镇发展特色绿色农产品生产基础 3700 亩。食用菌栽培 5300 万袋，实现销售收入 1.61 亿元，纯利达 1.09 亿元，推广新型来菌灶 158 只，联户 89 只。全年完成造林 11182 亩，占全县新造林的 1/3，造林面积创历史新高。其中：杉木速丰林 4356 亩，杨树泡桐速丰林 825 亩，一般林 4702 亩，杉改竹及毛竹造林 1142 亩。茶叶、蚕桑受价格冲击，产量、利润出现下滑，其中名茶产量 155917 公斤，产值 1801.11 万元，产量与去年同比减产 22%，总产值与 2007 年持平。全镇蚕桑面积 2475.5 亩，饲养量 4768.3 张，比去年减产约 800 张，产茧量 3593 担，总产值 295.8 万元，与去年同期相比较，产量减少 23.3%，产值减少 31.7%。当年全镇共完成大小水利工程 25 处，总投资 1500 余万元，全镇农业设施得到进一步提升。

2009 年，食用菌、西瓜、无公害蔬菜等特色农业产业有了新发展。全镇发展特色绿色农产品生产基地 3700 亩。食用菌栽培规模再创历史新高，达到 5303.3 万袋，实现销售收入 1.61 亿元，纯利达 1.09 亿元；计划造林 6000 亩，2009 年完成 8976 亩，完成目标任务的 150%；油茶基地深挖改造 430 亩；名茶产量完成 78420 公斤，产值 1098.12 万元；蚕桑发种 1189 张，实现产值 117.34 万元；传统畜牧业稳步发展，全镇生猪存栏 12350 头，同比上年增加 21.3%。

2010 年农业产业结构有所优化，食用菌、西瓜、茶叶、无公害蔬菜、蚕桑等特色生态农业仍保持快速发展态势。全年计划造林 6750 亩，实际完成 12127 亩，完成率 180%，占全县的 1/3 左右。农业生产机械化、畜牧业生产规模化程度不断提高。水利设施建设不断加强。全年共完成大小水利工程 29 处，总投资 3200 万元。

镇政府各年度工作报告的表述，更多地关注新型农业、特色农业产业化的发展情况。为了反映包括传统农业的全部第一产业的发展情况，分析其总体结构，我们将《开化统计年鉴》1985 年以来的农林牧渔业各部门的产值数据汇成表 6-1。按照统计口径，其中的农林牧渔业总产值，指以货币表现的农、林、牧、渔业全部产品的总量，它反映一定时期内农业生产总规模和总成果。农业总产值的计算方法通常是按农林牧渔业产品及其副产品的产量分别乘以各自单位产品价格求得（少数生产周期较长，当年没有产品或产品产量不易统计的，则采用间接方法匡算其产值），然后将四业产品产值相加即为农业总产值（在 1992 年以前，还包括"副业"口径的统计数据；2004 年以来，新增了"农林牧渔服务业"的统计数据）。

表 6 - 1　　　　　华埠镇第一产业总产值及其构成（1985—2010）

年份	第一产业总产值合计	产值（当年人民币现行价，万元）						在第一产业总产值中的比重（%）					
		农业	林业	牧业	渔业	副业	农林牧渔服务业	农业	林业	牧业	渔业	副业	农林牧渔服务业
1985	731	314	164	169	14	70	—	42.93	22.39	23.17	1.95	9.56	—
1986	632	288	96	143	16	88	—	45.62	15.21	22.69	2.56	13.92	—
1987	843	385	126	194	21	118	—	45.63	14.92	22.99	2.44	14.02	—
1988	933	470	141	203	22	97	—	50.35	15.12	21.81	2.34	10.38	—
1989	1135	530	170	280	19	136	—	46.68	15.00	24.67	1.69	11.97	—
1990	1113	597	176	204	23	114	—	53.62	15.79	18.28	2.07	10.25	—
1991	1196	645	200	235	21	95	—	53.95	16.74	19.64	1.73	7.94	—
1992	2686	1312	345	726	40	262	—	48.84	12.85	27.04	1.50	9.77	—
1993	3034	1728	450	808	48	—	—	56.95	14.83	26.63	1.58	—	—
1994	5480	3346	499	1578	57	—	—	61.06	9.11	28.80	1.04	—	—
1995	4768	2522	615	1589	42	—	—	52.89	12.90	33.33	0.88	—	—
1996	5306	3166	631	1445	64	—	—	59.67	11.89	27.23	1.21	—	—
1997	5996	3398	722	1828	48	—	—	56.67	12.04	30.49	0.80	—	—
1998	5954	4178	911	835	30	—	—	70.17	15.30	14.02	0.50	—	—
1999	5019	3607	527	847	38	—	—	71.87	10.50	16.88	0.76	—	—
2000	5558	3583	755	1197	23	—	—	64.47	13.58	21.54	0.41	—	—
2001	5395	2796	389	1185	24	—	—	51.83	7.21	21.96	0.44	—	—
2002	5617	4047	448	1061	61	—	—	72.05	7.98	18.89	1.09	—	—
2003	5921	4607	450	805	59	—	—	77.81	7.60	13.60	1.00	—	—
2004	6288	4852	478	835	63	—	60	77.16	7.60	13.28	1.00	—	0.95
2005	15529	12344	799	2242	62	—	82	79.49	5.15	14.44	0.40	—	0.53
2006	15808	12572	805	2256	69	—	106	79.53	5.09	14.27	0.44	—	0.67
2007	16462	13430	969	1846	91	—	126	81.58	5.89	11.21	0.55	—	0.77
2008	19382	15878	1181	2057	125	—	141	81.92	6.09	10.61	0.64	—	0.73

续表

年份	第一产业总产值合计	产值（当年人民币现行价，万元）						在第一产业总产值中的比重（%）					
		农业	林业	牧业	渔业	副业	农林牧渔服务业	农业	林业	牧业	渔业	副业	农林牧渔服务业
2009	20409	17059	892	2149	158	—	151	83.59	4.37	10.53	0.77	—	0.74
2010	22226	17603	1788	2414	264	—	157	79.20	8.04	10.86	1.19	—	0.71
近5年增长	43.1%	42.6%	123.8%	7.7%	325.8%	—	91.5%	-0.29%	2.90%	-3.58%	0.79%	—	0.18%
年增长	8.6%	8.5%	24.8%	1.5%	65.2%	—	18.3%	—	—	—	—	—	—

资料来源：历年《开化统计年鉴》。

　　根据上表，进一步绘出图6-1、图6-2。从中不难看出，在近三十年发展中，华埠镇的第一产业产出增长比较稳定，在其中传统农业一直占据主要地位。2005年封家和青阳并入后，华埠的第一产业的总产值大幅增加，从2004年的6288万元增至2005年的15529万元，到2010年达到22226万元，2005—2010年间累计增长43%，平均每年增长约8.6%。2005年的并镇，使得传统农业的产值由上年并镇前的4852万元增至2005年的12344万元，增加近3倍。在农、林、牧、渔四大类别中，2010年的产值分别为17603万元、1788万元、2414万元、264万元，比2005年分别增长42.6%、123.8%、7.7%、325.8%，五年来年均增长8.5%、24.8%、1.5%、65.2%。

　　最近五年来，农、林、牧、渔业各部门在第一产业总产值中的比重相对稳定，林业比重略上升了近3个百分点，农业与牧业分别下降0.29、3.6个百分点，2010年农、林、牧、渔所占的比重分别为79.2%、8.04%、10.86%、1.19%，仍然是传统农业占据绝对支配地位。由于国家对林业保护的加强，新世纪以来，林业产值在第一产业总产值中的比重下降到两位数以下（最低的2009年为4.4%）。五年来，农林牧渔服务业的增长也比较快，2010年比2005年增长91.5%，年平均增长18.3%，但其绝对规模还比较小，2010年其产值为157万元。

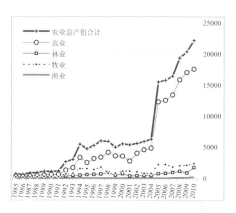

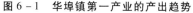

图 6-1　华埠镇第一产业的产出趋势

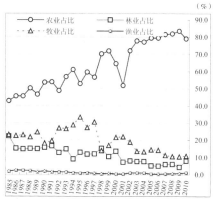

图 6-2　华埠镇第一产业的结构演变

三　传统农业的生产格局与效率

华埠镇的传统粮食作物有水稻、豆类、玉米、粟、高粱、番薯、麦类等；油料有油菜、花生、芝麻、蓖麻等；蔬菜类有南瓜、白菜、萝卜、辣椒、豇豆、茄子等；除此之外，还有棉花、绿肥、甘蔗、芦笋、西瓜等作物。

1. 粮食（谷物）

1954 年，全镇粮食总产量 34.4 万公斤。1960 年旱灾，总产量 30.513 万公斤，其中，水稻亩产 215 公斤，总产量比 1954 年减收 11.3%。1971 年总产量 55.1 万公斤，首次突破 50 万公斤关，年亩产 408 公斤，第一次超过农业发展《纲要》。1978 年推广杂交稻，双季稻面积扩大，水稻产量占粮食总产量的 83.5%。1983 年实行家庭联产承包责任制，粮食总产量 506.3 万公斤，年亩产 679.56 公斤。总产量与年亩产为 40 年来最高。包括豆类作物的早期统计数据（2002 年《华埠镇志》）如下表。

表 6-2　　　《华埠镇志》有关粮豆生产的数据（1961—2000）

年份	粮豆（吨）					粮豆亩产
	播种面积（亩）	总产量	春粮	夏粮	秋粮	（公斤/亩）
1961	2528	344	25	181	139	136.1
1964	1670	310	27	133	151	185.6

年份	粮豆（吨）					粮豆亩产（公斤/亩）
	播种面积（亩）	总产量	春粮	夏粮	秋粮	
1965	1876	381	35	239	108	203.1
1969	1978	368	25	215	129	186.0
1972	2252	572	75	282	216	254.0
1975	2048	409	17	256	137	199.7
1977	2138	470	18	230	223	219.8
1978	2033	624	52	304	269	306.9
1980	16620	3700	447	1766	1488	222.6
1984	20506	5075	578	2090	2407	247.5
1986	25720	5280	360	2048	2872	205.3
1989	20208	5109	590	1483	3036	252.8
1991	21309	5886	284	2082	3520	276.2
1992	38943	11015	564	2790	7661	282.8
1994	32044	10432	473	2768	7191	325.6
1996	24783	7388	360	2055	4973	298.1
2000	16335	5759	217	887	4655	352.6

注：1961—1979 年，华埠公社尚未合并。

2005 年并镇以来，华埠的农作物播种面积大体稳定，2005 年为 4.12 万亩，2009 年为 4.22 万亩，2010 年为 3.2 万亩，下降幅度较大。在其中，约有一半为粮食播种，2005—2009 年间保持在 2 万亩左右，2010 年下降至 1.57 万亩。粮食耕地面积近六年来保持在 1 万亩至 1.6 万亩之间，粮食亩产约在每亩 500 公斤左右。相应的，可计算出粮食复种指数保持在 1.4—2.0 之间（见表 6-3）。

在粮食中，又包括谷物（水稻、麦类、玉米、粟、高粱等）、豆类和薯类三大类。课题组根据历年《开化统计年鉴》所整理的谷物生产数据见表 6-4。由于华埠镇行政区划发生多次变动，因此相关的播种面积、总产量两个总量数据，并不能够很好地说明该镇农作物的生产情况。为此我们进一步计算出相关的亩产数据。

从中可发现，20 世纪 90 年代以来，华埠的谷物生产总体上显现效率提高态势。

表 6 - 3　　　　　　　　　　华埠镇的粮食生产概况

年份	农作物总播种面积（亩）	粮食合计			粮食耕地面积（亩）	平均粮食年亩产（公斤）	粮食耕地产量（吨）
		播种面积（亩）	亩产（公斤）	总产量（吨）			
1995	32237	22818	337	7679	—	973	—
1996	33795	23647	350	8268	—	1148	—
1997	33936	23546	336	7921	—	1016	—
1998	34136	22770	321	7302	—	1051	—
1999	32971	22291	335	7470	—	940	—
2000	25098	18154	248	6322	—	838	—
2001	25041	14700	360	5296	—	649	—
2002	22438	11898	375	4457	—	501	—
2003	21634	11080	396	4393	—	525	—
2004	19527	9690	397	3843	7965	469	3736
2005	41252	20839	487	10130	15186	446	6773
2006	39195	19943	440	8769	15505	557	8636
2007	41225	21489	375	8074	11439	521	5960
2008	43344	22171	432	9614	11160	780	8705
2009	42219	20604	396	8156	10981	526	5780
2010	32006	15675	421	6597	10771	510	5488

资料来源：历年《开化统计年鉴》。其中的亩产数、相关变化数为课题组计算。

2010 年比 1993 年的谷物播种面积减少 1.8907 万亩（减少 60%），而总产量只减产 3949 吨（减少 40%），因此谷物亩产从 1993 年的 311 公斤增至 2010 年的 464 公斤，单位亩产增加了 153 公斤，17 年间增长 49%，年均增长 2.9%。从单项来看：

（1）稻谷生产。2010 年比 1993 年的稻谷播种面积减少 1.2205 万亩（减少 54%），总产量减产 3301 吨（39%），谷物亩产从 1993 年的 375 公斤增至 2010 年的 497 公斤，单位亩产增加了 122 公斤，17 年间增长 33%。

表6－4　华埠镇的谷物生产（1993—2010）

类别	年份	1993	1994	1995	1996	1997	1998	1999	2000	2001	2002	2003	2004	2005	2006	2007	2008	2009	2010	2010−1993	2010/1993
谷物合计	面积（亩）	31431	27933	20161	19715	19494	18925	18886	14893	12087	9245	8035	7230	15306	14271	14544	14407	13322	12524	−18907	0.40
	总产（吨）	9760	9437	6885	7254	6872	6311	6689	5587	4758	3861	3587	3220	6809	6471	6265	6260	6125	5811	−3949	0.60
	亩产（公斤）	311	338	342	368	353	333	354	375	394	418	446	445	445	453	431	434	460	464	153	1.49
稻谷	面积（亩）	22670	21549	15786	16096	16104	15368	15454	11931	9623	7801	6941	6634	13961	12752	12410	12292	11141	10465	−12205	0.46
	总产（吨）	8506	8562	6220	6621	6266	5644	6074	5000	4283	3567	3291	3085	6487	6107	5696	5765	5473	5205	−3301	0.61
	亩产（公斤）	375	397	394	411	389	367	393	419	445	457	474	465	465	479	459	469	491	497	122	1.33
小麦	面积（亩）	n.a.	n.a.	n.a.	n.a.	n.a.	n.a.	n.a.	n.a.	972	n.a.	n.a.	35	115	52	60	n.a.	34	n.a.	n.a.	n.a.
	总产（吨）	n.a.	n.a.	n.a.	n.a.	n.a.	n.a.	n.a.	n.a.	135	n.a.	n.a.	7	18	8	10	n.a.	5	n.a.	n.a.	n.a.
	亩产（公斤）	n.a.	n.a.	n.a.	n.a.	n.a.	n.a.	n.a.	n.a.	139	n.a.	n.a.	200	157	154	167	n.a.	147	n.a.	n.a.	n.a.

续表

类别	年份	1993	1994	1995	1996	1997	1998	1999	2000	2001	2002	2003	2004	2005	2006	2007	2008	2009	2010	2010-1993	2010/1993
玉米	面积（亩）	4915	2709	1783	1262	1235	1455	1254	1441	1412	1037	1001	499	1179	1440	2074	2085	2142	2059	-2856	0.42
	总产（吨）	708	382	350	261	262	346	288	324	320	238	274	114	290	348	559	488	645	606	-102	0.86
	亩产（公斤）	144	141	196	207	212	238	230	225	227	229	274	228	246	242	269	234	301	294	150	2.04
其他谷物	面积（亩）	65	92	21	97	35	40	40	180	80	69	28	62	51	27	n. a.	30	5	n. a.	n. a.	n. a.
	总产（吨）	3	20	7	12	7	8	8	46	20	17	7	14	14	8	n. a.	6.8	2	n. a.	n. a.	n. a.
	亩产（公斤）	46	217	333	124	200	200	200	256	250	246	250	226	275	296	n. a.	227	400	n. a.	n. a.	n. a.

数据来源：历年《开化统计年鉴》。其中的亩产数、相关变化数为课题组计算。n. a. 表示未获得数据。

（2）小麦生产。2001 年的小麦播种面积为 972 亩，到 2009 年下降至 34 亩，9 年间减少 938 亩（减少 96%）。2010 年小麦总产量仅为 5 吨，比 2001 年的 135 吨减少 130 吨。2010 年小麦亩产 147 公斤，比 2001 年的 139 公斤略有上升，但低于 2004 年的 200 公斤，也比 2005—2007 年约 160 公斤的亩产为低。

（3）玉米生产。新世纪以来，玉米的播种面积减少了 58%，从 1993 年的 4915 亩，减至 2010 年的 2059 亩，减少 2856 亩；玉米总产量减少 14%，从 1993 年的 708 吨减至 2010 年的 606 吨，减少 102 吨。但亩产从 1993 年的 144 公斤增至 2010 年的 294 公斤，增加 150 公斤，17 年间累计增长 104%，年增 6.1%。

（4）其他谷物。播种面积从 1993 的 65 亩，增至 2000 年的 180 亩，又逐年减至 2009 年的 5 亩，总减少 60 亩；总产量从 1993 年的 3 吨，增至 2000 年的 46 吨，又逐年减至 2009 年的 2 吨。亩产从 1993 年 46 公斤，增至 2009 年的 400 公斤，增长了 8.7 倍，年增 45%。

2. 豆类

1995 年以来，华埠镇的豆类生产基本保持稳定。并镇前的 1993—2005 年，华埠的年豆类种植面积大致在 1000 亩上下，年总产量约 120 吨；2005 年并镇后，播种面积从上年的 891 亩提高至 2005 年的 2055 亩，增加了 1164 亩；此后几年保持了扩种态势，到 2009 年已达 3182 亩，总产量也突破 400 吨大关，达到 430 吨。但 2010 年却出现骤减，仅为 1181 亩，总产量也降至 164 吨。从历史亩产来看豆类生产基本是稳定的，其均值为 120 吨。

表 6 - 5 　　　　　　　华埠镇的豆类生产（1993—2010）

年份	豆类合计			（1）大豆			（2）蚕（豌）豆			（3）杂豆		
	面积（亩）	总产量（吨）	亩产（公斤）	面积（亩）	总产量（吨）	亩产（公斤）	面积（亩）	总产量（吨）	亩产（公斤）	面积（亩）	总产量（吨）	亩产（公斤）
1993	1132	99	87	951	84	88	—	—	—	—	—	—
1994	1245	115	92	940	88	94	—	—	—	—	—	—
1995	868	93	107	588	65	111	50	7	140	230	21	91
1996	1136	134	118	698	83	119	60	9	150	378	42	111

年份	豆类合计			（1）大豆			（2）蚕（豌）豆			（3）杂豆		
	面积（亩）	总产量（吨）	亩产（公斤）	面积（亩）	总产量（吨）	亩产（公斤）	面积（亩）	总产量（吨）	亩产（公斤）	面积（亩）	总产量（吨）	亩产（公斤）
1997	1139	147	129	799	94	118	107	20	187	233	33	142
1998	1246	152	122	968	111	115	103	21	204	175	20	114
1999	1019	120	118	714	87	122	90	11	122	215	22	102
2000	1442	172	119	1056	120	114	94	18	191	292	34	116
2001	1253	144	115	872	101	116	61	6	98	320	37	116
2002	1098	130	118	747	87	116	102	14	137	249	29	116
2003	1042	143	137	767	107	140	64	6	94	211	30	142
2004	891	107	120	676	84	124	105	12	114	110	11	100
2005	2055	274	133	1548	203	131	121	13	107	386	58	150
2006	2249	309	137	2093	286	137	50	6	120	106	17	160
2007	2841	341	120	2566	306	119	132	17	129	143	18	126
2008	3011	337	112	2737	303	111	107	15	140	167	19	114
2009	3182	430	135	3084	416	135	73	10	137	25	4	160
2010	1181	164	139	1102	153	139	79	11	135	n. a.	n. a.	n. a.

资料来源：历年《开化统计年鉴》。

注：亩产＝总产量/播种面积。对1999年等年份大豆种植面积等个别数据的异常情况作了调整。

分类来看：（1）大豆。并镇前种植面积除了2000年达到1056亩外，其他年份均在750亩上下波动，总产量也稳定在平均93吨（最低是1995年65吨，最高是2000年120吨）。并镇后华埠的大豆种植面积和产量均增加了1.3倍，此后连续数年均保持扩种势头，2009年达到种植面积的历史高点3084亩，总产量也达到416吨。在1993—2010年的17年中，大豆的产出效率呈现稳中略升的态势，最低为1993年的88公斤/亩，最高为2010年的139公斤/亩。（2）蚕（豌）豆。其种植面积相对于大豆要少得多，并镇也并未构成直接影响。在1995—2010年间，蚕（豌）豆种植面积年平均为87亩，最低为1995年的50亩，最高为2007年的132亩；总产量年平均为12吨，最低为2003年的6吨，最高为1998年的21吨。15年来蚕（豌）豆的平均亩产为138公斤，各年的产出效率有一定的波动。（3）杂豆。并镇对杂豆的种植面积和总产量同样影响不大。在 1995—2010 年间，杂豆种植面积和年总产量年平均为 216 亩、26 吨，平均亩产为 124 公斤/亩。

3. 薯类

1995 年以来，华埠镇的薯类生产基本保持稳定。并镇前的 1993—2004 年，华埠的年薯类种植面积大致在 2085 亩上下，年总产量约 660 吨；2005 年并镇后，播种面积从上年的 1569 亩提高至 2005 年的 3651 亩，增加了 2082 亩；亩产量也达到最高峰，863 公斤。此后几年保持了扩种态势，到 2009 年已达 4100 亩。但 2010 年却出现骤减，仅为 1970 亩，总产量也降至 622 吨。从历史亩产来看薯类生产基本是稳定的，除 2005、2006、2008 年三年出现反弹增长，其余趋势稳定，其均值为 395 公斤/亩左右。

表 6－6　　　　　　　　华埠镇的薯类生产（1995—2010）

年份	薯类合计			其中：番薯			其中：马铃薯		
	面积（亩）	总产量（吨）	亩产（公斤）	面积（亩）	总产量（吨）	亩产（公斤）	面积（亩）	总产量（吨）	亩产（公斤）
1995	1789	701	392	1714	675	394	75	26	347
1996	2796	880	315	2606	848	325	190	32	168
1997	2863	902	315	2663	872	327	200	30	150
1998	2599	839	323	2424	812	335	175	27	154
1999	2386	661	277	2292	642	280	94	19	202
2000	1819	563	310	1684	537	319	135	26	193
2001	1360	394	290	n. a.	n. a.	n. a.	n. a.	n. a.	n. a.
2002	1627	485	298	1555	466	300	72	19	264
2003	2042	677	332	2003	663	331	39	14	359
2004	1569	516	329	1569	516	329	n. a.	n. a.	n. a.
2005	3651	3152	863	3478	3047	876	173	105	607
2006	3470	2002	577	3423	1989	581	47	13	277
2007	4304	1521	353	4104	1468	358	200	53	265
2008	4753	3017	635	4695	2981	635	58	36	621
2009	4100	1601	390	3745	1528	408	355	73	206
2010	1970	622	316	1100	430	391	870	192	221

资料来源：历年《开化统计年鉴》。注：亩产＝总产量/播种面积。n. a. 为未获得数据。

分类来看：（1）番薯。并镇前种植面积 1996—1999 年基本稳定，到 2000 年出现骤降，达到 1684 亩，其他年份均在 2000 亩以下，总产量也稳定在平均 670 吨（最低是 2002 年的 466 吨，最高是 1997 年的 872 吨）。并镇后华埠的番薯种植面积和产量均增加了 1.21 倍，此后趋势先增后减在 2008 年达到 4695 亩。在 2009 年和 2010 年又急剧下降到 3745 亩和 1100 亩，2010 年与 2008 年相比减少了 3595 亩。

（2）马铃薯。其种植面积相对于番薯要少得多，并镇也并未构成直接影响。在 1995—2010 年间，马铃薯种植面积年平均为 192 亩，其间波动较大，最低为 2003 年的 39 亩，最高为 2010 年的 870 亩；总产量年平均为 47.5 吨，最低为 2006 年的 13 吨，最高为 2010 年的 192 吨。15 年来马铃薯的平均亩产为 288 公斤，各年的产出效率有一定的波动。

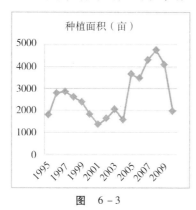
图 6-3

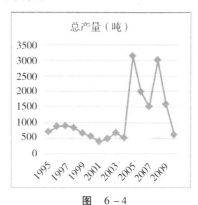
图 6-4

4. 油菜

民国时期，大田种白菜型油菜。1932 年，油菜子亩产 24 公斤。1955 年改种新品种，产量提高。1994 年，油菜种植面积 5148 亩，总产量 32.945 万公斤，亩产 64 公斤。2000 年，油菜种植 5010 亩，总产量 41.9 万公斤，亩产 84 公斤，为民国时的 3.5 倍。

由表 6-7 和表 6-8 可以看出，华埠镇油菜子总产量总体呈上升趋势，其平均值在 228 吨左右。只在 2003 年、2004 年出现短暂的下降，随后又开始反弹上升。在 1978 年以前，总产量水平很低，均在 10 吨以下，在 1980 年开始出现大幅上升，达到 50797 公斤，是 1978 年的 5.35 倍。自 1993 年开始，总产量波动很小，在 2009 年达到最高 623 吨，是 2003 年的 3.62 倍。其最高产量是最低产量的 227 倍。其总产量在 1980 年开始波动上升，总体产量呈增加趋势。

表 6 - 7　　　　　　华埠镇的油菜子生产（1961—1992）（公斤）

年份	1961	1964	1965	1969	1972	1975	1977	1978	1980	1984	1986	1989	1991	1992
油菜子总产量	7500	9343	2750	9654	4632	8300	8650	9500	50797	108000	72378	62990	111500	262000

资料来源：2002 年《华埠镇志》，第 150 页。

表 6 - 8　　　　　　华埠镇的油菜子生产（1993—2010）

		1993	1994	1995	1996	1997	1998	1999	2000	2001	2002	2003	2004	2005	2006	2007	2008	2009	2010
油料合计	面积（亩）										4230	2381	2587	5698	4862	4406	5308	6926	6268
	总产（吨）										315	182	203	477	539	422	467	643	338
	亩产（公斤）										74	76	79	84	111	96	88	93	54
油菜子	面积（亩）	4244	5148	4606	5200	5000	5056	5069	5010	4387	4163	2315	2509	5513	4693	4184	5064	6697	6268
	总产（吨）	280	329	276	321	414	358	380	419	351	311	172	193	457	516	389	446	623	338
	亩产（公斤）	66	64	60	62	83	71	75	84	80	75	74	77	83	110	93	88	93	54
花生	面积（亩）	19		8		5	6	27	8	41	67	89	125	107	68	94			
	总产（吨）	1		1		1	1	3	1	8	10	13	20	12	8.4	12			
	亩产（公斤）	53		125		200	167	111	125	195	149	146	160	112	124	128			
芝麻	面积（亩）	888	770	481	662	438	448	94	92	102	59	25	2	96	44	115	176	135	
	总产（吨）	36	29	19	30	29	16	5	5	6	3	2	0.2	7	3	21	13	8	
	亩产（公斤）	41	38	40	46	66	36	53	54	59	51	80	100	73	68	183	74	59	

资料来源：历年《开化统计年鉴》。注：亩产＝总产量/播种面积。空格表示原《开化统计年鉴》相关数据缺失。

5. 棉花

1920 年，华埠始种棉花，品种为脱脂美棉，新中国成立后仍种植。1960

年，部分大队种棉。1963 年，县确定华埠镇和华埠两个公社为种棉公社，是年，种棉 673 亩，总产皮棉 26100 公斤。1968 年，华埠镇公社种棉 574 亩，总产皮棉 24500 公斤。1980 年，两公社合并，种棉 1932 亩，总产量皮棉 58350 公斤，为面积最大、产量最高年份。当家品种为沪棉 204。1988 年起，种植面积逐年下降。1996 年后，几无种植（表 6 - 9）。

表 6 - 9　　　　　　　　　1961—2000 年的棉产量统计

年份	1961	1964	1965	1969	1972	1975	1977	1978	1980	1984	1986	1989	1991	1992	1994
播种面积（亩）	404	689	664	542	400	400	400	400	1573	1930	654	275	72	56	26
棉花总产量（公斤）	11100	28450	31850	18218	13739	12700	9250	8504	61400	90725	28200	9250	3000	1000	1060
亩产（公斤）	27	41	48	34	34	32	23	21	39	47	43	34	42	18	41

资料来源：2002 年《华埠镇志》，第 150 页。

从数据来看棉花产量变化较大，1961—1964 年微小增长，之后直到 1977 年呈下降趋势，但在 1984 年开始出现巨大的上升趋势，达到历史新高 90725 公斤，是 1992 年的 91 倍，此后在 1989 和 1991 年又呈骤减趋势，此后呈逐年递减，在 1992 年达到历史最低水平，只有 1000 公斤。由表 6 - 10 可看出在 1993—2008 年间波动很小，但在 2009 年又达到 643 吨取得又一新高。棉花的种植面积和总产量相应同比例变化，其最大值 1573 亩，而在接近 2000 年时却成几近停种的状态。

表 6 - 10　　　　　　华埠镇 1993 年以来若干年份的棉花生产

年份	1993	1994	2006	2007	2008	2009
面积（亩）	60	26	10	28	15	6926
棉花（皮棉）总产（吨）	2	1	2	1	0.7	643
亩产（公斤）	33	38	200	36	47	93

资料来源：历年《开化统计年鉴》。注：亩产 = 总产量/播种面积。1995—2005 年数据缺失。

6. 麻类

2009 年麻类播种面积 6697 亩，总产 623 吨，亩产 93 公斤。

7. 甘蔗

由数据可知，甘蔗播种面积在 2003 年以前波动较小。但在 2004—2005 年间出现了巨大的波动，甘蔗的播种面积从 51 亩增加到 370 亩达到历史最高水平，增长了 7.25 倍。从 2006 年开始又呈下降变化趋势，在 2010 年降到历史最低，只有 25 亩，只有最高年份 2005 年的 7%。其在 2005 年出现峰值，其余年份则较为平稳。其余各年种植平均面积 124 亩。总产量随种植面积的变化而变化，其变化趋势与种植面积基本相同。亩产量的变化较不规律，最大值和最小值之间相差较大，达到 1599 公斤，是最小值年份的 53% 左右。

表 6 - 11   华埠镇 1985 年以来若干年份的甘蔗生产

年份	1985	1986	1987	1988	1989	1990	1991	2001	2002	2003	2004	2005	2006	2007	2008	2009	2010
面积（亩）	50	94	122	123	138	97	88	108	65	97	51	370	181	232	173	94	25
总产（吨）	232	243	372	284	370	248	105	337	201	295	158	1522	208	809	652	220	50
亩产（公斤）	4640	2585	3049	2309	2681	2557	1193	3120	3092	3041	3098	4114	1149	3487	3769	2340	2000

资料来源：历年《开化统计年鉴》。注：亩产＝总产量/播种面积。1992—2000 年数据缺失。

8. 药材

根据《开化统计年鉴》仅得到了若干年份的药材播种面积。2001 年为 226 亩，2002 年为 40 亩，2004 年为 60 亩，2009 年为 135 亩。

9. 蔬菜

蔬菜的种植面积除 2003 年和 2004 年（2003 年和 2004 年分别较前一年减少了 1423 亩和 704 亩），在 2008 年以前都呈逐年上升趋势，2008 年以后又呈下降趋势（2009 年和 2010 年分别较前一年减少了 1314 亩和 2269 亩）。

其最高年份与最低年份之差达 7406 亩。亩产量变化除个别年份均稳定在
1200—1400 公斤，2005 年和 2006 年严重偏低。最大值出现在 2004 年（1617
公斤），是最低值 2005 年的 1.88 倍。产量的年平均增长率在 6% 左右。

表 6－12　　　　　　　华埠镇 1985 年以来若干年份的甘蔗生产

年份	2000	2001	2002	2003	2004	2005	2006	2007	2008	2009	2010
面积（亩）	5000	5293	5715	4292	3588	8190	9098	9854	10994	9680	7411
总产（吨）	5807	6279	6521	6149	5801	7051	7870	11216	13420	11664	9448
亩产（公斤）	1161	1186	1141	1433	1617	861	865	1138	1221	1205	1275

资料来源：历年《开化统计年鉴》。注：亩产＝总产量/播种面积。2000 年前数据缺失。

10. 花卉苗木

花卉业相对起步较晚，其长期变化趋势尚不明朗，就可查数据范围内其几乎
没有增长的趋势，在 2004—2009 年，其种植面积相对稳定，种植面积均值为
3256 亩，在一个微小的波动范围内下降。在 2010 年种植面积突然下降，较 2009
年下降了 44%，达到了历史新低的水平 1781 亩，仅是最高值 2006 年的 50%。

表 6－13　　　　　　　华埠镇的花卉苗木生产（2004—2010）

年份	2004	2005	2006	2007	2008	2009	2010
面积（亩）	3527	3220	3587	3158	3158	3158	1781

资料来源：历年《开化统计年鉴》。注：亩产＝总产量/播种面积。

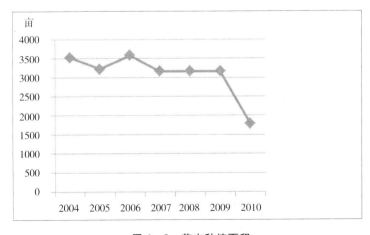

图 6－5　花卉种植面积

第七章

林业与畜牧业发展

一　丰裕的林地禀赋

华埠镇的山林面积占总面积的 76.5%，山地多为低山丘陵，土壤以红壤为主，大多由砂岩、页岩风化而成，土层深厚，肥力中等，气候温暖湿润，极适宜亚热带树种的繁育生长。主要林区分布在许家源、双林等村，是杉木、毛竹的主要产地。其他地区主要分布马尾松等。在山麓，多分布茶叶、柑橘、板栗等经济林木。沿河两岸河滩地，则多桑园。据 1997 年调查，全镇有山林面积 12 万亩，林木总蓄积量 17 万立方米。森林覆盖率为 80.5%[①]。

1. 面积蓄积。据 1997 年调查，全镇森林面积、蓄积（未包括青阳和封家）如下：

面积按林种分：用材林 101978 亩，占总面积的 84.9%；经济林 13375 亩，占总面积的 11.1%；竹林 3605 亩，占总面积的 3.1%；防护林 109 亩、薪炭林 829 亩、特种用途林 79 亩，占 0.9%。

按树种分：松林 12408 亩，杉木 87501 亩，阔叶林 6903 亩，毛竹 3605 亩。

经济林 9558 亩，其中油茶 1035 亩，柑橘 2537 亩，板栗 1747 亩，茶叶

[①]　开化县域面积 336 万亩，辖 18 个乡镇（建制镇 9 个）、449 个行政村，总人口 35 万。全县共有林业用地 285 万亩，占县域总面积的 85%，素有"九山半水半分田"之称，全县农民收入的 30% 来自林业，是浙江省重点林区、全国重点林业县。据最新资源清查，开化县现有森林面积 268.5 万亩，森林蓄积量 851 万立方米，森林覆盖率 79.6%，均位居全省前列。全县 110 万亩生态公益林生物量年增长量 37.8 万吨，生态质量位居全省前列。

4024 亩，小水果 215 亩。

蓄积杉木 141537 立方米，占总蓄积的 83.5%，其中：幼龄林 40200 亩，蓄积 15817 立方米；中龄林 21068 亩，蓄积 65880 立方米；成熟林 19059 亩，蓄积 59840 立方米。

松木 19447 立方米，占总蓄积的 11.5%，其中：幼林 8997 亩，蓄积 1182 立方米；中龄林 2801 亩，蓄积 6540 立方米；成熟林 1010 亩，蓄积 3212 立方米。阔叶林 8522 立方米，占总蓄积的 5%，其中：幼林 4050 亩，蓄积 2283 立方米；中龄林 2803 亩，蓄积 5712 立方米；成熟林 50 亩，蓄积 333 立方米。

2. 树种资源。

用材树种有杉木、马尾松、国外松、桤木、枫香、香椿、木荷等。绿化树种樟树、枫香、山桐子、毛红椿、南方红豆杉、枫杨、南酸枣、响叶杨、绵槠、糙叶树、野香椿、黄连木、水杉、桤木、山杜英、厚朴、法国梧桐、白杨、椰树等。

经济植物树种有油茶、油桐、乌桕、猕猴桃、杨梅、柿、京梨、枇杷等。

药用植物树种主要有杜仲、厚朴、木瓜、茯苓、半夏、前胡、乌药、苦参等。

木本粮食树种有板栗、茅栗、甜槠、白栎、野柿、野葛等。

二 造林、育林和护林

1. 育苗

1952 年 12 月，在衢州专署林管处戈春堂处长帮助下，第一块国营苗圃在华埠镇叶溪口成立。设管理员、技术员、会计各 1 人，从常山县林场调入技工 6 人。划田 50 亩，自挖山地 10 亩。1952 年，省林业厅正式批准为开化县苗圃。1954 年划归星口林场。

1964 年，华埠镇实行三级所有，林业生产得到恢复和发展，开始集体培育用材林苗木。1973 年以后，为了基地造林的需要，开始大面积育苗。

1979 年，独山村开始培育板栗、茶叶等苗木。1990 年全镇育苗 90 亩。1995—2000 年，共有育苗专业户 219 户，育苗 909 亩。独山村发展为全县育苗专业村，全村 137 户就有 134 户育苗，占全村总户数的 98%，全年育苗收入 40 余万元。专业户谢冬法销量最多，年收入 8 万元。2001 年，该村仅茶树苗就出售 160 多万株，销售额 10 余万元。

苗木品种主要有杉木、马尾松、樟木、银杏、桤木、山杜英、桂花、藤滕、皂荚树、大叶黄杨、紫荆、朴树、广玉兰、塔柏、红花继木、茶花、紫玉兰、板栗、柑橘、桃、梨、杨梅、茶叶、桑树等近 30 个品种。

主要育苗村有独山、下溪、鱼塘、下田坞、果木场、炉庄、炉新、华锋、永丰、华东等村。

随着开化县"生态立县"战略的实施，华埠镇林业结构调整力度不断加大，花木产业也得到了迅速的发展，从以前单纯的用材林育苗、经济林育苗，发展到培育城镇园林绿化苗上来，规模也越来越大。

2. 造林

解放前，除少数农户在自己山场造林外，大多是贫雇农向地主、富农租山造林，或承租祠堂山、众祀山造林，亦有地主、富农雇工造林。

新中国成立后，造林大致可分四个阶段。第一阶段，土改到 1957 年，本阶段所有制基本稳定，农民在分得山林后，造林有了积极性，在此期间全镇共造林 625 亩，质量普遍较好。第二阶段，1958—1962 年，在浮夸风的影响下，造林成效最差。1958—1959 年，造林 780 亩，成活率很低。同时，因"一平二调"大刮"共产风"，出现毁林种粮，严重影响农民造林积极性。第三阶段，1963—1971 年，在此期间，由于贯彻中央 1961 年 6 月的"林业 18 条"和 1963 年 6 月国务院颁发的《森林保护条例（草案）》，全面实行停垦还林，对无偿砍伐社队和社员个人的林木，都进行清查和退赔。农村人民公社实行三级所有，队为基础，林业生产有了恢复和发展。9 年间，共造林 992 亩，年平均 110 亩。本阶段在发展用材林的同时，还注意发展茶叶、果树和经济林。第四阶段，自 1972 年开始，开展以杉木为主的林业基地建设，采取经济和粮食扶持政策，在大队林牧场基础上发展社队林场。

1973 年 6 月，县改革委员会发出关于建设林业基地的通知，宣传林业基地意义，确定经济扶持政策，省里对用材林基地每亩补助杉木 15 元，马尾松 5 元，要求基地造林在 3 万亩以上、1 万亩以上、5000 亩以上三个标准，列为基地公社。华埠镇为 5000 亩以上公社。1978 年，全镇办起公社林场 2 个，大队林场 9 个，形成了一支林业专业队伍。同年，实行林业稳定山权林权、划定社员自留山、落实林业生产责任制三定政策，由过去保国营、扶集体、限个人转变为国家、集体、个人一起大办林业的新局面。

1982 年，为有效巩固山林政策的稳定性，全镇颁发山林权证 2881 份，保证 30 年不变。华埠镇被省政府批准为 5000 亩以上标准的基地公社。12 月，镇经济委员会主任应社田去龙泉县参加全省 300 个重点用材林基地公社会议，落实华埠镇 1982—1985 年 5000 亩林业基地规划。经验收，实际完成基地 22130 亩，其中，杉木 1.87 万亩，阔叶林 2020 亩，马尾松 1910 亩。国家共补助经费 300.15 万元。1983 年，全镇自留山分到 2919 户，面积为 8838.79 亩。在大力绿化自留山的同时，林业专业户、重点户和联合体承包造林的质量和进度都出现了新的面貌。从 1972 年到 1985 年，全镇共造林 18921 亩，每年平均 1260 亩。

1990 年起，开展义务植树活动。镇政府规定：每年春节过后上班的第一天为植树造林日。全镇干部、居民、民兵连、妇联、共青团及镇区厂矿企事业人员上山造林绿化。每年植树 2 万株以上。

1991 年 10 月 6 日，镇政府提出两年消灭荒山、五年绿化华埠的实施意见：

（1）全镇把 4114 亩、149 个小班的荒山作了规划，并落实到山头。

（2）1990、1991 年主伐材计划，安排在 1991、1992 年造林的山场采伐，并规定 1992 年采伐的 3500 亩火子山在年内整好地栽植。在 1991、1992 年两年消灭荒山。

具体措施：

（1）对水库周围、道路旁、沿河两岸以及陡坡和露岩山等不宜更新造林的荒山和疏林山实行封山育林，并且树立封山牌，建立护林公约，期限 8 年，既消灭荒山，又美化环境。

（2）把荒山绿化造林作为考核村级干部（包括蹲村的镇干部）政绩的主要内容之一。同时与各村签订了保护和发展森林资源目标责任书，对完成或超额完成任务的村主要干部实行奖励。因领导不力，未完成限期荒山绿化的要给予处罚。

（3）实行抓两头，促中间的指导性措施。一是抓好 200 亩以上的连片造林，从劈山、炼山、整山、造林等各个环节上进行技术指导，经常督促进度，检查质量。同时，帮助解决一些实际问题，促进生产进度。二是对想造林而又经济困难的“老大难”村，帮助发动和组织进行义务投工和劳动积累工造林。

（4）抓进度、保质量、分片包干负责。1991 年为保质保量完成造林任务，镇林特站人员除做好日常业务工作外，实行了进度、质量分片包干负责制，对不符合质量要求的，该返工的返工，该补课的补课。

（5）积极发动和推广"绿色工程"活动。

据统计，自推行"实施意见"后，有 3 个村总投工 10275 个，造林 1115 亩，从而克服资金困难，完成了绿化造林任务。全镇各种组织营造纪念林和试验林等 400 亩，其中，联合造林 200 亩，"三八"妇女林 140 亩，共青林 30 亩，中学试验林 30 亩。1991 年 10 月 4 日，镇政府对完成造林业绩的作了兑现。

为进一步完善林业生产责任制，1990 年，全镇山林从集体所有制，逐步转变为如下五种经营方式：一是集体统管，有独山下溪、毛家坎、金星、新下、新建、皂角、华民、孔桥、华东、昌谷、华喜、华阳、毛力坑、齐新、炉新、华锋、永丰、下界首、下田坞 19 个村，山林面积 63257 亩；二是责任山到户，有双林、许家源、渔塘、炉庄 4 个村；三是林业联合体 4 个，经营面积 3196 亩；四是借山造林，1989 年 12 月，镇林特站、镇妇联向华锋村借山 794 亩进行造林；五是租山造林，1997 年 10 月 31 日，县林业局向城华公路沿线的新下村、皂角村、华东、华民村租山 913 亩，发展干鲜果，租用期为 35 年。

1986 年至 2000 年，全镇共造林 43628 亩，年平均 3116 亩，其中，世界银行贷款造林 11898 亩，速丰林 2967 亩，商品林 16074 亩，荒山造林 3180 亩。在绿化造林中，金星村，1996 年被省政府确定为省级山区生态优化平衡试点村；同年，被授予"全国绿化造林千佳村"称号。

专栏：下界首村关于完善林业责任制的决定

1. 全村统管山、责任山、自留山的几项决定：

①本村于 1982 年在全村 8 个承包组、144 户范围内划分的 928 亩自留山，现决定山林权仍属农户所有，按照党的政策，谁造谁有，保持长期不变；

②自留山待林木有收入时，自留山农户均应按林木纯收入的 5% 向村缴纳林政管理费，但必须凭证采伐；

③自留山造林采取限期绿化，逾期收回的原则。

2. 关于责任山政策的决定：

①第五承包组的四户联合造林和第三承包组分户的联合造林，因承包山是荒山，待林木有收入时，按纯收入集体得10%，农户得90%的比例分成。

②第四承包组和第七承包组的造林，因当时属熟地造林，待林木有收入时，按集体得20%，承包组得80%的比例分成。

③责任山上种植经济林的，上缴利润。规定：棺材山的经济林从1990年开始按每亩每年10元上缴集体；湖糜湾和捞车畈的经济林，从1993年开始按每亩每年10元上缴集体。

3. 关于统管山政策的决定：

现有集体统一管理的山、林应保持稳定，不得分山分林到户，由村集体统一管护，统一采伐，统一出售，统一规划，统一造林，分利到户即除集体兴办统一公益事业和必要开支外，每年的集体林木收入采取各种形式，还利到户。

下界首村委会
1985 年 3 月 1 日

新世纪以来，在林权制度改革、退耕还林、环境保护等大的发展背景下，华埠镇的造林工作更上新台阶。2007 年，全镇完成绿化造林 4520 亩，完成率 226%，完成基地抚育 4822 亩；2010 年，华埠镇全年计划造林 6750 亩，实际完成 12127 亩，完成率 180%，占全县的三分之一左右。

三　木材开发与经营

开化县木材经营历史悠久，从明代开始销量逐年增多。以民国十五年（1926）至二十三年（1934）为最盛，全年外销量平均 22000 至 25000 余立方米。三十四年（1945），华埠镇有木材商 177 人，年运销量 1 万立方米。这些木材主要在华埠集运出口，每年春、夏木材水运旺季，马金溪、池淮溪、龙山溪运来的木材，常常遮掉华埠半条江面。到放运时，只见江面上结扎好的大排一片接一片，顺流而下，甚为壮观。三十五年（1946），华埠木材市场外销木材约 25000 立方米。三十八年（1949）为 22000 立方米。解放后，集体所有制的木运站有工人 340 余人。1950—1985 年，开化县木材运出总量为 2633816 立方米，1960 年以前基本上由华埠水运。60 年代以后，随着森林公路运输的发展，经华埠水运的量逐年减少。

1. 采伐

从 1952 年开始，国家对木材实行深采远购政策，提出合理采伐、节约木材的号召，杉木普遍实行间伐，松杂木仍以择伐为主。一般实行秋冬采伐，冬春集材，春水放运。1953 年冬，由于木材自由买卖，林木采伐放任自流，部分地方一度出现过量采伐。从 1954 年 3 月以后，木材收购纳入国家计划的轨道，每年由政府下达采伐收购计划，森工部门按计划实行订约收购，民用材由社员向村提出申请，批准以后才能进行砍伐。有的村为管理好山林，社员个人斧头不准上山，由集体统一砍伐，按批准数量给社员个人；对于社员建房，根据房屋面积大小，每幢 10—15 立方米木材，有的村由集体砍伐给社员，有的村在指定的山上砍伐，数量由个人上山自定，村里收取每立方米 5—10 元山价款。1982 年 10 月以后，实行林木凭证采伐，由政府发给林木采伐证，农民和生产单位持采伐证，按规定的树种、数量、地点进行采伐林木，提高集体向社员收取自用材山价款的标准，以控制木材消耗。1985 年，采取按木材采伐计划发放投售卡的办法，实行凭卡投售木材。

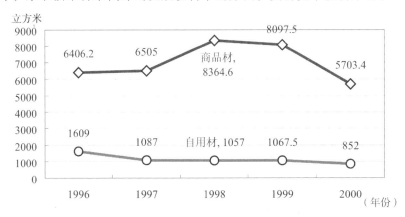

图 7 - 1　华埠镇木材采伐数（1996—2000）

资料来源：根据 2002 年《华埠镇志》第 177 页数据绘图。

专栏：华埠镇木材采伐验收程序

一、申请：由采伐单位提出书面申请（应提供山林权证号码），并由村级组织审核盖章后统一呈交镇林业站。镇林业站根据限额采伐原则组织规划。

二、审批：经镇林业工作站审核并组织人员赴采伐地点搞好采伐设计后报县林业局审批发证。

三、领证：以村为单位到镇林业站交纳采伐证费后领取采伐证。

四、验收：采伐单位按采伐证规定项目要求在规定期限内完成采伐工作后，通知村分管林业干部，由村里负责通知镇林业站组织验收（商品材需先联系好收购单位方可组织验收，自用材只限于自用）。

2. 加工

清末，华埠镇即有木业作坊。民国二十五年（1936），有木业作坊10家，从业人员58人。三十五年，华埠镇的木工增加到145人，总产值达到19804元（法币）。

解放后，仍以手工生产为主。50年代，先后成立木器社、木业社。70年代，成立胶合板厂、纤维板厂、叶溪木材加工厂。80年代，有木材厂、家具二厂等木材加工企业。改革开放后，木材加工厂发展快。1996年全镇有镇、村二级木材加工厂16家，2001年为15家。

表7-1　　　　　　　　1996年与2001年木材加工厂地址、厂名

1996年		2001年	
厂址	厂名	厂址	厂名
华埠皂角村	开化室内装饰用品厂	华埠皂角村	开化县室内装饰用品厂
大桥头	华埠木制品厂	大桥头	华埠木制品厂
下溪村	华埠下溪木制品厂	下溪村	华埠下溪木制品厂
解放路	华新木制品厂	解放路	华新木制品厂
金星村	金星木器工艺厂	金星村	金星木器工艺厂
毛力坑村	华埠木材加工厂	毛力坑村	华埠木材加工厂
双林村	双林村木制品厂	双林村	双林村木制品厂
炉庄村	诚意家私行	炉庄村	诚意家私行
许家源村	宏达家具建材厂	许家源村	宏达家具建材厂
渔塘村	华林木制品厂	许家源村	许家源木制品厂

续表

1996 年		2001 年	
厂址	厂名	厂址	厂名
许家源村	许家源木制品厂	新下村	新下木器加工厂
渔塘村	华渔家具装潢厂	新下村	新下制纽扣厂
解放路	开化县家具二厂	华锋村	吉和装饰材料厂
新下村	新下木器工艺厂	解放路	许平装饰建材店
下星口	华埠镇综合厂	华锋村	华锋木竹器厂
下田坞	下田坞木制品厂		

资料来源：2002 年《华埠镇志》，第 178 页。

3. 销售

新中国成立前，1945 年该镇有木材商 177 人，年成交量约 1 万立方米。1946 年上升到 2.5 万立方米，1949 年为 2.2 万立方米。

1950 年 10 月，中国煤业建筑器材公司（简称中煤公司）杭州办事处衢州经营处在华埠设立开化收购站，到年底，中煤公司收购木材 0.5 万立方米。1953 年 4 月，中煤公司开化经营处改为浙江森林工业局开化收购站，收购木材 83367 立方米。1956 年 6 月 2 日改为浙江森林工业局开化支局（仍设在华埠镇）。1957 年 5 月迁入县城。1957 年 10 月改称浙江森林工业局开化县局，1958 年并入开化县林业局，设工业科。1962 年 5 月，重新成立开化县森林工业局，地址仍设在华埠镇。下设马金、华埠、界首、文图四个收购组，城关、界首、篁岸三个木材仓库。1978 年 10 月撤销森工局，设开化县森林工业站，站址在华埠镇，属林业局领导。1981 年 7 月，撤销开化县森林工业站，成立开化县木材公司。下设城关、华埠两个木材收购调运站。1950—1980 年 30 年，华埠木材运出量为 226.67 万立方米。

1985 年 1 月 1 日，中央关于进一步活跃农村经济的十项政策发布后，南方集体林区取消木材统购，全面放开。同年，除以县木材公司为主渠道外，县供销社、二轻局以及乡、镇企业普遍都陆续经营木材，个人也同时可以经销。木材价格随行就市，议购议销。县土产公司、县开威公司等单位先后在华埠设立木材经销站。县供销社于 1994 年在华埠车站大桥头，向毛力坑村

图 7-2　华埠的木运工人

征用 50 亩土地设立浙西地区最大的山货市场，并在当年 10 月 1 日开张营业，当年销售木材 1 万余立方米，年销售收入近 600 万元。1998 年 7 月 23 日，特大洪水将整个山货市场全部冲毁，冲走木材 100 多立方米，经济损失达 70 多万元。由于损失惨重，恢复整个市场困难，于当年 12 月破产。自改革开放后，全镇有木材经销户 18 家，年销售木材 1.5 万立方米。

四　林权制度改革与交易

20 世纪 70—90 年代，华埠及整个开化县的林业经营以用材林建设为主，大力开展了以杉木为主的用材林基地建设，给钱塘江源头的生态保护带来了一些影响。1998 年前后，开化县提出了"生态立县"战略，林业工作的重心过度偏向生态公益林建设，一时间，用材林、商品林、速丰林建设成为林业建设的软肋，出现了劈垅造林、幼林劈垅抚育，采伐以择伐为主的现象，低产的、残次的用材林面积有所增加，商品林经济效益呈现下降趋势。

2003 年中央 9 号文件和 2008 年中央 10 号文件的出台①，明确了林业以生态建设为主，实施分类经营的发展战略，为全县林业建设指明了方向。为

---

① 本次改革重点是建立经营主体多元化，权、责、利相统一的集体林权经营管理新机制，实现"山有其主、主有其权、权有其责、责有其利"的目标。改革的范围主要是林木所有权和林地使用权尚未明晰的集体商品林及县级人民政府规划的宜林地。

全面贯彻落实中央文件精神，县委、县政府开展了深入的调查研究，形成了对全县 285 万亩山林，实行商品林、公益林分类经营管理的战略思想，提出了"生态做强、产业做大，生态产业齐头并进"的现代化林业建设思路，制定了开化县林业发展中长期规划①。

2008 年，开化全面开展了集体林权主体改革完善工作，对全县 18 个乡镇和工业园区，257 个集体统管山比例在 30% 以上的村，在坚持集体林地所有权不变的前提下，依法将林地承包经营权和林木所有权通过"家庭承包"、"联户承包"或"均股均利"明晰到户。集体经济组织可保留 30% 左右的山场或股份，由本集体经济组织依法实行民主经营管理，保障资源有效增值，其收入主要用于公益事业建设等支出。自留山由农户长期无偿使用，自留山上林木属农户所有。已经承包到户的责任山保持承包关系稳定，不随意调整或收回。

通过林改，林农的经营主体地位得到确立，权、责、利关系明确，从政策、机制上为林农依靠林业致富创造了条件。广大林农对山地资源越来越重视，把山林作为致富的金钥匙，造林育林护林积极性高涨，由原来的"要我造"变为现在的"我要造"，出现了"争山争苗"造林的喜人景象。近 3 年来，全县每年的绿化造林面积始终保持在 4 万亩以上，以光皮桦、黄檀等为主的珍贵树木基地每年的造林面积超过 3000 亩。林业经营效益与林农收入直接挂钩，林农敢于投入也舍得投入，他们"把山当田耕，把林当菜种"，加强了科学管理，提高了林地单位面积产出效益，增加了收入。农民经营山林积极性的提高，直接带来森林资源的增长，林木质量的提高，生态环境的改善，既巩固了钱江源头的生态屏障，又大大改善了投资环境，使一大批高新企业纷纷进驻开化创业发展。2009 年开化县 285 万亩山，20 万亩是国有林，110 万亩分山到户，155 万亩是集体统管山。开化县林业行业总产值达到 23.5 亿元。

---

① 按照规划，开化县林业用地经营分为两大类。"十二五"期间 285 万亩林业用地，公益林建设面积达到 110 万亩，商品林 175 万亩。在商品林的布局上，开化县加快木材资源培育，特别是大径材和珍贵树木的培育。在浙江省杭嘉湖等地工业经济飞速发展的今天，开化县加快用材林资源基地储备建设，对于全省林业产业布局具有重要的战略意义。为细化目标，开化县还制定了"杉木中幼林强化抚育间伐和大径材培育工程规划"、"杉改竹及竹林发展总体规划"等一系列森林分类经营规划方案，确立了全县林业建设的战略格局，为实现科学经营提供思想和制度保障。

专栏：开化县林权流转的主要做法

林权流转工作始于上世纪 80 年代初落实林业生产责任制后。林业"三定"政策的落实，调动了一部分人租山造林的积极性，涌现了一批造林面积在成百上千亩的造林专业户。90 年代中后期，随着市场经济体制和林业承包经营责任制的不断完善，稳定山林政策、推动林业产业发展的各项政策措施相继出台，资金、技术等生产要素开始向林业综合开发、发展效益林业上集聚，一些交通便利、立地条件好的集体荒山、疏林山的林地使用权和大批集体经济林的经营权纷纷向工商业主、种植经营大户转移。进入新世纪，特别是国家出台加快林业发展的政策后，社会各界投资林业建设，发展非公有制林业的积极性进一步高涨，林权流转迅速活跃。

搞活林权流转，对优化林业结构，盘活集体资产，提高林地利用率和产出率，促进林业增效、林农增收等具有积极作用。但以前林权流转以群众自发为主，存在流转行为不够规范、流转价格制定不科学、流转期限太短存在滥伐隐患等不利于林权流转工作健康、有序发展的问题。

2007 年，开化县出台了"森林、林木和林地流转管理办法"和"实施办法"，明确规定林权流转的范围、条件、工作程序和操作流程，并相继成立"四个中心"，即在县林业局设立"林权管理中心"和"林权评估中心"、"森林资产收储中心"，在县招标中心增设"林权交易中心"。"四个中心"共同履行监管和服务职能，组建成一个设施齐全、服务高效、运转灵活的流转平台。凡集体林权流转，一律实行村民代表大会或者村民会议 2/3 以上成员同意的决议制度和向全体村民公示制度，防止集体森林资产贱卖行为和暗箱操作；一律进行森林资产评估，并作为交易物的挂牌依据；对集体所有林权流转评估价在 5 万元以上的，一律委托县招投标中心公开流转；一律严格要求用材林转让年限至少在 15 年以上，全面禁止以单纯采伐为目的的短期"判青山"。通过强化行业监管、设置保留价、公开竞标等措施，有效地防范了私下串标、不合理定价等弊端，确保了集体森林资产的保值增值。

自 2007 年 7 月实施公开规范流转以来，经县、乡二级平台成功交易有 218 宗、35014 亩山林，交易金额达到 8067 万元，实现集体森林资产增值 850 万元。随着林权流转机制的不断完善，如今进入中心的林权交易已越来越多，平均每月都要开标 1—2 次，每次 3—5 宗不等。一些林区干部群众从原来不大理解，想私下搞，到现在自觉要求到县里挂牌交易。近日，华埠镇许家源村有4块山地共300亩要流转经营，村里10多家农户想要经营，村里决定还是进入县流转平台进行流转。规范有序的林权流转正逐渐成为建设平安和谐林区的重要保证。

2008年初，开化县遭受百年不遇的雨雪冰冻灾害，继而在五六月份又遭两次洪灾，共造成林业直接经济损失4亿多元。广大农民迫切希望通过"低保费、高赔付"的政策性保险来降低经营风险。开化县委、县政府加大林改推进步伐，在全市率先将林木列入政策性保险范畴。按林木不同生产期的再植成本，分200—800元不同等级设保额，林农按保额的1%交纳保费，由财政给予保费补贴45%。该项政策的实施为林农编织了一张风险防范网，给林业经营主体吃下了定心丸，当年全县共有18个乡镇、195户、31万亩山林列入首批林业政策性保险试点。

2009年，县政府把全县的生态公益林和50%以上的商品林都列入政策性保险范围，为林农生产和林权抵押贷款提供保障。

明晰产权、承包到户后，农民成为林业经营主体，同时面临许多新的困难和问题，如干什么、怎么干、种什么树、怎么种等。面对集体林权制度改革带来的新形势，镇政府主动转变职能，积极适应形势要求，加快构建公益性服务和经营性服务相结合、专业服务和综合服务相协调的新型林业社会化服务体系，做好各类服务工作。如有计划地开展各类林业技能培训，引导林民创业就业。围绕林业重点产业，积极引导和鼓励经济主体组建专业合作社，推行"公司（合作社）+基地+农户"的经营模式，提高林业产业化经营水平。

在生态建设方面，自实施森林生态效益补偿基金制度以来，全县已获中央、省、县三级财政补偿金7435万元。3个国有林业单位、328个村组集体、近3万个农户享受到公益林补偿金，最多的一个村村集体2009年享受补偿金和管护费27万元，最多的一户享受补偿金3400多元。开化县公益林示范县建设以"分类补偿、分档补助"试点为契机，2009年完成了省级公益林扩面规划，申请新增省级公益林21.92万亩，使全县公益林规模达到110万亩。

在森林资源培育保护方面，一直以来就建立了造林、抚育、保护、管理投入县财政补贴制度，近年来，开化县委、县政府不断完善政策，增加对特色基地建设的投入。2004年以来3次调整了县级林业扶持政策，大幅度地提高特色基地建设补助标准，高效用材林基地补助达到140元/亩，毛竹基地150—300元/亩，毛竹低效林改造和毛竹扩鞭每亩补助100元，油茶低改每亩80元，名茶基地200元/亩。县财政每年安排用于特色基地建设资金达550万元，对造林优质苗木、中幼林抚育和低产林改造等重要环节和导向进行扶持。同时，积极争取省财政每年安排的扶持资金和林业贴息贷款，林权抵押贷款利率由正常利率，下降到对林业专业合作社贷款利率给予下浮30%的优惠；对用于营林生产、森林资源保护、竹木经营加工、森林休闲等林业产业及其他森林资源资产抵押贷款利率给予下浮10%的优惠。

但是林业生产开发又是一个周期长、投入大、收效慢的产业。投入不足、融资困难制约了林业的发展。2006年10月，开化县正式启动林权抵押贷款试点工作，同时县农村信用联社还在一些信用村中开展了林业小额信贷业务，专项用于一些林农的林业生产投入。截至2009年，全县林权抵押贷款和林农小额信用贷款达4亿多，缓解了林业建设投入不足难题。全县通过林权抵押贷款已新建和改造名茶基地7万亩、营造速生丰产原料林基地15万亩、建成各类生态休闲山庄110余个，山林经营大户已成为开化县林业发展的生力军。目前，全县已有400多位外出农民工返乡兴林创业，并带动1万多名农民本地再就业，人均10亩山林，为广大山区农民创业就业提供了广阔舞台。

农民种的树需要抚育，没有采伐指标不能间伐，影响林木生长；树木成林到了主伐年龄，没有采伐指标砍不下来，活树不能变现，影响农民再造林积极性。如何做到既限额采伐，又能按生产经营需要采伐，让山林越采越多，越采越好，开化县对森林采伐管理制度进行改革试点，积极探索"管而不死、活而不乱"的森林资源管理模式，建立健全相关制度，改革森林采伐限额管理范围、改革森林采伐管理方式、简化林木采伐管理环节、探索建立森林可持续经营管理的新体系，赋予森林经营者更充分的林木处置权。对木材采伐指标分配实行公示制，接受群众监督。设立专项采伐限额，用于流转造林经营大户的林木采伐经营。同时，认真组织开展FSC国际森林认证活动，开化县林场的森林经营成为我国第17个通过该项认证的森林经营单位，全面提升了全县的森林经营水平。2010年在完成全县集体林森林经营方案编制的基础上，开化县将重点加快对经营面积在2000亩以上示范大户森林经营方案的编制。积极探索林权按户承包、联户承包经营户简易森林经营方案的编制，由林业局统一规范文本，以乡镇林业站指导为主，采取简易表格形式编制简易经营方案，将森林资源培育和采伐利用等措施落实到山头地块，农户易懂、实用、可操作，逐步实现经营者科学经营森林资源。

在林业基础设施方面，林区公路、供水、供电、通信等基础设施纳入相关行业的发展规划，确保林业事业健康发展。按照"多予少取放活"原则，减轻税费，受惠于林农。在全面减免木材在销售环节征收的农林特产税后，2008年又免征收育林基金和更新改造资金，将其全额返还给林业生产经营者。

资料来源：《中国绿色时报》2010年6月11日报道《林改，使开化的山越种越漂亮》。

在国家大的林权改革背景下，华埠镇也获得了林业发展新的机遇。

以华埠镇许家源村为例。许家源村有近2000人口，2.9万亩山。1982年林业"三定"后，村里的大部分山林都分到农户，人均12亩，村里只留730亩集体统管山。分山到户后，村民纷纷在自家的山上种上杉木林。30多年来，分山到户的政策一直保持稳定。领了林权证后，村民更是吃了"定心丸"，经营山林成了这里老百姓的自觉行为，不用政府号召，就是政府不补贴，村民也要种杉木林。该抚育的时候就抚育，不到采伐的时候不会采伐，采伐完了当年就造林，不会让山荒着，林越种越茂，树越种越多，形成了良性循环。2010年全村造林2600多亩。目前该村周围满山翠绿，一片片不同林龄的杉木林界线分明。山上没有一片荒山，连旱地农田也种上了杉木。

村支书周明才说，这里的村民把山看得比种田还重要，非常重视山林经营，农民一年要锄草抚育山林3—4次，有1/3的农民还要给山林施肥，林木是越长越好，林相也越来越漂亮。今年村里一农户采伐了3亩杉木林，每亩出材17立方米，收入达到5万元。现在全村年人均收入7000多元，70%—80%来自林业。

又如华埠镇旭日村青年查德荣，2000年利用该村一个小自然村整体下山脱贫之机，将该组的部分山林流转过来，夫妻搬进大山，创办了一家综合性的生态山庄。近几年已发展名茶470亩、"杉改竹"400亩、工业原料林300亩。目前已拥有4300余亩山林，还放养牛羊200余头、养鸡20000多只，2006年创产值300多万元，创利60万元。

通过山林流转，华埠涌现了一批山林经营大户，他们除了营造商品林基地外，还利用山地资源优势，积极发展生态休闲山庄和农家乐，开展森林旅游和石蛙、山龟等特色养殖项目，带动了林业产业的发展。

目前，就像股票一样，浙江山林经营权可在统一场所平台（含网络）公开交易。2010年12月6日，华东林业产权交易所在杭州正式挂牌。前一天也就是12月5日浙江首单林权网上实时交易诞生，开化县华埠镇华阳村三组西垅口的176亩山林经营权在5分钟内以91万元成交。

作为省内唯一的全省性林权交易平台，其主要从事林权交易、原木（木材）等大宗林产品交易，立足浙江，辐射华东地区。作为林权制度配套改革措施，林权交易所进入市场化运作后，可以利用市场机制解决林农抵押担保难的问题。浙江已确定安吉、东阳、庆元、开化四个县首批开展林权网上交易试点，其余县（市）逐步推进。省林业厅负责人表示，下一步，浙江打算为未来的森林碳汇全球交易做准备。华埠在其中将会获得新的发展机遇。

五　畜牧业发展

从课题整理的数据表中可发现，90年代前期，华埠的生猪存栏量有提高态势。2010年比1990年生猪存栏头数增长了2072头，而生猪的年蓄养量也增加了5240头，其中最高年存栏量为1994年的14343头，最低6706头，平均为9043头。

（1）牛。除了1984年达到356头，其他年份均在180头上下波动，总存栏量稳定在平均188头（最低是2002年的58头，最高是1984年的356头）。

（2）羊。1984—2010年，羊的存栏量呈现稳中略升的态势，最低为1994年的8头，最高为2009年的36头。

（3）兔。最高存栏量为1985年的555只，最低存栏量为2002年的300只，兔的存栏量呈现出波峰式增长，其平均存栏量为166只。

（4）家禽。在1984—2010年间，家禽的年平均存栏量23045只，最低为1988年的9856只，最高为2005年的45300只。

（5）养蜂。蜂箱数有一定的波动性，最低为1993年的15箱，最高为2010年的310箱。

表 7 - 2　　　　　　　　　华埠镇 1994 年以来若干年份的畜禽生产

年份	畜禽产品产量	肉类产品合计	其中				
			猪肉	牛肉	禽肉	禽蛋产量	蜂蜜产量
1994		932	915		17	64	
2000	828	n. a.	800	2	25	100	
2001	820	n. a.	788	0.1	23.2	106.6	
2002		683	638		40	83	
2003	579.1	553	2	22	28		
2004	484.6	441	6	34.6	26		
2005	1314	1214	17	75	503	4	
2006	991	944	3	43	57	4	
2007	820.4	761	4.9	9.5	133	3.8	
2008	1055.8	996	6	42	206	n. a.	
2009	1504	1434	10	56	137	n. a.	
2010		1094.8	987.8	10.8	94.8	64.2	0.5

资料来源：历年《开化统计年鉴》和《衢州统计年鉴》。空格和 n. a. 表示年鉴数据缺失。

表 7 - 3

华埠镇的畜禽生产 (1984—2010)

年份	生猪年末存栏头数	在合计中 农户养猪	其中:能繁殖母猪	全年肥猪出栏头数 合计	其中 出售国家	市场出售	自宰自食	生猪全年饲养量	牛 年末牛存栏量	年内牛出栏头数	其中:能耕地的牛	羊 年末存栏只数	年内出栏只数	兔 年末存栏只数	年内出栏只数	家禽 家禽年末存栏只数	其中:肉禽	家禽全年出栏数	其中:鸡	年末养蜂箱数
1984	6993	6978	198		3326		3310	13629	356		241			50		17983				113
1985	7228		222		1472	2598	2591	13889	339		219			555		13189				204
1986	7130		261		1442	3419	2980	14971	301		210			390		13944				121
1987	7111		203		1461	3406	3085	15062	282		186			118		14543				112
1988	6628		195		1298	3383	3176	14485	228		165			20		9856				171
1989	6879		213		1336	3281	3145	14641	211		164			10		15572				167
1990	7279		231		1442	3136	3185	15087	212		162					15528				
1991	7473		177		1385	3153	3384	15395	191		137					14236				
1992																				
1993	13719		492	13189	1145	6261	5783	26908	296		216	9				27376				15
1994	14343		443	13826	405	7715	5706	28169	275		213	8				27947				37
1995	10740		245	11154	103	6703	4348	21894	180		137	85				20586				
1996	10527		214	11481	587	6490	4404	22008	185		139	148				23085				30
1997	11023		382	11156				22179	172		131	112				27849				38
1998	8377		338	8925				17302	166		164	336				24197				
1999	8357		200	7300				21200	139		115	300		100		27900				

续表

年份	生猪年末存栏头数	在合计中: 农户养猪	其中: 能繁殖母猪	全年肥猪出栏头数 合计	其中: 出售国家	其中: 市场出售	其中: 自宰自食	生猪全年饲养量	牛 年末牛栏量	牛 年牛出栏数	牛 其中: 能出栏的耕地牛	羊 年末存栏只数	羊 年内出栏只数	兔 年末存栏只数	兔 年内出栏只数	家禽年末存栏只数	其中: 肉禽	家禽全年出栏数	其中: 鸡	年末养蜂箱数
2000	10776		269	9829				20605	106		21	188		90		27495		16250		65
2001	9026		231	8054				17080	108		81	173		160		14586		15280		160
2002	7874		203	8096				15970	58	14		195		300	20	43890		38880		16
2003	6485		136	6349				12631	69	27		130		100	50	25173		18083		150
2004	6706		146	5903				12609	74	13		328	166	110	66	28310		27000		
2005	11581		521	13986				25567	331	98		278	435	22	19	45300	11652	87666	54700	
2006	10405		408	12585				22990	143	19		60	85			23970	15242	31570	25773	88
2007	7076		316	9403				16479	198	31		399	389	300	200	31106	11694	33486	29041	795
2008	9110		920	11491				20601	159	57		310	429	n. a.	n. a.	22316	15205	31146	30007	n. a.
2009	10882		976	15930				26812	157	82		366	191	n. a.	n. a.	33229	13637	40038	35579	n. a.
2010	9351		565	10976				20327	136	78		350	47	n. a.	n. a.	10020	8020	67832	67832	310

第八章

生态农业的产业化

　　长期以来，华埠镇的农业以水稻、油菜、茶叶为主，盛产蚕茧、干鲜果。2001年，农村有养殖、种植专业户463户，各类个私经营户187户。新世纪以来，经过调整，华埠镇的农业已经初步形成了苗木、名茶、食用菌、蔬菜四业并举的格局，2004年绿化苗木达到4056亩，食用菌总量突破1000万袋，名茶面积4800亩，城郊型蔬菜达到1000亩，名茶采摘让农民增收2000多元。

　　近年来华埠镇特色生态农业进一步壮大。根据镇政府历年《政府工作报告》统计：

　　2007年全镇发展特色绿色农产品生产基地3700亩，其中城郊型蔬菜1300亩，吊瓜基地300亩，西瓜2100亩。食用菌栽培5100.8万袋，实现销售收入1.07亿元，纯利达5712万元。今年又发展了5303.3万袋；新发展蚕桑面积471亩，总饲养量5580张，总产值433.7万元；新发展茶叶面积510亩，茶叶总面积达到11953亩，全年茶叶产量达到25.1万斤，总产值2073.5万元；畜牧业进一步发展，年生产总收入达2758.8万元；完成绿化造林4520亩，完成率226%，完成基地抚育4822亩；积极开展"四位一体"建设工作，新成立了"深渡"名茶等5个合作社，通过成立合作社带动农户增收致富，促进了各大产业的快速发展。

　　2008年由于受市场、价格等因素的影响，在农业产业结构上有了新的调整，畜牧业产值占农业产值的比重逐步增大。全镇畜牧业生产总收入4186.8万元，同比上年增长49.9%。食用菌、西瓜、无公害蔬菜等传统特色产业有了新发展，全镇发展特色绿色农产品生产基础3700亩。食用菌栽培5300万袋，实现销售收入 1.61 亿元，纯利达 1.09 亿元，推广新型来菌灶 158 只，联户 89 只。全年完成造林 11182 亩，占全县新造林的 1/3，造林面积创历史新高。其中：杉木速丰林 4356 亩，杨树泡桐速丰林 825 亩，一般林 4702 亩，杉改竹及毛竹造林 1142 亩。茶叶、蚕桑受价格冲击，产量、利润出现下滑，其中名茶产量 155917 公斤，产值 1801.11 万元，产量与去年同比减产 22%，总产值与 2007 年持平。全镇蚕桑面积 2475.5 亩，饲养量 4768.3 张，比去年减产 800 张，产茧量 3593 担，总产值 295.8 万元，与去年同期相比较，产量减少 23.3%，产值减少 31.7%。

2009 年全镇发展特色绿色农产品生产基地 3700 亩。食用菌栽培规模再创历史新高，达到 5303.3 万袋，实现销售收入 1.61 亿元，纯利达 1.09 亿元；计划造林 6000 亩，2009 年完成 8976 亩，完成目标任务的 150%；油茶基地深挖改造 430 亩；名茶产量完成 78420 公斤，产值 1098.12 万元；蚕桑发种 1189 张，实现产值 117.34 万元；传统畜牧业稳步发展，目前全镇生猪存栏 12350 头，同比去年增加 21.3%。

华埠镇的产业商品化率较高，几大支柱产业支撑了全镇生产总值的半壁江山。浙江省是多山的省份，全省土地总面积 1018 万公顷，其中山地面积占 70.4%，是一个"七山一水二分田"的省份。山区是浙江省经济发展相对缓慢的地区，也是浙江建设社会主义新农村的难点。为了大力发展山区经济和增加农民收入，20 世纪 90 年代以来，浙江山区各地充分发挥经济林资源丰富和区域经济比较发达的优势，大力发展山区特色农业，取得了较好的效果。华埠镇属于典型的山区乡镇，华埠镇的茶叶，比较优势稳定，同时水果、蚕茧的发展也取得了较好的成绩，使华埠镇成为具有山区特色的农林产品区之一。

一　食用菌产业

食用菌是华埠镇的新型生态农业的主导产业[①]。其食用菌生产以金针菇

---

① 黑木耳产业是开化县传统的优势产业，也是农民现金收入的重要来源之一。到 2004 年，年产商品黑木耳 1100 多吨，产值 9000 多万元，市场占有率已占全国椴木类黑木耳总产量的 10% 以上。目前，开化县有菇老爷牌、奇珍牌、三丫丫牌、宝霖牌等品牌的黑木耳可以按照规定在开化黑木耳产品上使用原产地域产品专用标志。华埠镇充分利用这一优势产业，发掘生产潜能，提高产出，增加收入。

为主，主要采取在家拌料、装袋、接种，十月份后外出培养的栽培模式，分布在全国 26 个省 60 多个大中城市。近年来，该镇为做大做强这一产业，制定了许多扶持政策，并成立了食用菌协会，为菇农提供产前、产中、产后各项服务，帮助菇农解决生产、生活中的实际困难。通过扶持、培训和鼓励，使华埠镇食用菌产业呈跨越式发展，生产规模不断扩大，2007 年被评为"浙江省农业特色优势产业强镇"。

2009 年全镇 1149 户菇农共生产食用菌 5673.4 万袋，总产值 11631.74 万元，占全县总产量的 34%。

2010 年华埠镇食用菌产业产值和利润双破亿元大关，再创历史新高。2010 年华埠镇有 30 个行政村从事食用菌生产，菇农 1149 户，生产食用菌 5710 万袋，其中金针菇 4371.9 万袋。

由于广大菇农积极参加食用菌科技培训，提高了栽培技术，加上 2009 年冬、2010 年春的天气有利于金针菇生产，经广大菇农精心栽培取得了较高效益。据镇政府统计，2010 年平均每袋食用菌创产值 3.27 元，总产值达 1.87 亿元，平均每袋获纯利 1.99 元，总获利达到 1.14 亿元，产值和利润双破亿元大关，生产效益创历史最高水平。

二 名茶

华埠镇所属区域大部分是山区、茶区，素有"九山半水半分田"之称，山高林茂，森林覆盖该区域八成左右的面积，有中国的"亚马逊雨林"之美誉。

华埠镇所属的衢州市开化县是传统的产茶县，东北邻遂绿茶区，北靠屯绿茶区，西接婺绿茶区，地处中国绿茶"黄金三角地带"的中心，所产开化龙顶茶品质优异，有香高味醇、久冲耐泡的特点，和非同寻常的"干茶色绿，汤水清绿，叶底鲜绿"的"三绿"特征。茶业是该县农民增收致富的支柱产业。

1995 年起，为了把资源优势转化为经济优势，县政府提出了培育品牌的设想，并在浙江全省率先实施了名茶品牌战略，以之作为农业产业化的发展方向之一，成立县名茶协会，组成"开化龙顶集团"，将 5 家企业的 13 个商标统一为"开化龙顶"，制定并实施全国首个名茶地方系列标准《开化龙顶茶标准》。通过多年努力，推动了茶产业逐步走上组织化、规模化、品牌化、标准化的发展轨道。而且，还以良种化、标准化、机制化、无公害化为重点，提升品牌。近几年，建立良种繁育基地，新发展4万亩无性系高标准良种基地。开化县建立无公害茶园和有机茶园6万亩，在全县实施"生态立县"战略的大背景下，茶叶生产实现了无公害化。通过实施万亩高标准茶园建设工程和低产茶园改良工程，推广无性系良种，无公害茶叶生产技术，新品种、新技术的推广应用步伐加快，生产水平进一步提高。

图 8 - 1   山乡茶园

开化先后被命名为中国龙顶名茶之乡、浙江省茶叶产业特色十强县。2001年开化被列入全国第一批创建无公害茶叶基地示范县。2003年该县被农业部授予"全国无公害茶叶生产示范基地先进县"称号。2004年，"开化龙顶"成功入选首届"浙江省十大名茶"。2008年6月28日，第二届"浙江省十大名茶"评选结果在杭州揭晓，"开化龙顶"成功蝉联该项称号。至此，"开化龙顶"先后荣获省部级以上荣誉达54项。

到2008年，开化县茶园面积突破10万亩，总产量超万吨，销售额4.15亿元。拥有1个省级名茶强乡镇，10个名茶重点乡镇，100个专业村，35家茶叶专业合作社，带动10万农民增收，超过全县农业人口的1/3。茶叶产业增加值占农业总产值的1/5，茶叶收入占农民农业总收入的1/3。作为"中国龙顶名茶之乡"的开化更是因茶而名，因茶而富，因茶而荣。

从华埠镇来看，茶叶生产面积和产量总体上呈同比增长趋势。从1985—1992年7年间，茶叶面积基本稳定，从1985年的3666公顷到1992年的3460公顷，1993年及1994年茶叶面积大幅增加。1995年至2004年种植面积围绕在3800公顷左右。2005年并镇后，茶叶种植面积大幅增加，接近1.2万亩。茶叶产量基本稳定，1993年产量达到290吨，是历史产量最多的年份，2005年以后连续三年产量超过200吨。其他年份产量保持在100吨左右。与浙江省平均水平相比，华埠镇茶叶具有比较优势。

表 8 - 1　　　　　　　华埠镇的茶叶生产（1985—2010）

年份	面积（亩）	其中		总产（吨）	茶叶总产量中			亩产（公斤）
		本年新增面积	本年采摘面积		春茶	夏茶	秋茶	
1985	3666			98				26.7
1986	3604			110				30.5
1987	3719			110				29.6
1988	3515			105				29.9
1989	3565			105				29.5
1990	3471			110				31.7
1991	3346			106				31.7
1992	3460			110				31.7
1993	6831			290				42.5
1994	6845			176				25.7
1995	3846			91				23.7
1996	4130			145				35.1
1997	4211			124				29.4
1998	4055			127				31.3
1999	3905			129				33.0
2000	3393			132				38.9
2001	3385			165				48.7
2002	3380			179				53.0
2003	3721			151				40.6
2004	4906	n. a.	4488	102	72	5	25	20.7
2005	11604	506	9505	248	149	n. a.	99	21.4
2006	11886	285	9651	251	150	n. a.	101	21.1
2007	11173	n. a.	11173	278	161	63	54	24.9
2008	12224	175	10520	195	82	40	72	16.0
2009	11310	990	10320	204	169	n. a.	34	18.0
2010	11340	30	11340	183	124	n. a.	59	16.1

资料来源：《开化统计年鉴》。空格与 n. a. 表示数据缺失。

图 8 - 2   现代茶园

三   水果

水果种植面积从 1985 年的 1422 亩到 1998 年的 3771 亩保持持续增长，
1999 年开始缩小，2005 年不足 500 亩，2006 年面积迅速增长，突破 5000 亩
达到 5491 亩，2007—2008 年面积再次缩小。水果产量 1986—1990 年变化不
大，1990 年之后产量走势大致四年一周期，每周期变化先增后降，其间
1998—1999 年增长幅度最大，1999 年水果产量达 3918 吨，2000 年水果产量
骤降到 19 吨，水果种类主要包括柑橘和梨，作为山区特色水果柑橘产量占
总产量一直很大，而 2000 年和 2001 年水果产量较低，主要原因是受到台风
的影响。

2000 年以来华埠镇的果用瓜生产从 2005 年并镇开始出现跳跃式增长，
之前的种植面积和总产量很低，产量均在 200 吨以下，种植面积均在 160 亩
以下，且有略微的下降趋势。在 2005 年突然种植面积较 2004 年扩大了 63
倍，总产量扩大了 28 倍，达到 2045 亩的种植面积和 2391 吨的总产量。其种
植面积和产量均有大幅度的提升。相比之下其亩产量变化相对稳定，在一定
范围内波动变化，其均值为 1659 公斤/亩。

表 8 - 2　　　　　华埠镇的水果生产（1985—2010）

年份	果园面积合计（亩）	其中		总产（吨）	其中				亩产（公斤）
		柑橘园	梨园		柑橘	梨	果用瓜	其他水果	
1985	1422	1063	70	47	18	23			33.1
1986	1446	1075	61	53	36	12			36.7
1987	1568	1184	74	116	109	4			74.0
1988	1565	1233	58	58	35	7			37.1
1989	1524	1233	37	211	172	12			138.5
1990	1681	1578	32	307	266	14			182.6
1991	1598	1591		569	550	8			356.1
1992									
1993	2461	2351		302	271				122.7
1994	2599	2409		696	659				267.8
1995	1926	1804		875	855				454.3
1996	3253	2274		686	655				210.9
1997	3771	2939		1413	1364				374.7
1998	2946	2946		1784	1737				605.6
1999	2982	2537		3918	3867				1313.9
2000	2034			19			177		9.3
2001	1665			252			154		151.4
2002	2276	1138		555	420		122		243.8
2003	609	580		492	403		74		807.9
2004	597	488	30	811	667		82		1358.5
2005	5469	1659	75	3837	891	59	2391	380	701.6
2006	3637	1659	75	2042	716	42	1241	n.a.	561.5
2007	837	707	18	4246	410	13	3770	7	5072.9
2008	820	716	23	2536	263	14	2218	n.a.	3092.9
2009	n.a.	93	n.a.	2257	282	n.a.	1975		n.a.
2010	n.a.	93	n.a.	3311	91	n.a.	1610	1610	n.a.

资料来源：历年《开化统计年鉴》。空格和 n.a. 表示《年鉴》数据缺失。

表 8 – 3					华埠镇的果用瓜生产（2000—2010）					
年份	2000	2001	2002	2003	2004	2005	2006	2007	2008	2009	2010
面积（亩）	151	83	103	53	32	2045	1034	1783	1155	1118	846
总产（吨）	177	154	122	74	82	2391	1241	3770	2218.2	1975	1610
亩产（公斤）	1172	1855	1184	1396	2563	1169	1200	2114	1921	1767	1903

资料来源：历年《开化统计年鉴》。注：亩产 = 总产量/播种面积。2000 年前数据缺失。

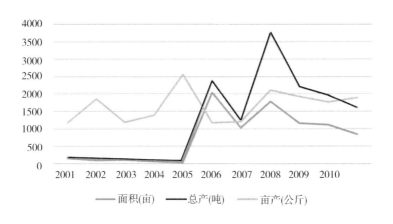

图 8 – 3　果用瓜生产

四　栽桑养蚕

华埠镇所在开化县历来就有栽桑养蚕的传统，是浙江省"蚕桑西进"工程重点县。蚕桑生产对生态环境要求高，开化县是国家级生态示范区，该县宜桑土地资源丰富，适合发展蚕桑基地的农田、旱地和缓坡地达 1 万公顷。良好的生态环境为发展优质高产的蚕桑基地奠定了环境基础。

蚕桑、食用菌和名茶等特色产业可实现资源互补、相互促进。首先，桑树枝条是食用菌的优质原料，如充分利用，667 公顷桑园可解决 500 万袋以上食用菌的产业原料供应。其次，蚕桑与名茶一样，都是劳动密集型产业。但蚕桑生产与名茶生产的用工高峰恰好错开，春蚕期的用工高峰是 5 月下旬，春茶采茶季节已过；秋蚕期的用工高峰在 9 月下旬，秋茶已基本结束。因此，发展蚕桑生产可使在家的劳动力能够有效安排劳动时间，有更多的收入，也有利于留住或吸引更多的劳动力在本县就业，解决采茶季节劳动力紧张的问题。

蚕桑产业的发展，反过来又会促进森林资源的保护，桑树枝条可以作食用菌原料或直接作为农村燃料，667 公顷投产桑园每年可减少森林砍伐近 8000 立方米，实现生态与经济的"双赢"。栽桑养蚕投资少、见效快，收益高。新栽 667 公顷桑园，当年即可养蚕 1 张左右，收入 500—800 元，当年可基本收回成本，第 3 年即可达到丰产。近年来推广的桑树新品种，丰产桑园 667 平米桑产叶量可达 2000—2500 公斤，年养蚕 4—5 张，产茧 160—200 公斤，按 1997—2006 年蚕茧收购平均价 890 元/50 公斤计算，667 公顷产值可达 2850—3560元。此外，桑园剪伐桑枝条每 667 公顷可增收 200—250 元，蚕沙既可作鱼、羊的饲料，又可作农田优质有机肥料，秋冬季节桑树落叶后，桑园可套种蔬菜、绿肥等。经当地人测算，每 667 公顷桑园综合效益可达 3500—4000 元。从开化县农村实际看，每户种桑 1333 平方米以上，年养蚕 8—10 张，完全能够实现年增加收入 6000—8000 元。

1995 年开化县蚕桑生产达到高峰，当时全县桑园面积 2466.7 公顷，年养蚕 5.1 万张，生产蚕茧 1400 吨。20 世纪 90 年代后期，随着茧丝绸市场行情滑坡，蚕桑生产陷入低谷，出现了大面积毁桑现象，到 2000 年，全县仅保存桑园面积 800 公顷。2001 年以后，开化县蚕桑生产开始恢复增长，特别是 2003 年省农业厅将开化县列为"蚕桑西进"工程重点县以来，蚕桑发展加快。到 2007 年，全县桑园总面积 1560 公顷，预计全年养蚕 2.8 万张，产茧 1200 吨，产值 2600 万元。

基地建设是产业发展的基础。根据开化县蚕桑产业发展现状和适宜发展蚕桑的土地资源条件，蚕桑基地发展宜实行两步走的方针。近期目标：2010 年前，新发展蚕桑基地 2000 公顷，发展 50 个蚕桑专业村，全县桑园面积超过 3333.3 公顷，投产后年养蚕 15 万张，产茧 6400 吨，产值 1.5 亿元，成为浙江省重点原料茧基地县。中远期目标：在 2020 年前，发展蚕桑基地 3333.3 公顷，发展 100 个蚕桑专业村，全县桑园总面积超过 6666.7 公顷，年养蚕 30 万张，产茧 1.3 万吨，产值 3 亿元，成为全国重点原料茧基地县。

开化县蚕桑重点乡镇有华埠、桐村、杨林、池淮、林山、塘坞、大溪边乡等乡镇。从华埠镇情况看，蚕茧生产面积和产量变化较大，呈现明显的周期变化。1986—1993 年蚕茧生产面积稳步增长，1994—1996 年三年间面积保持在 3000 亩，面积迅速猛增，1997 年开始逐步下降，1998—2005 年面积回落到 1994 年之前的发展趋势，2006—2008 年种植面积再次猛增，保持在 2000 亩。从产量来看，与种植面积变化呈现出一致的周期变化，1986—1993 年产量稳步增长，1994 年总产量迅猛增长，1996 年取得 391 吨的大丰收。从 1997 年开始产量回落，2006 年开始回升。华埠镇溪东村是开化县蚕桑生产专业村，全村 948 人，275 户，桑园面积 42 平方千米，2006 年养蚕 2030 张，生产蚕茧 81 吨，产值 210 万元，户均蚕桑收入 7636 元，人均蚕桑收入达 2215 元。

表 8 - 4　　　　　　　华埠镇的蚕桑种植和蚕茧生产（1985—2010）

年份	桑园总面积（亩）	其中：		饲养蚕种张数(张)	蚕茧总产量（吨）	其中：			亩产（公斤）
		本年新增面积	本年采摘面积			春茧	夏茧	秋茧	
1985	637				33				51.8
1986	575				39				67.8
1987	685				46				67.2
1988	634				55				86.8
1989	930				59				63.4
1990	928				55				59.3
1991	1025				79				77.1
1992	n. a.				n. a.				n. a.
1993	3884				241				62.0
1994	4096				318				77.6
1995	4179				391				93.6
1996	2602				104				40.0
1997	1194				78				65.3
1998	1194				102				85.4
1999	872				62				71.1
2000	941				50				53.1
2001	874				72				82.4
2002	874				118				135.0

续表

年份	桑园总面积（亩）	其中：		饲养蚕种张数（张）	蚕茧总产量（吨）	其中：			亩产（公斤）
		本年新增面积	本年采摘面积			春茧	夏茧	秋茧	
2003	619				42				67.9
2004	700		700	1609	64.2	28.2		36	91.7
2005	2069	116	2069	4778	181	87	0	94	87.5
2006	2418	339	2418	5486	337.3	172.2	43.7	121.4	139.5
2007	1917		1917	5491	236	110	6	120	123.1
2008	2456		2455	4760	179.4	91.6		87.8	73.0
2009	2456		2455	2643	191.5	99.1		92.4	78.0
2010	2478		2354	2553	91.3	66.9		24.4	36.8

目前开化县一般农户住房一季只能养蚕3—5张，像华埠镇溪东村等专业村，养蚕房屋紧张问题十分突出。集中建设一批简易专用蚕室，第一，可以解决养蚕大户蚕室紧张问题；第二，可以利用其中的部分蚕室开展小蚕共育；第三，集中连建简易专用蚕室，将农村生活区与生产区分开，有利于养蚕消毒防病。

表8-5　　　　　　　1997—2006年开化县蚕茧产量和平均价

年份	1997	1998	1999	2000	2001	2002	2003	2004	2005	2006
产茧量（t）	527.35	608.00	539.45	558.40	717.90	714.00	596.40	784.40	748.05	893.80
平均价（元/50kg）	812.50	730.90	656.00	1027.70	865.70	568.00	873.50	859.80	1044.00	1452.00

当前农户发展蚕桑生产的一个担忧，就是怕蚕茧收购价格起伏过大，而由龙头企业和养蚕农户联合建立起来的蚕桑专业合作社（如县双龙蚕桑专业合作社、池淮蚕桑专业合作社）与蚕农签订蚕茧收购合同，实行保护价收购，保障了蚕农的利益，增强了蚕桑产业抗御市场风险的能力。因此华埠蚕桑专业合作社建设，主要从三方面展开：一是规范，按照《农民专业合作社法》的要求进行完善；二是扩大覆盖面，使全镇大部分蚕农加入到合作社之中；三是与养蚕农户签订合同，保障蚕农利益。

第九章

华埠早期工业发展史

一 历史回顾[①]

宋末，下界首建青龙窑，主产韩瓶。

清·乾隆十三年（1748），胡溶大酱园开业，连续经营184年。

道光年间已产眉茶。

光绪三年（1877）始产精制茶，有铁器、竹器、木器、纸伞等手工业铺坊7家。清末，以制茶和铁竹木等手工生产为主。

民国初年有酱园3家。

1930年，10家商户创办电气公司，为全县的电力工业开了先河。

1931年，3家茶号出口精制箱茶1053担。

1936年，前后工业、手工业较为兴旺，共有店铺坊园茶号近百家，从业2360人。工匠多半来自江西玉山和本省永康等地。

1939年，有茶号7家，出口箱茶4436箱，计2691.26担，产品有珍眉等7个品种，是箱茶出口的鼎盛时期。此间，中街开办协群文艺印刷所。

1942年，孔埠办荣生铁工厂，兼营粮食加工，成为开化县机械碾米的开端。同年，华埠镇遭日寇火焚，工业手工业衰落。民国时期，因水运需要，造船业与篾练业应运而生。

1949年，有造船厂和船篷编织厂各2家，篾练场12家，制伞业、印刷业和开化县农村工业社各1家。手工业者多为个体经营。

---

① 本章资料非特别说明，均来自《华埠镇志》。

1950年，华埠和城关两镇经过工商登记的工业手工业有234家。县农村工业社第一家转为公私合营企业。

1951年起，工业呈现出四个特点：一是新生碾米厂、雪记印刷厂、农村工业社纺织部成为我县第一批国有企业。二是民间兴办的民生棉织厂、新生棉织厂、民益酒坊、华埠油坊、缫记油坊先后转为公私合营。三是个体手工业者纷纷组织起来，走集体化道路。四是农村社队创办砖瓦厂（窑），作为集体副业，以增加社队的经济收入。

1952年，镇手工业从业人员占全镇总劳动力的15.7%，有17个自然行业。常山县工匠也来华埠镇设立工场。

1953年，手工业多转为生产合作社。1956年，全镇基本实现手工业合作化。为加强对手工业的民主管理和生产领导，各手工业社选举产生手工业理事会、监事会。县在华埠首次设立华埠镇手工业办事处。

1957年，手工业社（组）进行整顿，个体手工业者可以自愿入社或退社。

1958—1960年，新增国营企业7家。1962年，工业企业全面整顿，对在"大跃进"期间急骤兴办起来的国营工业进行关停转并，只保留橡胶厂和下星口水电站。1966年，省计委批建化肥厂，同年，镇政府兴办全县第一家自来水厂。1968—1969年，主要是发展电力，水火电力总装机容量有3108千瓦。1970—1971年新办三里亭造纸厂、华民大坝耐火砖厂、工人弄工具厂和观音堂胶合板厂。1972年，镇手工业社相继改为厂的企业有7家，隶属于县革命委员会生产指挥组手工业管理局（简称手管局）。1976年，华埠镇手管局7家工业企业固定资产1845万元，工业总产值3735万元，创税利44万元。

1978年，县设立社队企业管理局，公社成立企业办公室，有力推动了镇办工业的发展。1982年，有镇办工业企业15家，从业380人，产值388万元，创税利59万元；村办工业企业45家，从业193人，产值124万元，创税利21万元。较具规模的村办企业有彩塑厂、华民活性炭厂、华埠火腿厂、自来水厂、华埠镇木制品厂、向阳鞋厂和华申西服厂等。1985年，镇（村）工业企业有63家，从业541人，产值325.55万元，在全县乡镇工业排名榜中居全县第二名。此后，华埠镇的工业格局为：县直属国营工业和县属部门工业基本按原来的经营机制发展；二轻企业不断进行技改，调整产品结构。在乡镇工业中，镇办工业企业数量稳中有降，但产值和从业人员增幅较大，税利出现亏损；村办工业企业数量发展趋缓，总产值、税利与从业人员却同步增长；个私工业发展迅速，企业数量从 1988 年以前的空白猛增到 1995 年的 121 家。

1995 年，县彩塑厂和华民活性炭厂率先改制，由原厂长买断企业资产，从集体所有制转为个私所有制。1997 年 5 月 26 日，化肥厂购买了县香料厂的所有产权。9 月，县饮食服务公司华埠饮食店，由原职工集体买断产权，建立开化县橡胶制品厂，成为华埠镇第一家股份制企业。

2000 年，国有企业破产改制，国有工业企业至此消失。二轻企业破产 5 家，歇业解体 3 家。林业、商业、粮食、供销社联合社、能源部门等工业企业也破产改制。乡镇（村）工业改制后，个私工业企业从 1995 年的 121 家升到 558 家，从业 3300 人，产值 35400 万元，创税利 1675 万元。是年起，镇上工业绝大多数都是民营企业。

表 9-1　　　　　　　2001 年华埠镇法人单位基本情况统计　　　　单位：家

重工业		轻工业			
行业名称	家数	行业名称	家数	行业名称	家数
化工	8	名茶加工	38	木制品	3
电力	1	粮食加工	22	圆木	1
人造板	4	烤鸡鸭	4	木纽扣	1
电力器材	5	糕点	7	铅笔	3
橡胶品	2	面条加工	2	木雕	1
采沙船	6	酿酒	1	油漆装潢	4
采石	2	饮料	1	印刷	2
石灰加工	1	食品加工	4	造纸	1
红砖	5	豆制品	3	打铁	1
耐火砖	1	火腿厂	1	煤球	3
模具	1	缝纫业	29	铝制品	1
工具	1	棉絮	1	机械修理	3
铸件	1	皮鞋制造	12	电机修理	9
机械加工	1	席梦思沙发	8	汽车修理	40
水泥厂	1	家具	13	农机修理	7
水泥制品	7	竹珠	2	摩托车修理	8
林场	2	木材加工	3	自行车修理	14

资料来源：2002 年《华埠镇志》，第 117 页。

2001 年，据浙江省统计局《法人单位基本情况》调查：全镇股份制企业有清华化工、华康药业、开宝橡胶制品厂、开化县橡胶制品厂和华安铅笔厂 5 家，集体所有制企业有华丰与炉新红砖厂、华阳康夫木业等 7 家，私营企业有七一电器公司、第一铅笔厂、华民活性炭厂等 282 家，个体企业有华民红砖厂、耐高温材料厂、诚意家私厂和步步高皮鞋厂等 6 家，外资企业 2 家。5 种经营体制企业共计 302 家，其中重工业 49 家（含 2 家林场），轻工业 253 家。主要有化工、电力、建材、人造板、机械、橡胶制品、制茶、制药、制笔、粮油加工、食品酿造、竹木加工、缝纫服装、造纸印刷、塑料鞋革等近 30 个工业门类，初步形成了行业较齐全、轻重工业比例较协调、产品多样化的工业结构。最具特色的行业是化肥、林产化工、人造板、电力器材、木糖醇、制茶、制笔、竹木制品行业。在镇工业史中，先后有 19 家企业 12 种产品出口，有 7 种产品获县市以上奖。

二 经营体制

解放前，工业体制为私营和个体手工业。1950 年后，经营体制经过不断变革，至 1978 年，以国有、集体为主体。2000 年，国有和集体全面改制，以股份、私营和个体为主体。

1. 国营

1951 年 6 月，华埠新生碾米厂归中粮公司华埠办事处管辖，更名为国营第一碾米厂。12 月 27 日，仇氏独资经营的华埠雪记印刷厂由县人民政府财政经济委员会接管，更名为县人民印刷所。同年，县农村工业社纺织部也转为地方国营新生棉织厂。

1958 年，在孔埠办华埠造纸厂、华埠淀粉厂、华埠综合加工厂，在下星口建造华埠水电站。4 月，城关华埠两镇糕点作坊合并，转为国营，华埠为分厂。1959 年，在孔埠建松香厂。1960 年，华埠栲胶厂投建。1962 年，华埠栲胶厂正式建成投产。

1966 年，在大坞岗办化肥厂。1969 年 5 月，县夺煤指挥部在东岸建 3000 千瓦火力发电厂。1970 年，在观音堂（即华严古刹）建胶合板厂。1979 年，在华埠叶溪口创办纤维板厂。1984 年，叶溪口木材公司木材加工厂与纤维板厂合并，称县木材厂。

1987年，镇区内的国有企业有化肥厂、日用化工厂、东岸电厂、下星口水电站、木材厂、粮油厂和食品厂7家。

1999年7月，华埠食品厂首家改制破产。2001年6月止，破产的国有企业有东岸电厂、华埠粮油厂。改为股份制企业的有化肥厂、华康药厂（原日用化工厂）和木材厂。从此，国有经营体制消失。

2. 集体

集体体制始于解放后的手工业生产合作小组（社）。后随着经济的发展和变革，集体工业的主管部门有二轻工业公司、乡镇、县供销联合社、商业局、煤炭矿业公司等。

——二轻。1951年9月，17个缝纫工人成立成衣生产合作小组，成为开化县手工业第一个集体生产组织。10月，华埠铁业社成立。1953年起，先后成立华埠棉棕社、华埠镇雨伞生产小组和工友炉场。1956年，全镇基本实现手工业合作化。1972年，手工业社相继改为厂。1973年，本镇二轻集体企业有服装皮件厂、塑料厂、家具二厂、农机修造厂、活性炭厂、综合五金厂和华埠建筑公司7家。1986年，华埠农机修造厂分为五金机械厂和通用机械厂。1988年，通用机械厂增挂县橡胶厂牌子。

1997年底，县塑料厂改为股份制企业。华埠服装厂、二轻鞋厂分别于1996年4月和2001年8月歇业解体。华埠建筑工程公司复合彩印厂、家具二厂、活性炭厂、通用机械厂、五金机械厂都于2000年11月27日依法破产。

——煤炭矿业公司。1980年，华埠航运公司在华埠大坞岗建平瓦厂。

1994年，扩建水泥生产线，改称县煤矿水泥二分厂。1999年，改为股份制，更名为县华力水泥制品厂，隶属关系消失。

——供销社联合社。1959年3月，在孔埠办棉花厂，后转产芳香油，更名香料厂。1987年，又在华埠创办华埠车木厂、工业品公司沙发厂和华埠副食品加工厂3家。1997年5月26日，县香料厂被县化肥厂整体购买。

——商业局。1955年，在华埠镇横街创办豆腐店，于1997年破产。

——林业局。1970年，华埠木运站职工在三里亭劈山平地创建造纸厂。1987年有职工260人，固定资产278.4万元。2000年6月破产。

——乡镇。1951年，华埠青砖瓦窑、东岸砖瓦窑是镇里最早的集体工业，在第一个五年计划期间称为社队工业。1959年，东风公社在孔埠办平瓦厂，职工 55 人，是较有规模的社队企业。同年，社队工业开始调整。1962 年，社办工业全部下马，队办工业留存无几。1966 年，在公社也要办些小工厂的指示下，社队工业才开始回升。本镇社队工业主要是办水轮泵小电力。1968—1977 年，先后有下界首大队、双林大队和华埠公社创办水轮泵站发电。1978 年，镇成立社队企业办公室，社队企业才有较快发展。1986 年，镇工业企业有 84 家，总产值 439.66 万元。1988 年起，相继创办乡镇（村）工业企业 60 家，从事制笔、灯具、木制品、丝织、造纸、食品、化工、电工器材、磷肥、机械、建材等行业，从业 573 人，总产值 512 万元，税利 80 万元。

1995 年，县彩塑厂和华民活性炭厂（含华民造纸厂），率先进行经营体制改革，由镇村属所有制改为私营体制。此后，改为私营的有华埠火腿厂、华埠镇木制品厂 2 家，改转给外经委和县水电局管理的有电工器材厂、华埠自来水厂 2 家，自然关闭的有申华实业公司、耐火砖材料厂、向阳鞋厂、华埠纺织厂等 6 家，破产的有华埠丝厂、工具厂等 6 家。

1999 年，乡镇（村）工业企业全部改制为集体、私营和个体。

3. 私营

民国时期，华埠个体与私营工业曾一度兴盛。新中国成立后，个体手工业和私营工业进行社会主义改造，过渡为集体和公私合营。1978 年后，个私工业又得到恢复。此后，经过经营体制改革，个私工业成为镇工业的重要组成部分。

——个体。解放前，主要有竹木铁等手工业，从事农具、家具、日用品的制作。有的开设店铺或作坊，常年雇伙计、徒弟；少则 3 人，多则 10 人，自产自销，生产经营场所固定。1952 年，镇手工业从业人员占该镇总劳力的15.7%，有木竹、棉棕、雨伞、成衣、钟表、铜锡、皮革等 17 个自然行业。1953 年，个体工匠纷纷组织手工业生产合作社或生产合作小组，隶属于县供销合作总社生产科管理，成为县二轻工业的前身。此后，个体手工业者迅速减少。1958 年，全县个体手工业者仅 100 人，镇个体手工业者更少。

1978 年后，个体手工业者又逐年增多，尤其是竹木、泥水、油漆等个体工匠遍布城乡。1991 年以来，个体工业的经营规模和产品结构变革明显，大多以生产红砖等建筑材料、各式成套家具和鞋革等产品为主，并冠上品牌在市场上竞争，获取经济利益。

——私营。乾隆二十三年（1758 年），有胡溶大酱园和酒坊。光绪二年（1876 年），有万泰源茶号。清末，铁业有赵源兴、吴裕兴，木业有张启志，纸伞业有江同和、江云和等私营店铺或作坊。民国二十五年（1936 年）前后，私营工业（包括前店后坊）有：油坊 2 家、染坊 2 家、糟坊（即酒坊）4 家、三白酒（即黄酒）1 家、糖坊 4 家、成衣店 6 家、油漆店 4 家、灯笼店 2 家、纸伞店 2 家、棺木铺 2 家、水作坊 13 家、笔墨店 2 家、石碑店 2 家、锡匠铺 2 家、棉花店 5 家、圆木店 8 家、钉靴店 2 家、铁铺 6 家、挂面店 8 家、机面店 1 家、粉丝店 1 家、茶号 5 家、酱园 5 家和糕点工场、蜡烛工场等。民国三十一年（1942 年）8 月 9 日晚，日寇侵入华埠镇，全镇被日寇放火焚烧殆尽。此后，独资私营工业仅有仇良辅开办的雪记印刷厂。

1950 年，华埠、城关两镇经过工商登记的私营手工业作坊、工场有 311 户。1951 年，有民生棉织厂。1956 年，私营工业先后转为公私合营。此后，镇私营工业消失。

1978 年起，少数家庭工业企业悄然出现。1990 年，镇个私企业有 579 家，从业 794 人，年总产值 566 万元，创税利 82 万元。1991 年，个私工业企业注重规模效益，虽然数量稳中有降，但从业人员、总产值和税利都大幅度上升。

2000 年，原属乡镇改制为个私工业的有 558 家，从业 3300 人，总产值 35400 万元，创税利 1675 万元。与 1990 年相比，工业企业数量减少 21 家，从业人员增加 2506 人，产值增加 29740 万元，税利增加 1593 万元。其中私营工业企业有 28 家，从业 570 人，固定资产 32579 万元。

4. 其他

——联营。民国十九年（1930 年），华埠电气公司创办。民国二十四年（1935 年），光耀电灯公司成立，是镇里最早的联营工业企业。

1951 年，联营工业企业有民益酒坊和开化第一铁工厂。联营企业实行资金投股、赢利分红、产品包销的经营方式。1964 年 10 月，开化、华埠、明廉、大路边四个发电企业联营，建立国营开化发电厂。1984 年，香料厂与省土产副食品公司联营。1978 年后，联户工业逐步发展，成为个体工业的一个组成部分。

——公私合营。1950 年，农村工业社是我县第一个公私合营。此后，转为公私合营的有上街缫记油坊、新生棉织厂、华埠发电厂、华埠民益与城关公益合并的开化酒厂。公私合营改造为支付定息、加工订货、产品包销的形式，年息 5 厘，分期付款。1967 年，公私合营企业都转为地方国营。

——合资。1985 年 9 月，木材厂与香港威鸿机械贸易有限公司合资经营装饰材料。1986 年 7 月 21 日，国家工商行政管理总局颁发营业执照，总投资为 44.75 万美元，厂方股份占 60%，合资经营期限为 10 年。

——股份制。1997 年 9 月，县饮食服务公司华埠饮食店转办的橡胶制品厂进行改制，成为镇里第一家股份制企业。2000 年，先后有化肥厂、华康药厂 2 家国有企业，华安工贸有限公司 1 家乡镇企业和县塑料厂 1 家二轻企业改为股份制。改为股份制企业的共同点是：原企业有效资产和经营权由原企业经营层人员买断，职工按劳动人事部门有关政策进行安置和分流，继续留用人员实行聘用制。

——外资。2000 年 3 月，印度尼西亚客商在下星口建衢州星运电线电缆有限公司，生产电缆电线和胶木电器开关，产品全部出口。

三　重工业

民国十九年（1930 年），电气公司是镇里第一家重工业公司。新中国成立后，民间以生产砖瓦为主。1960—1970 年，以从事林产化工、化肥、火电等为主。1978—2001 年，重工企业有 49 家，主要行业有化工 8 家，建材 9 家，人造板 4 家，机械 3 家，橡胶品 2 家。

1. 化工

——碳化氨水。1966 年 8 月，省计委批建年产 3000 吨合成氨厂，筹建处设观音堂，厂址设大坞岗奋坡地。总投资 214.5 万元，1967 年 3 月 10 日破土动工。1970 年 2 月正常投入生产，当年产碳化氨水 7830 吨。1978 年后，经过几次技改、扩建，合成氨实际生产能力达 10000 吨。1980 年产氨水 37121 吨，为建厂后最高年产量。1981 年后，为便于化肥运输和提高企业经济效益，碳酸氢铵投产，碳化氨水成为副产品，产量逐年显著减少。

——碳酸氢铵。1979 年 2 月，扩建碳酸氢铵（以下简称碳铵）工程。7 月 15 日，县革命委员会下文停建。理由是当时农民喜用氨水，碳铵价格高。1980 年 9 月，县计委决定复建，总投资为 41.2 万元。1981 年 10 月，碳铵工程建成投产，当年产碳铵 7880 吨。此后，化肥厂以产碳铵为主，其产量逐年增长。1995 年，实现税利 348.4 万元，为建厂后最好年份。1999 年，碳铵产量达 100743 吨，创年产最高纪录。2000 年 8 月，化肥厂开始改制，此年产碳铵 57454 吨，氨水 1658 吨，总产值 41934 万元。

——过磷酸钙。1995 年，私营业主夏定杰在孔桥村三门畈办开化县磷肥厂，投资 128 万元，生产过磷酸钙。产品主要销本省及江西、安徽等地。1994—2000 年，累计产量 1.8 万吨，累计产值 630 万元，累计创税利 31 万元。

——醋酸乙酯。2000 年 5 月，徐志清办开化新华有机化工厂，从业 8 人，固定资产 4.7 万元，生产水醋酸，年产能力为 500 吨。

——氯化铝。2000 年 1 月，方江北在渔业社建开化县三合化工有限公司，从业 11 人，固定资产 22 万元，生产结晶氯化铝，年产能力 800 吨。

——硅系列产品。2001 年 3 月，唐明在下田坞创办开化县宏达新材料有限公司，生产硅系列化工产品，从业 3 人，固定资产 50 万元，年产能力 120 吨。

同年 5 月，方喜祥在新下村建开化县新下助剂化工厂，生产硅溶胶产品，从业 8 人，固定资产 13 万元，年产能力为 160 吨。

——栲胶。1960 年 2 月，省人民委员会批建栲胶厂，设计年产粉状栲胶 200 吨。厂址在孔埠，总耗资 43 万元。1965 年 7 月 1 日正式投产。

1969 年，省计划经济委员会、省财政厅列入扩建项目，从年产 200 吨扩建为 600 吨，扩建投资为 13.9 万元。1970 年，栲胶厂扩建投产。胶产量 508 吨。1981 年上升到 519 吨，为建厂以来最高年产量。1985 年，因原料中断停产。

——松香。1953 年，本镇有钜隆松香加工炼制厂，厂址在华埠镇下街，私营独资企业，雇工 8 人，资本额 300 万元（旧人民币，下同），流动资金 310 万元，年产松香 100 吨，营业额 3400 万元。1960 年，县栲胶厂松香车间建成投产，产松香 143 吨、松节油 16 吨。1980 年 6 月，省林业厅和省财政厅拨款 2 万元，更新松香车间设备，年产量提高到 289 吨。1985 年，栲胶厂转产木糖醇，松香停产。

——活性炭。1976 年 11 月，桐村手工业社部分职工在东岸高山砖瓦厂内创办开化县活性炭厂，厂区占地面积 5 万平方米。1977 年 7 月建成投产。1979 年，首批产品经上海进出口岸公司出口 95 吨，成为本县外贸公司成立后自营出口的第一个产品。1980 年，省人民银行给特种设备贷款 15 万元，经过技改、扩建,产量逐年提高,质量渐趋稳定。1983 年出口 35 吨,销往日本、新加坡、澳大利亚、美国等国家以及中国香港地区。

1983 年 8 月,华民村委会投入土地及资产 5 万元,镇企业办公室投资 1 万元,在华民村创办开化县华民活性炭厂。次年 5 月投入生产。效益分配比例:镇占 20%,村占 80%。由于采用土窑生产活性炭,产品销路不好。1984 年,县活性炭厂产量达 450 吨,总产值达 164 万元,实现税利 25 万元,成为县二轻系统第一家产值超百万元的出口重点骨干企业。1987 年生产 360 吨,产品由县外贸部门提供出口。次年 8 月,为了调整二轻工业布局和扩大生产能力,将坝头五金厂和立江锅炉厂并入县活性炭厂;同年该厂又投资 153 万元,新建一条颗粒活性炭生产线。同年,华民活性炭厂改用多管式斜板炉生产法,投入资金约 100 万元,产品质量达到省标准。1989 年 9 月,县活性炭厂改挂开化县二轻林产化工厂牌子。12 月 25 日,生产第一批煤质颗粒活性炭 205 吨。1991 年,二轻活性炭厂有固定资产 459 万元,产值 364 万元,税利 43 万元。1993 年,华民活性炭厂固定资产有 80 万元,产值 200 万元,利润 30 万元,税利 18 万元。1999 年,高山二轻活性炭厂改制,产权由叶昌兴购买,属私营企业,仍生产活性炭,有职工 42 人,固定资产 72 万元。2000 年产量 200 吨,产值 140 万元,创税利 7 万元。2002 年 4 月,因厂址归工业园区平整,拆除厂房停办。

木质素——1954 年,武义汤福康在华埠建永坚工业社,从炭窑烟雾中提制木质素。

2. 电力

——火电。始于民国,是本县电力之发端;水电建于 1958 年,是本县第一座国营水电站。华埠变电所,是华埠镇及华埠片重要供电枢纽工程。

民国十九年(1930 年),商界徐应坤发动 10 家商户,在孔埠山底华严古刹后面,集资创办华埠电气公司。用德制 10 马力柴油机带动 10 伏安发电机,装灯 200 盏,日停夜发,专供镇上各商店照明。因柴油机轴瓦烧毁无处修配,开办半年停产。民国二十四年(1935 年),商户王莲辉独资办光耀电灯公司,自任经理,雇工 4 人,厂址设在原隆裕盐仓。以 40 马力美制小道奇汽车引擎带动 10 伏安发电机,装灯 300 余盏,供街道和店堂照明。因亏损于民国二十七年(1938 年)停办。

1952 年初,县人民政府财政经济委员会和华埠镇商会,组织 48 家商户合办公私合营华埠发电厂，供镇上碾米和照明用电。1969 年 5 月，县夺煤指挥部以地产煤为燃料，在东岸建火力发电厂，设计能力为 3000 千瓦。1973 年 1 月正式并网发电，总投资 232 万元。1977 年 11 月，大路边电厂与东岸电厂合并，称县华埠火力发电厂，大路边电厂为发电车间。1981 年，大路边发电车间停产，人员迁入华埠火力发电厂，厂房及生活区拨归县煤矿。1987 年，发电厂有固定资产 272.4 万元，供电量 1252 万度。1999 年，供电 2000 万度。2001 年 3 月 20 日，发电厂破产改制结束，分流职工，分别以谢忠伟为厂长重组创办开化县第一铅笔厂，以王玉龙为厂长创办华电铅笔厂和以程金洪为厂长创办开化振宏机械加工厂。2000 年 6 月 30 日，东岸发电厂关停。

——水电。1958 年 5 月，下星口建华埠水电站，投资 12.3 万元。位于龙山溪下游，上游集雨面积 305 平方公里，设计流量每秒 3 立方米，净水头 7.5 米，装机容量 117 千瓦。1964 年并入大电网。1968 年，下界首大队办水轮泵站，装机 18 千瓦/台。1970 年 7 月，华埠水轮泵建成发电。1973 年，双林大队和华埠公社创办水轮泵站发水电，前者装机 18 千瓦/台，后者 40 千瓦/台。其中华埠水轮泵发电站规模较大：集雨面积 1026 平方公里，流量每秒 0.55 立方米，水头 20 米，装机 32 千瓦，总投资 2.92 万元，系灌溉、发电两用。1979 年后，下星口水电站经过几次改造，提高了发电能力，1987 年发电 62.4 万度。

2000 年，华埠镇供水站在华民村戴家建欣欣电站，投资 1200 万元，装机容量 1500 千伏，年发电量 431 万度。

——输变电工程。1963 年，始有 10 千伏配电线路。1965 年起由国家投资，先后架设华埠至龙潭口、县城至明廉等配电线，联通了华埠、池淮、明廉、城关水电站和大路边电厂，基本形成地方电力网。变电所在华喜村 12 号，是开化县最早兴建的输变电工程。1967 年 5 月 18 日，省电业管理局批准兴建，占地面积 2.94 亩。第一期工程为 1×2400 千伏安主变 1 台，35 千伏进出线 2 回，10 千伏出线 8 回，属简易户外式变电所。1970 年 1 月 18 日建成试运行，次日正式投产。总投资 24.466 万元。电力主要供华埠、城关两地用户。

1977 年 9 月，扩建 3200 千伏安变压器 1 台，改为户内式变电所，耗资近 20 万元。1987 年 1 月，县供电局自筹资金 9.4 万元，将 2400 千伏安主变压器扩大到 5000 千伏安，2 月 13 日投入运行。年底，该所主变总量有 8200 千伏安，35 千伏出线 3 回，10 千伏出线 8 回。1996 年 7 月 26 日，市电力局直属 110 千伏华埠输变工程建成投产。

3. 建材

——砖瓦。1951 年，华埠有青砖瓦窑 4 家，属农村副业性质。1952 年，东岸砖瓦窑投产，职工 8 人，投资 250 万元（旧人民币，下同），流动资金 105 万元，年产青瓦 100 万片，八寸砖 7 万块。1959 年，东风公社在孔埠建平瓦厂，1961 年改称砖瓦厂，有职工 55 人，年产青砖 28.3 万块，青瓦 632 万片，平瓦 7.75 万片。1971 年，华埠耐火砖厂投产，地址在华民大坝。1972 年，华埠砖瓦厂生产机制红砖，成为县首家红砖生产厂。1979 年 7 月，化肥厂和木材厂利用煤渣生产碳化砖。1980 年，华埠航运公司在华埠大坞岗办平瓦厂。1986 年 9 月，开化县炉新红砖厂建成投产，年产能力 300 万块。1993 年，耐火砖厂因负担重，转产无力，企业关闭，职工自找出路。1994 年 6 月，钱小羊在华民村高园创办开化县耐高温材料厂，固定资产 80 万元，职工 7 人，年产耐火砖 200 吨。1995—1996 年，先后有毛金根在独山村、张光虎在华锋村高山、祝卫民在华民村高园建红砖厂，3 家年产红砖能力 1100 万块。

2000 年，镇上共有生产红砖企业 5 家。

——水泥。1994 年，大坞岗平瓦厂筹建 2 万吨水泥生产线，1995 年 5 月建成投产，更名为开化县煤矿水泥二分厂。1999 年 3 月，水泥二分厂从华大公司分离出来，成为独立的企业法人，又改为开化县华力水泥厂。2000 年 9 月，该厂改制为私营企业。

——预制件。1974 年，华埠建筑公司在孔桥河滩边建预制场，以生产水泥多孔板为主，兼制水泥梁、壁橱、栅栏杆、楼梯板、窗柜架等。1978 年，增加生产水泥电杆。1995 年 2 月，华锋村高山建华丰水泥制品厂，负责人周顺平。

此外，有采砂船 6 家，采石工场 2 家，石灰加工厂 1 家，都是建筑的配套行业。

4. 机械

——农用机械。1972 年，华埠农造厂转产拖拉机配件，年产 1.49 万件。同年，还试制 ZBPI35 喷灌机 205 台，ZBA—6 水泵 23 台。此后，生产情况不详。

——通用机械。1958年，华埠农造厂改装和制造木车床、钻床和龙门刨床。1971年，该厂制造C4013台钻11台，台虎钳24台。次年转产拖拉机配件。1979年，华埠轻工机械厂生产跃进130汽车分离叉，当年产分离叉8172件。

——铸件。1999年7月，私营企业主在孔桥路90号创办开化县双龙铸件厂，固定资产25万元，从业14人，年产铸件180吨。

——柄体机械。2001年6月，东岸电厂改制后的部分职工在东岸桥头兴办开化县振宏机械加工厂，厂长程金洪。具有月产各类柄体2000多只，产值14多万元的生产能力。

——工具。1971年，在工人弄创办华埠农具修配厂，为镇办街道企业。1983年改办工具厂，年产圆板牙1.44万套。1985年，产量增加到12.5万套。1987年有职工54人。1988年，投资43万元，在下星口建新厂房，年产能力从20万套提高到72万套。2000年，工具厂由集体所有制企业改为私营企业，更名为浙江省钱江工具厂，产圆板牙20万套，总产值60万元，创税利3万元。

——模具。1992年10月，胡林宝在双桥路11号创办开化县模具厂，主要生产床插、行星游轮片、万向轮等产品。其中，床插销往印度尼西亚等国，年销售额30万元。2000年，模具厂总产值50万元，创税利5万元。

5. 人造板

——胶合板。1970年5月，县手工业联合社服务站在观音堂（今华严古刹）创办胶合板厂，职工26人。次年，投产后移交县森林工业局管理。1973年，由于材料困难、设备落后等原因停产。

1986年，县木材厂重产胶合板，当年产板80立方米。1987年产145立方米，此后胶合板停产。

——纤维板。1979年，县森林工业局在叶溪口办纤维板厂，年产能力为2000吨硬质纤维板，总投资为336.74万元。1983年投产，当年产纤维板1630立方米。1984年8月，木材公司叶溪木材加工厂与纤维板厂合并。1987年产4697立方米。产品销往上海、江苏、河南、河北、安徽、江西、黑龙江等省市。1992—1996年，每年产纤维板都在1万立方米以上。2000年，木材厂产纤维板21497立方米，中纤板13993立方米，是纤维板产量最高年份。2001年6月，木材厂破产改制，改制资产总值1461.1万元，职工

157 人。

2001 年 8 月，私营企业主毛建庆，在华埠镇下田坞创办开化县神鸟木业有限公司，拥有固定资产 600 万元，职工 34 人，年产能力 900 万张纤维板。

——装饰板。1985 年 9 月，县木材厂与香港威鸿机械贸易有限公司合资成立中港开威装饰材料制作有限公司，简称开威公司，双方投资总额为 38.75 万美元。年生产规模为 56 万平方米，产值 400 万元。1987 年投产，当年产宝丽板、华丽板、素色板 58.4 万平方米，产值 414.6 万元。产品很紧俏。1989 年产各色装饰板 1527 万平方米，产值达 1108 万元，利润 123 万元，是产量、利润最高年份。1995 年合资期满，改称华威公司，由中方经营。1998 年 5 月，华威公司搬迁到华埠镇龙华路新厂房继续生产经营。1999年 12 月，华威公司依法破产，改制资产总值 224.96 万元。2001 年 1 月，私营企业主洪新义因中标接手华威公司，改称开化县华威装饰材料有限公司，继续生产宝丽板，有固定资产 40 万元，职工 12 人，年产能力宝丽板 100 万张。同年 3 月，周石永在华西双桥路 8 号，创办开化县吉和装饰材料厂，属私营企业，主产纤维宝丽板、夹板宝丽板和各种贴面板。

6. 橡胶品

1986 年，由区政府、县林场、二轻通用机械厂 3 家合办橡胶制品厂。产品有工业再生胶、橡胶制品杂件。由于产品积压，资金周转难，不到两年停产。1988 年，区政府和县林场退出，由通用机械厂独家经营。转制后，投入技改资金 20 多万元，经济效益明显好转，连年被市、县政府评为重合同、守信用单位。

1992 年 4 月，县饮食服务公司华埠饮食店增办开化县橡胶制品厂。1993年后饮食店停业，专业生产橡胶制品。产品有橡胶止水带、遇水膨胀止水条。产品销往杭州、南京等地。1997 年 9 月，企业改为股份合作制，董事长毛舍立，原企业 12 名职工全部入股。

7. 电力材料

——器材。1989 年 7 月，县外经委在华埠创办开化县电工器材总厂，集体所有制。产品有 CJ19 切换电容器交流接触器、JCJ10 系列节电无声交流接触器和线圈。1999 年，全厂职工 26 人，产值 620 万元，税 10.5 万元，亏损 1.6 万元。2000 年 3 月，总厂改为股份制，更名为浙江省开化七一电力器材有限责任公司（以下简称公司），租用华埠百货公司仓库作厂房。改制后，原厂 95% 的职工被公司重新聘用。是年，公司职工 29 人，固定资产 103 万元，产值 800 万元，创税 15.3 万元，利润 5.6 万元。2001 年 6 月，购买花园路 5 号原华埠五金机械厂厂房，新建厂区，占地面积 3320 多平方米，建筑面积 3380 平方米，投资 90 多万元。后又投资 150 万元，新增生产线一条。2002 年 1 月，迁入新厂房。设传感器、刀开关、绕线、装配 4 个车间，产品通过 ISO9002 国际认证。1—7 月，产值 876.5 万元，利润 20 万元，税利 13 万元。

　　——电缆电线。2000 年 3 月，下田坞的衢州星运电线电缆有限公司和衢州金钢五星电器有限公司建成开业。前者负责人何裕星，有固定资产 107.9 万元，生产电线电缆；后者负责人陈建成，有固定资产 159.8 万元，生产电器开关，从业 78 人，年生产能力 220 万只。都是外资企业。

8. 船舶修造

　　民国时期，华埠镇木船修造有复佑修船厂（也称里造船厂）和戴仁记修船厂（也称外造船厂）2 家。前者厂址在本镇横街，老板王裕桃；后者厂址在关王庙河滩边，老板戴宗仁。20 世纪 30 年代，华埠陈来发自行设计制造载重 15—20 吨货物的义乌屏风船，船内设八大舱位，船前身设梢斗舱，树立大梢杆。40 年代，船主孙顺和、钱小牛等人，均自建麻雀船数艘，用来内河短途运输。

　　解放初期，造船厂有船工 10 人，年造船 4 艘。1953 年，复佑修船厂和戴仁记修船厂组成造船小组，有职工 12 人，其中大匠 3 人，锯匠 4 人，添匠 5 人。1956 年，造船小组并入木帆船运输合作社，改称华埠运船厂，为华埠木帆运输合作社附属厂。该厂在下街路盖有茅棚厂房 1 座。1960 年归工业交通系统管理，属全民企业，次年又转为集体企业。1964 年造船 8 艘。1965 年，在原地址建砖木厂房，占地 456.4 平方米，能同时容纳 3 艘船。另设锻工车间，有 47.1 平方米。该厂的最大建造能力为 15 吨位的木帆船。

　　除了造船外，该厂还担负着全县木质船的修造任务。新船下水后，每月要维修，三年后要中、大修。使用 6—8 年后，没有修理价值的予以报废。梅雨季节至 11 月，是每年修造船的黄金季节，船厂组成 3—4 人的检查组进行修前检查。船修好，检验合格出厂。

　　20 世纪 60 年代，航运船厂是修造船舶的鼎盛时期。

木帆船的船边板用杉木，船底板用松木，船内各种横梁用樟木，前后船边漏篙用椿木，才能达到质量要求。

船分运货船、渔船和居家船 3 种。运货船通常叫华埠船，船型头尖尾翘，又称开化麻雀船，载重量 3—4 吨。渔家船通常叫小塘船，状如汤匙——船头扁，船尾圆翘，载重量 1.5—2.5 吨。居家船，船体稍大，载重量 4—5 吨，是多子女家庭生活用船。

1972 年，航运船厂自行设计制造铁木结构机动船 3 艘，功率为 10 马力。此后，该厂以制造铁木结构的机动船为主。1976 年，全县水运企业有机动船 36 艘，合计有 355 马力，总载重量为 236 吨。其中华埠航运公司自造机动船有 11 艘，最大的一艘载重量为 14 吨。70 年代末，水运通航里程从鼎盛时期的 176 公里缩减为 22.2 公里，木船逐步淘汰，造船业从此转衰。80 年代，船厂只有大匠 3 人，添工 2 人。

9. 润滑油

2000 年 8 月，在昌谷村石阆山油库创办开化石阆山润滑油厂，厂长杨金龙，从业 19 人，固定资产 80 万元，年产润滑油 380 吨，总产值 100 万元，创税利 6 万元。

四　轻工业

1. 制茶

道光元年（1821 年）已产眉茶。光绪三年（1877 年）有茶号 1 家，始产精制茶。民国二十年（1931 年）有茶号 3 家，生产出口箱茶 1053 担。此后茶叶滞销，精制茶号仅 1 家。民国二十五年（1936 年），茶叶畅销，镇上有万泰源、万康源、刘新宝、同兴华、恒大、甡记、桂芬源 7 家茶号。7 家茶号中，资金在 1 万银元以上的有 2 家，在 5000 银元以上的有 5 家。7 家共产精制箱茶 4436 箱，计 2691.26 担，占金（华）衢（州）严（州）产量的 8.91%。精制箱茶有抽芯、珍眉、特珍、针眉、秀眉、贡熙等 7 个品种，以产珍眉著称。民国三十年（1941 年），精制茶号 4 家，从温州购进人力制茶机 2 台，生产精制箱茶 759.95 担。主要产品有毛峰、雨前、雀舌、珍眉等。此后，茶叶购销量急剧下降。民国三十七年（1948 年），只剩惠康茶号，收购毛茶 281 担，制箱茶 176 担。精制茶分箱茶和篓茶 2 种。箱茶外销，其包装先将茶叶装入锡罐，再套进木箱。篓茶销杭州等地，外用箬片、竹篓包装。民国三十八年（1949 年）后，精制茶停产。

解放后，初制茶产量逐年上升。1974—1980 年，镇上制茶业仅有镇所属的村队。2000 年，全镇共有茶园 4211 亩，产茶 118340 公斤，产值 236.17 万元，精制茶机 57 台，其中，名茶茶园 2114 亩，年产名茶 1470 公斤，产值 103 万元。

2001 年，全镇制茶业有 38 家，以精制龙顶名茶为主，成为全镇轻工主要产业之一。

2. 粮油

——碾米。民国三十一年（1942 年），国民党第十五军团在孔埠办荣生铁工厂，兼营粮食加工。日军入侵华埠被烧毁停办。1949 年元月，以工商业者张耀奎为首筹集私人资金，开办开化县农村工业社碾米部，后转为公私合营，称新生碾米厂。1951 年 6 月，新生碾米厂被中粮公司华埠办事处接管，改称国营开化第一碾米厂，后更名为华埠粮油厂。1960 年，率先改用电动机碾米，稻谷出米率提高到 74.5%。1966—1978 年，经过多次技改，吨米耗电 17.35 度，低于当时省内 17.5 度的平均水平。

1985 年，华埠粮油厂产大米 5500 吨，固定资产原值 42.6 万元，总产值 206.4 万元，利税 11.8 万元。1997 年 1 月 1 日，华埠粮油厂和粮油总公司华埠粮油批发市场并入华埠粮管所，2 家的所有资产、债权、债务全部由华埠粮管所承担管理。2000 年，粮油厂改制，整体资产出售，近 200 万元抵给银行还贷，用 50 万元安置职工。

——磨粉。1967 年，华埠粮油厂安装 2 台 200 型钢辊磨取代石磨，用电作动力，每班加工小麦 750—900 公斤。1973 年扩建面粉车间。1979 年，面粉停产。2000 年，村、镇共有磨粉机 61 台。

——粮食制品。1972 年，粮油厂始产机制粉干和年糕。1978 年扩建面条车间，生产龙须面、辣板面等 5 个品种。1985 年后，民办半机械化生产粮食制品渐起，粮油厂粮食制品业随之没落。

——油脂。民国二十三年（1934 年），吕大成耗资 2000 万元（旧币），购入吕公良上街的甡记油坊。油坊有木榨 2 副，牛碾 2 套，大小牛 3 头，雇工 24 人。年加工油料 30 万公斤。民国二十九年（1940 年），甡记油坊产桐油 3000 担，产茶油 1200 担。民国三十一年（1942 年），日寇侵入华埠，甡记油坊遭抢劫，损失惨重。

1951 年，姓记油坊转为公私合营，后转为国营，归供销社管理，称华埠油坊，后改为华埠粮油厂。1953 年，该厂首先购置电动机，结束人力加工。次年始产冷、热榨豆油。1954 年，华埠河边独资经营的吴金泰油坊有职工 7人，资本额 3140 万元（旧币）。1973 年粮油厂扩建油脂车间。1978 年始产茶叶籽油。1994 年，产值（1990 年不变价）343 万元，现价 367 万元，创利19.5 万元，利税 1.5 万元，是效益最好的年份。2000 年，粮油厂破产。2001 年调查统计，全镇个体和私营的粮食加工小型企业有 22 家，碾米机55 台。

3. 酿造

民国二十五年（1936 年）前后，镇上有糟坊 4 家，白酒坊 1 家。新中国成立后，民益酒坊在华埠 50 年代的车站后面，租用民房生产，资本 488 万元（旧币，下同），流动资金 575 万元，每年产白酒 325 公担。1951 年，民益酒坊与城关公益酒坊合并。1953 年，改为专卖公司代加工，收取加工费。1956 年 2月 15 日，民益与公益酒坊转为公私合营，改称开化酒厂，华埠为分厂。1960年，华埠代用品酒厂建成，投资 13 万元，建房 200 平方米，设计年产 95 度酒精 500 吨，50 度白酒 300 吨，日处理代用品原料 25 吨。代用品有番薯、薯干、贯仲、全樱子、稗子、秕谷、米皮糠等 21 种。1984 年，二轻活性炭厂投资开发生产虎泉汽酒，不久停产。2000 年，个体酿造业 1 家。

4. 食品

——豆制品。民国二十五年（1936 年）前后，镇上有水作坊 13 家。1950 年，华埠、城关 2 镇有水作坊 20 家，资金 11691 万元（旧币）。1955年，华埠横街办起豆制品厂，归商业局管辖。2000 年，豆制品厂有 3 家，主要在镇农贸市场上销售，少数用机动三轮车送到较远乡村销售。产品有豆腐干、油豆腐、千张、素鸡等。

——糕点、糖果。民国二十五年（1936 年），镇上有糕点工场。新中国成立后，镇上南货商店自办糕点作坊。1958 年 4 月，糕点作坊从南货店划出，与城关镇糕点作坊合并为一个核算单位，称开化食品加工厂，华埠为分厂，同年 9 月更名为国营开化食品厂。1962 年，华埠分厂独立，次年又并入县食品厂。1983 年 7 月，华埠食品厂再次独立后，下设糕点、饴糖 2 个车间，产品有糖果、广式月饼、核桃糕、雪花酥、萨其马等 67 个品种，其中以萨其马、雪花酥最具特色。1984年，华埠乡镇食品厂1家，生产冻米糖、麻片、麻条等产品。华埠、城关两家国营食品厂产糕点664.1吨，饼干23.57吨，糖果139.2吨。产品销往北京、江西、安徽、杭州等地。1987年，本镇民办食品厂1家，华埠城关两镇食品厂产糖果71吨，糕点824吨，产品有70多种。1996年，华埠食品厂产值979万元，利润从盈转亏。1999年7月，华埠食品厂依法破产，改制资金165.11万元，职工22人，安置费18.7万元。2001年，镇上糕点小型企业有7家。

——酱醋。乾隆十三年（1748年），安徽歙县胡氏在华埠镇开办胡溶大酱园，比开阳镇徐天裕酱园早150多年。该园资金5万银元，雇工100余人。民国初年有仁丰厚、胡遂康、乾泰等酱园。民国二十五年（1936年）有酱园5家。1942年，胡溶大酱园被日寇烧焚停业。

1958年，县供销社联合社在孔埠办酱油厂。1985年，华埠酱油厂与县食品厂共产酱油1159吨、豆瓣酱22.8吨、米醋14.6吨及各类酱菜。1987年，这2家酱油厂共产酱油1518吨。

——禽畜肉类制品。1984年8月，华埠火腿厂投产，厂址在华阳新村20号。2000年，据镇工业办公室统计，具有企业法人的禽肉类制品厂（店）共有5家，其中烤鸡店有4家。

——淀粉。民国二十五年（1936年），有粉丝店1家，挂面店8家。1958年，孔埠建淀粉厂，投资4.45万元，职工46人，年生产能力450吨。1959年，职工减至28人，产淀粉17吨。1962年工业调整停产。

——饮料。90年代，省林业汽车第五队创办华利公司，生产饮料，不几年停产。1999年3月，私人企业主陈惊雷在华西街46号创办开化县百可利食品有限公司，生产饮料和食品，有职工5人，固定资产100万元，饮料年产值9万元，食品3万元。

5. 日用化工

——芳香油。1960年8月，县土产公司在孔埠办野生植物综合利用加工厂，主要加工香油原料。同年产山苍子油50公斤。1982年1月，产精制油和柠檬醛，厂名改为开化县香料厂。1983年，山苍子油开始出口，柠檬醛因香气浓郁、含醛量高，连年出口。1986年，香料厂产山苍子油28吨，销往美、英、联邦德国、荷兰、捷克、中国香港等国家和地区。在芳香油产品中，山苍子油为大宗，还有芳樟油、柏木油、血柏木油、松针油、香菇草油、香附子油和月桂油等。1987 年，县香料厂与青阳乡香料厂出口芳香油 23.1 吨，创汇 130.59 万元。1997 年 5 月 26 日，香料厂以 300 万元出售给县化肥厂，在册职工 20 名，随产权易主。

——糠醛。1966 年 7 月 15 日，栲胶厂扩建糠醛车间，投资 20 万元，以玉米芯和茶籽壳为主要原料，生产糠醛。1972 年，糠醛车间建成投产，设计年产能力 200 吨，当年产糠醛 62 吨，副产品粗制醋酸钠 6 吨。1975 年 8 月，出口糠醛 150 吨。1979 年，产糠醛 306.26 吨，精制醋酸钠 231.1 吨，为最高年产量。1986 年，因原料不足，设备陈旧，糠醛停产。

——木糖醇。1979 年 12 月，木糖醇工程破土动工，年产能力 2000 吨。原料为玉米芯。1982 年工程建成，总耗资 326 万元。1983 年 6 月 27 日，省医药管理局下文，由食用级转入生产口服药用级木糖醇。同年 7 月 9 日试产，当年产 43 吨。产品符合国际标准的 FCC 级、FAC 级、高纯度级以及供注射用的针剂级。首批产品销给日本东京化成公司，1984 年，又销售 50 吨。1985 年后，木糖醇先后四次获省级以上产品奖。产品 90% 以上出口，远销美国、丹麦、英国、法国、德国、意大利、比利时、日本、韩国，产品享受出口免检，有自营出口权。1991 年职工 202 人，固定资产 1743 万元，年产值 1575 万元，创利税 400 万元。2000 年，产各种规格木糖醇 1881.1 吨，液体木糖醇 687.4 吨，产值 4394.8 万元，创汇 600 万美元以上，创利税 169.5 万元，成为国家中型企业和省区外高新技术企业，取得 ISO9002 国际认证，产品质量达到国际先进水平。

2000 年 8 月改制，企业由经营层集体买断，出资入股 22 人，董事会成员出资占股份的 83%。厂原有人员除离退休和自愿离厂外无下岗职工。2001 年 6 月 28 日，改称开化县华康药业有限公司。

6. 制笔

新中国成立前，镇上有李升文等 2 人专制毛笔，延至解放初期停业。1983 年，东岸电厂筹建铅笔车间，投资 20 余万元。1985 年建成投产，改称铅笔厂。1999 年，制铅笔 8000 万支。2000 年铅笔厂有固定资产 200 余万元。

1994 年，浙江省衢州华安工贸有限公司，在华埠车站内购房产创办铅笔厂，定名华安铅笔厂。此后，年产能力达 8000 万枝，产值近千万元，年利税 40 多万元。产品 85% 出口。2000 年改制，由企业原经营班子共同购买，原来职工有 90% 就业。

1999 年 9 月，开化县华力水泥厂筹建铅笔生产线，年产能力 5000 万支。尚未建成投产。

2001 年 4 月，东岸电厂原铅笔厂部分职工投股创办开化县第一铅笔厂，厂址在华埠镇龙华路，资产有 300 万元，生产各种色杆铅笔。产品通过外贸公司从深圳、广州、宁波、上海等口岸出口。

2001 年 4 月 26 日，东岸电厂下岗职工由王玉龙等五人筹建开化县华电铅笔厂。厂址在原来电厂内，投资 100 多万元，年产能力 7000 万支，安置下岗职工 25 人。同年 7 月正式生产。

2001 年，铅笔厂有 4 家，年产能力 28000 万枝，未建成投产 1 家，正常生产 3 家。

7. 木制品

——家具。清末，有张启志木业作坊。民国二十五年（1936 年），有圆木店 8 家，从业 18 人，棺木铺 2 家，木工 40 人。民国三十五年（1946 年），木工有 145 人，总产值 19804 元（法币）。

1952 年，有木工 34 户，圆木 4 户。1954 年 1 月，成立木器生产合作社，职工 35 人。1958 年后，华埠木业社平均每人上门加工 113 日。1971 年改为木器厂，1979 年再改为县家具二厂。该厂板式家具的应市大幅度降低木材耗用量，每立方米原木由原来老产品创值 400 元上升到 1600 元。1987—1988 年，家具二厂投资 20 万元进行技改，推出新产品 43 套宝丽板板式家具，被评为市级新产品。1988 年产值 150 万元，利润率在 8% 以上。

1991 年 3 月，炉庄村的开化诚意家私厂投产，年产木制家具 150 件。1994 年 7 月，梦幻家具厂开业，厂址在双桥路，年产家具 100 件。

1994 年，家具二厂产值 1002 万元，为最高年份。2000 年 7 月 3 日，家具二厂依法破产，评估资产有 141 万元，32 名职工全部得到安置。

——木制农具。1953 年，木制家具企业有 2 家。1955 年，华埠与城关、村头乡木器社共产木制中小型农具 3363 件，个体生产稻桶 60 只，水车 17 部。1958 年，手工业全力以赴投入办钢铁，农具产量大幅度下降，华埠、城关两镇木器社生产农具 1880 件。1963 年，农具产量再次下降。1974 年后，由于机械灌溉能力提高，水车逐步淘汰。1980 年起，木器厂转产家具，农具都由个体木工生产。

——日用品。1974 年，雨伞社转产木衣夹，1975 年产 612 万只。1985

年，华埠塑料厂也兼制木衣夹。开化县华埠木制品厂、开化县室内装饰用品厂、开化县华阳康夫木业分别于 1988 年 8 月、1991 年 11 月和 1999 年 4 月开业生产地板和其他木制品。

2001 年，全镇木制品企业共有 28 家，其中家具厂 13 家，席梦思厂 8 家，其他木制品和木材加工厂各 3 家，圆木 1 家。

图 9 - 1　华埠的木艺家具

8. 竹制品

民国二十五年（1936 年），镇上有竹业店坊 7 家，从业 74 人。1950 年 8 月 9 日，竹业工匠成立同业公会，1952 年改为竹器生产小组。1955 年，华埠成立竹器生产合作社和棉棕社。

——农具。清、民时期农具由个体竹匠上门编制。1955 年，华埠竹器社生产农具 292 件。此后，该厂都生产竹制农具。1985 年华埠竹器厂关闭。

——包装品。民国二十三年（1934 年）以前，装运茶油、桐油、茶叶等山货，均用篾篓和篾箱。据统计，当年产各种油篓和篾箱 1.2 万担。民国三十六年（1947 年）后，洋油箱取代油篓，布袋取代茶叶箱，竹编包装物逐步减少直到淘汰。1955 年，华埠竹业社产肉篓、茶叶篓、橘篓。1971 年增制蛋篓。此后，竹制包装物均由个体经营。

——篾练、船篷。民国二十五年（1936 年），有篾练场 5 家，年产篾练

2000 余根（每根 38 米，有 19 公斤）。民国三十六年（1947 年），篾练场有12 家，年产篾练 3600 根。竹编船篷 2 家，长年从事船篷生产。新中国成立后，船篷生产随着造船业的衰落而渐少；篾练也因钢丝绳的应用而淘汰。

——竹伞、灯笼。民国二十五年（1936 年），已有江同和、江云和 2 家雨伞店，从业 15 人，年产值 0.7 万元。灯笼店有 2 家，从业 8 人，年产值0.46 万元。1952 年产纸伞 5347 把。次年成立雨伞生产合作社，职工 7 人。其间，还有个体生产雨伞的。是年共产纸伞 1.34 万把，其中个体生产 0.55万把。此后，雨伞社职工增加到 16 人，产品有 18 个规格和花色品种。1959年，该社增制油布伞 0.27 万把。1966 年，雨伞社为外地加工伞杆 4.6 万打。次年，雨伞社转产木衣夹，兼产纸伞、油布伞、伞杆和伞柄。此后，纸伞淘汰，雨伞社改行。

——竹珠、凉席。2001 年，陈宝昌在孔埠路办开化县阳光竹木工艺厂，职工 48 人，固定资产 20 万元，生产凉席和裤夹，年产量 80 吨，产品销往义乌。同年，华电竹珠厂投产，厂址在东岸桥头，厂长林炳寿，从业 20 人，固定资产 1 万元，产品销往宁波。

9. 棕制品

1953 年，城关镇轧花厂迁华埠，组建华埠棉棕社，大多是上门加工。1961 年，政府对农业重视，也是棕制业最好时期。1970 年以后，塑料薄膜发展，雨衣上市和毛棕资源渐少，此业渐衰。1978 年，华埠棉棕社并入县塑料厂。此后，棉棕行业都是个体经营。

10. 纺织

——棉织。民国二十五年（1936 年），有棉花店 5 家。

1949 年，以张耀奎为首集资在镇上办开化县农村工业社。次年，工业社下设纺织部，地址在城关政义坊，有职工 20 人，主产平细布、条子布。1950 年 5 月，方菊仙在镇上开办私营新生棉织厂，自任厂长，有职工 16 人，人力铁木机 8 台。1951 年 5 月，创办私营民生棉织厂，有职工 15 人，木质机 8 台，纺织机 2 台，生产土布和平条布，年产值 0.9 万元；次年 9 月，因资金短缺停办，部分人员由县总工会重新安排就业。1952 年 1 月，县政府接管新生棉织厂部分私人股金，转为公私合营；7 月，其余私股退出，转为地方国营，厂址迁到华埠。是年，职工 27 人，总产值 3.1199 亿元（旧人民币，下同）。1953 年，新生棉织厂有铁木织布机 9 台，职工 42 人。第一、二季度为日班生产，第三季度起改为日夜两班生产。全年织布机总运转 28723 台时，运转率达 97.29%，产平条布 91954 米，总产值 4.8994 亿元，利润 0.222 亿元，产品次品率平均 9.91%。产品由航头、马金、村头、明廉等基层合作社购销，占该厂总销量的 81.52%，私商占 17.52%，零售占 0.96%，全年销售量占生产量的 99.8%。四季度因开展劳动竞赛成绩显著，中共衢州地委工业部发了《地方国营开化棉织厂贯彻提高质量、降低成本的初步总结》通报表扬文件，衢州地委在通报上加写了批语。1954 年 6 月 2 日，省委工业部向全省各地（市）委工业部、直属县委城工部、国家杭州通用机械厂和浙江麻纺厂党委、全省各国营、公私合营、大型厂矿党支部转发了此件，共 325 份。1955 年 5 月，因交通不便、原料不足，并入衢州织布厂。

——丝织。1949 年前，有方氏丝织坊 1 家，生产丝线。后来，搬迁至县城。1985 年，有乡镇丝织厂 1 家，主产尼丝纺、尼龙被面等丝织品。同年 5 月，下星口建纺织厂，投资 25 万元，其中，镇投资 9.43 万元，职工集资 2.21 万元，主产各种规格化纤布。1986 年 3 月投产。1987 年产化纤布 4.3 万米，产值 43 万元。1988 年，增涤纶华达呢、细纹呢等 10 多种产品，产品销安徽、江西及本省各地。

——针织。1978 年后，个体在镇上租店经营针织产品。店主自购针织机，自产自销，也接受来料加工。1985 年 4 月，化肥厂碳化砖车间职工，自筹资金创办丽的针织厂，生产针织帽、纱手套和裤子等。1985 年至今，镇上开办针织店（厂）渐多，主要以开司米为原料加工服装和帽子等，但正式挂牌经营并登记上报的家数甚少。

11. 服装

清雍正七年（1729 年），有手工缝制"胖袄裤鞋"的记载。嘉庆十五年（1810 年），军民僧道人常制僭用锦绮苎丝绫罗彩绣等衣着。民国初年，官者多着中山装。民国十五年（1926 年）后，富家妇女改制短衣为旗袍。

民国二十五年（1936 年）前后，华埠镇成衣店有 6 家，个体缝纫店 30 户，从业 70 人，年产值 12294 元。民国三十四年（1945 年），缝纫工增至 105 人。1949 年，镇上成衣店有 5 家。

1951 年 9 月，华埠镇有个体缝纫工 31 人。1952 年，城关镇在华埠中街成立成衣合作小组，职工 29 人。1965 年，经过调整，归手工业局管理的只有华埠、城关和马金3家成衣社，职工88人。1972年，华埠服装社缝纫机改用电力带动，年产服装5.58万件。产品由华埠百货公司经销。后华埠服装社改为华埠服装厂。1984年，华埠服装厂转产西装。1987年，华埠服装厂处于停产状态。1992年，服装厂更名为二轻经贸部。1996年4月，华埠服装厂因经营不善长期亏损，宣布歇业。

12. 鞋革

民国二十五年（1936年）前，镇上制革业有4户，从业12人，钉皮靴店6家，年产值5980元。1952年，制皮革有余仁记店1家，从业3人。1953年，余仁记店加工轻革250平方米，重革300公斤。1955年尚有3人。此后，本镇无人专营此业。

——皮手套。1971年，华埠服装厂生产猪皮劳保手套20388双。1979年产43262双，其中出口20160双。1984年出口滞销停产。

——皮鞋。1978年后，个体皮鞋匠租店制皮鞋出售。2001年，镇上制皮鞋的店（场）有12家。其中步步高皮鞋厂（店）质量好，信誉高，年产各类皮鞋3000双以上，在桐村镇中心街开设分店。

——注塑布鞋。1980年3月，华埠搬运公司创办鞋厂，手工为主制布鞋，后改称县鞋厂。1981年，华埠镇办向阳鞋厂，以产胶底布鞋、棉鞋为主，有7个品种16个规格。1983年，县鞋厂投资8.3万元，形成机制鞋生产线。1985年1月，创办二轻鞋厂，有职工73人，自行设计120多个花色款式，年产注塑布鞋9.55万双，产值40.2万元。5月，机制注塑布鞋投产，单班年产注塑布鞋20万双。是年，华埠两家鞋厂共产布鞋27.67万双。1986年，二轻鞋厂设计生产的SBS注塑布鞋，经鉴定为市级新产品。1990年二轻鞋厂在花园路5号投资40万元，建造新厂区，引进先进设备，设计生产140多个花色品种的注塑布鞋。产品畅销江、浙、赣、闽、湘各省市，并经外贸公司出口。1991年，这个厂有固定资产原值73万元，资产总值338万元，工业产值228万元。

2001年8月，由于企业负债经营宣布歇业，职工按政策全部安置。

13. 造纸

1958年3月8日，经建德专署工业局批准，在孔埠办国营造纸厂，设计年产纸450吨，投资4.8万元。9月破土动工，职工61人。次年职工增到

131 人，生产土纸 36.4 吨，土纸浆 145.6 吨。自投产至 1960 年 4 月，共亏损 4.32 万元。8 个月中，发生马达烧坏、纸筒炸裂等大小事故 30 余次，职工有 80% 不安心，1961 年停办。1970 年 6 月，华埠木运站为解决站内人员就业，在三里亭创办造纸厂。自筹资金 1.5 万元，自力劈山平基 3300 平方米，自造木质机器 1 台，以稻草为原料，手工生产为主。7 月产第一批 23 号黄纸板，次年改产坑边纸。1972 年扩建，县煤炭局投资 2.5 万元。1974 年，产 50 克水泥袋纸 314 吨，扭亏为盈。1975 年，被省造纸公司列为造纸行业定点厂，更名为县造纸厂。1979 年职工 399 人，机制纸 857.4 吨。1985 年，产值 253.11 万元。1993—1996 年，开化造纸厂产量都在 3500 吨至 3900 吨之间。2000 年 6 月，开化造纸厂依法破产，破产总资产 1868.12 万元，安置职工 300 人。

1992 年 9 月，华民村委会在龙华路戴家自然村创办华民造纸厂，投资 110 万元。1993 年 5 月投产。当年产仿袋纸 1000 吨，瓦楞原纸 300 吨，年产值 300 万元，职工人数 70 人。

14. 印刷

抗日战争初期，10 个老板在中街合股开办协群文艺印刷业，有二号、三号圆盘机各一台。日寇飞机轰炸华埠镇后，协群文艺社从华埠迁至青阳乡山底村，后被日军烧毁。开阳镇同文书局印刷业也因日军轰炸县城而迁至音坑乡读经坂村，不数年倒闭。其中二、三号圆盘机售给仇良辅，同文书局少数印刷职工随仇氏至华埠镇。民国三十二年（1943 年），仇氏独资经营的华埠雪记印刷厂开业，厂址设在上街（原区公所）。

1951 年 12 月 27 日，雪记印刷厂更名为县人民印刷所，归工商所领导。厂房面积 30 余平方米，职工 5 人，有二、三号圆盘机各 1 台，石印版 1 块，铅材 250 余公斤，固定资产 0.39 万元。只能印刷信封、信笺、小型发票、表格及布告。1952 年，常山人民印刷所撤销，三号印刷机 1 台、石印版 2 块、工人 2 名调进本县人民印刷所。1954 年，印刷所从上街迁至后街（原茶号，今敬老院），厂房面积 220 余平方米。

1955 年以铅印版印刷为主。1956 年 3 月 14 日，厂址迁到城关镇浮桥弄。此后，华埠镇近 30 年无印刷业。

1985 年，开办华埠印刷厂，厂址在华西街，属开化印刷厂分厂。

1991 年 9 月，华埠建筑工程公司投资 48 万元，建成一条年产 70 吨复合彩印包装生产线，厂名为开化县复合彩印厂，主要生产各色复合彩印包装袋。1995年有固定资产185万元，产值354万元，职工26人。

1998年11月13日，因长期亏损宣告破产。2001年华埠印刷厂职工3人，固定资产2万元，厂长占春寿。

15. 金属制品

——小农具。光绪十五年（1889年），有少数铁匠上门加工锄头和柴（草）刀的记载。光绪三十三年（1907年），有赵源兴铁匠铺。民国二十五年（1936年），有铁铺6家，从业10人。1951年9月，华埠第一铁工厂成立，有铁匠13人，铁锤10把，铁镦4个，风箱3部，年产铁制农具0.45万件。1958年8月起，因支援大办钢铁，加上金属材料紧张，小农具产量大减。1986年，华埠农造厂调整产品结构，以生产小五金为主。此后，小农具生产渐由个体铁匠经营，集体企业退落至破产。

——小五金。1973年，综合五金厂产票夹、报夹、铝制烟盒等产品。1979年产油印机5145台。1983年兼产汽水瓶盖270万只。1986年，县五金机械厂投资15万元进行技改，生产各种规格羊眼、灯钩、风钩等，产品经浙江、天津、宁波等出口公司出口。在此期间，华埠林业车队华利公司创办烟具厂，生产打火机等产品。1995年，五金机械厂有固定资产320万元，产值470万元，利税12万元。1996年底，与香港飞达公司联营组建衢州达华紧固件公司，投资55万元，引进木螺钉生产线设备224台（套）。2000年11月27日，五金机械厂因负债经营依法破产。同年11月，私营企业主徐金兴在龙华路创办开化县元龙实业有限公司，生产铝帽，从业10人，固定资产40万元，年产能力200万只。

——日用品。民国二十五年（1936年）有锡匠铺2家。

1950年后，铁业社兼产火钳、锅铲、火叉、菜刀等日用品。合作化后，个体工匠甚少。1978年以来，金属日用品由城乡个体经营。

16. 塑料制品

1972年8月，成立华埠塑料厂。1976年，棉棕社和雨伞社合并，建立开化县塑料厂，产品有吹塑食品袋、编织袋、嵌线等。1981年，产编织袋2.71万平方米，化肥袋129.67吨。1985年1月，华埠镇与渔塘中学合股创办彩色塑料厂，厂址在下星口大桥头。该厂利用渔塘村民房作厂房和仓库，

7月投产，生产各种塑料包装袋、饮料袋、农用薄膜等。产品因经过彩印，故称彩塑厂。1987年，渔塘中学退股，改称华埠彩塑厂，职工38人，固定资产6.36万元，产彩塑51.3吨，产值43.3万元，创税利6.81万元。同年，开化县塑料厂转产工业膜、农业膜、水田袜和食品膜为主。是年，塑料厂产食品袋40吨、编织袋12吨，产值36万元，创税利21.65万元。1998年，彩塑厂投资27万元，在下星口大桥头新建厂房，年产能力400吨，5月29日新厂投产。1991年，开化县家具二厂投资85万元，引进两套塑料片材生产设备，生产PVC塑料片材和塑料落水管，增挂开化县欣华塑料厂牌子。

1995年，欣华塑料厂产量600多吨，产值1060万元，创税利21万元。1997年，县塑料厂投资20多万元进行技改，生产出口地盖膜新产品。县塑料厂改为股份制企业，更名为开化县京星塑料有限公司。1999年，京星塑料有限公司实现总产值1288万元，创税利162万元。同年又投资近百万元，买了花园路4号原华埠食品厂，扩建厂区和生产规模。

2000年7月3日，欣华塑料厂破产。京星塑料有限责任公司产塑料400余吨，产值500万元，创税利60余万元。

17. 自来水

1966年建自来水厂，属镇政府集体企业，设4个供水点，总投资0.89万元，职工3人，日供水50吨。1982年，水厂改建在文化弄内，每小时产水194吨，设6个供水点，入户率50%。1988年，县政府批准在六社新建自来水厂，第一期工程日产水5000吨，8月10日开始供水。1993年，自来水厂从省水利厅借款30万元，一次性付给华埠镇政府。1月1日起，自来水厂有偿转让给县水电局管理，更名为华埠供水站。自此，该站的一切业务和扩建技改均由水电局安排。1994年，泵房新建240吨/时的水力循环澄清池一座，新建办公大楼和宿舍楼各一幢（孔埠路）。1997年，供水站、县水电局、镇政府共同投资1200多万元（其中水站投资600万元），在华民村戴家，新建欣欣水电站。

18. 工艺品

——旅游凳。1981年，许家源生产小折凳。截至1984年，共出口小折凳2396打，交货值71447元。

——骨灰盒。1991年，华利公司创办骨灰盒厂。

——纽扣。1997年，方平森在新下村创办新下纽扣厂，占地面积200平方米，职工14人，固定资产7万元，主要生产木制纽扣，产品销上海、义乌。年产值10万元，创税利2万元。

——木雕。1999年3月，胡日阳在华西弄2号开办桐村木雕厂，从业4人，固定资产2万元，生产木雕产品。

——竹珠、凉席。2001年，陈宝昌在孔埠路办开化县阳光竹木工艺厂，职工48人，固定资产20万元，生产凉席和裤夹，年产量80吨，产品销往义乌。同年，华电竹珠厂投产，厂址在东岸桥头，厂长林炳寿，从业20人，固定资产1万元，产品销往宁波。

19. 其他

——韩瓶，产于宋朝末年，产地下界首。青瓷龙窑，窑居婺州窑系。

为敛口、斜肩、短颈、下腹瘦长；平底、底心微凹；胎质灰青，施满青绿釉，釉层薄。

——红烛，万康元生产，还有李氏和华华商店生产三拜烛、对烛，生产延至解放前后。

——煤球，化肥厂和华利公司生产较早。2001年，具有企业法人生产企业3家。

——家用电器，农机修造厂组装。1979年试装梅鹊牌收音机。1985年组装14英寸申宝牌黑白电视机517台。

——弹簧，1999年个体户邱永承办弹簧厂，年产1000张弹簧席梦思及沙发。

第十章

当代工业化进程及"强镇"政策支持

上一章的资料充分表明，华埠镇在历史上就是商贸繁华，工业发达的集镇，拥有一大批化工、电力器材、木糖醇、制茶、制笔等企业，基本形成了行业较齐全、轻重工业比例协调、产品多样化的工业结构。1990 年代以来，华埠镇的工业取得了较快的发展。

一 1990 年以来若干年份的华埠工业发展

1. 1993 年

1993 年全镇完成工业产值 7188 万元，比 1992 年的 3024 万元增长了137.7%；利税总额 410 万元，较上年 178 万元增长了 130.3%，发展速度达到历史最高点，由此华埠镇也荣获县政府工业考核一等奖。镇政府在扶持工业上的主要举措有：

（1）抓好镇办工业。年初镇政府[①]企业办就与 15 家镇办工业企业签订了工业发展目标责任书，把工业发展速度、投入、效益等多项指标落实到各镇办工业企业，制定了相应的奖罚措施。各企业认真按照目标管理责任书来推进工业建设和生产，从而使得镇办工业保持着较快的发展速度。据统计，镇办工业产值实现 2988 万元，比较上年 1788 万元增长 67%；新办镇工业企业3 家（华埠丝厂、开化县胶鞋厂、衢州市华光实业公司），1993 年衢州市医药包装总厂被评为"县明星企业"，开化县工具厂、开化县华民活性炭厂和

---

① 非单独说明，本书的镇政府均为华埠镇党政机构的统称。

浙江开化彩塑总厂被评为"县优秀企业"。

（2）发展壮大村办工业。年初镇政府制定了"关于鼓励发展村办工业的激励机制"，有村工业企业的村，按此文件精神想方设法地争办、办好工业企业。据统计，1993年全镇共有村办工业企业95家，其中新办12家。村办工业产值达到1730万元，增长253%。新办的村企业见下表。

表 10-1　　　　　　　　　华埠镇 1993 年新创办的村办企业

行政村	新办企业	新办家数（家）
华民村	华民造纸厂	1
华阳村	华阳预制厂、东华玻璃马赛克厂、华星竹艺有限公司	3
华丰村	华丰耐火砖厂、开化县轧钢厂	2
华东村	华东标牌厂	1
华西村	华西电工器材厂	1
大郡村	计算机箱壳厂	1
其他		3
合计		12

资料来源：根据华埠镇政府 1994 年《政府工作报告》整理。

（3）私营工业发展。年初镇政府提出思路，之后又召开全镇个体私营工业企业现场会。9月份镇政府提出"把发展民营经济作为当前和今后一个时期经济发展的战略重点和新的生长点"。据工商部门统计，到1993年底，全镇办理营业执照的个体私营工业共有288家，较1992年的222家新增了68家。全镇个体私营工业产值达到2470万元，较上年的745万元增长了232%。华丰村吴月仙创办私营企业衢州市巾帼绣品厂，1993年产值达100余万元，创利税20万元，被评为1993年开化县十大致富标兵之一。

（4）克服资金困难，狠抓技改投入。1993年年初中央采取宏观调控政策后，资金供求矛盾十分突出，一度成为制约工业投放的主要因素。对此，镇政府按照"尽力而为、紧中求治、确保重点、长远发展"的原则，采取向外拆借、向内筹资，督促加强企业内部管理，压缩三项资金等措施，促进一批镇办、村办工业重点项目按期竣工。在农行、信用联社、中行、建行和工行等金融部门支持下，完成技改项目7个，总投资1015万元。

表 10 - 2 　　　　　　　　　　　各类企业的家数及产值

年份	镇工业总产值（万元）				在全镇工业总产值中的比重(%)			利税（万元）	企业家数（家）				其中：新增企业数		
	总计	镇办	村办	私营	镇办	村办	私营		合计	镇办	村办	私营	镇办	村办	私营
1992	3024	1788	491	745	59	16	25	178	320	15	83	222			
1993	7188	2988	1730	2470	42	24	34	410	401	18	95	288	3	12	68

资料来源：2002 年《华埠镇志》。

2. 1996—1998 年

1996—1998 年，全镇分别完成工业总产值 1.28 亿、1.72 亿和 2.01 亿元。1998 年实现利税 1520 万元，比 1997 年增长 22.2%。

（1）以改革为动力，调整工业结构。充分运用兼并、租赁、拍卖、收购、换代返租、破产核销等多种改革形式，对全镇工业企业实行优胜劣汰，优化重组存量资产，壮大优势骨干企业的实力。1996 年资金面临极度困难，镇政府筹措资金，完成了华新溶剂厂的投入，发动全镇干部职工集资 45 万元投资华新溶剂厂，使得该厂总投资额达到 481 万元，1996 年 12 月进入正常生产。同时，抓好"小、微、亏"企业的改制。1997 年建立了华埠镇资产经营公司，进一步盘清资产，明确管理重点，以促进镇集体资产的盘活和保值增值。三年间，对医药包装厂进行了破产、对华光厂及时实施歇业停产的举措，基本达到活制增收和防止集体资产再损失的目的。对火腿厂、木制品厂由集体企业转为私营企业的改制，帮助企业卸掉包袱，调动了经营者的积极性。

（2）发动千家万户，促进个私企业发展。1997 年党的十五大报告肯定个私经济的地位，为其发展创造了良好的氛围。1996—1998 年间，华埠镇新发展个体私营企业 218 家，其中 1998 年新发展 44 家。个私企业总产值 1996 年为 0.8 亿元、1997 年为 1.07 亿元、1998 年为 1.25 亿元，三年来占全镇工业总产值的比重稳定在 62%。个私经济实现利税总额 1062 万元，占全镇利税的 70%。

（3）利用区域优势，外引内联，壮大工业实力。引导各投资主体适时转变投资策略，主动寻求联合。如彩塑厂通过租赁等形式与开化县二轻活性炭厂、浙西轮翻新厂组成联合经营体，1998 年又另外合资兴办了灯泡厂。镇资产经营公司先后与交通实业公司、水电实业公司联合兴办铅笔厂，建造水电站等。

（4）加强企业管理，清收欠款，盘活存量，增加技改投入。如1996年内共回收旧欠款140余万元，使得部分企业资金困难的局面得到一定缓解。针对工业经济发展中的问题，镇政府提出"远学邯钢，近学化肥厂"的口号，以促进企业整体素质的提高。在企业中采取风险金抵押、销售数量、资金回笼的营销责任制，安全生产专人负责和网络管理责任制，生产成本、产品质量、产品数量、联产计酬考核责任制等一系列企业管理措施。调整企业领导、进行职工上岗培训。实施财务考核制度、物资进出库验收审批的领料制度等，减少财务管理费用，加快资金周转速度。1997年市场是典型的买方市场，镇政府加强了对企业营销队伍的数量充实和素质提高建设，发扬"千辛万苦、千山万水、千言万语、千方百计"的"四千"精神，以促进企业产品的市场占有率。鼓励各界人士与华埠进行投资和合作，加强全镇技改的力度，1996—1998年分别投入技改资金635万、566万、710万，合计为1911万元。

3. 1999—2001 年

（1）创建化工材料专业工业园区，改善投资环境，提高产业层次，加速产业集聚发展。全面启动绝缘材料专业园区的开发和建设工作，2001年8月该工业园区被列为省级省批乡镇46个工业专业园区之一。整个园区在205国道与华封扶贫路交界处，规划面积2600亩，首期开发600亩，2001年底前已完成了土地征用、平面图测绘，第一期40亩土地平整工作，排污管道铺设、招商引资进展顺利，初步意向入园区企业15家，已入园3家。

（2）实施集体企业改制。华新溶剂厂、华建公司、七建公司进行了改制，华埠欣欣电站进行了一次性股权转让。通过改革，这几家企业的债权和债务已基本处理完毕，新组建的企业正常运转，尤其是华新厂、华建公司实施破产后，有效资产已经重新发挥作用。

（3）个体私营经济发展和招商引资。为企业发展服务，镇政府成立了企业促进中心、个私企业服务站，并出台了鼓励个私企业发展的若干政策。在招商引资方面，1999—2001年间，新发展个体私营企业107家，其中外资独资企业2家，实现产值4216万元，完成利税总额304万元，顺利投产了新华有机化工厂丙酮、硅醚项目，三合化工有限公司氯化钙项目，利用原二轻活性炭厂闲置厂房引进一家生产氯化钙的化工企业和一家中药材加工等项目。

（4）家庭来料加工业的纵深发展。重点是工艺纸、墙布、低压电器三个项目。工艺纸经过发展，已经在华埠镇扎根并形成规模，固定加工人数达376人。低压电器装配来料加工型企业逐步形成。已经有七一电器公司、金刚五金电器有限公司、开化县钱江胖胶木电器厂等龙头企业。

（5）土地、建房等方面。镇政府加强与改制后的华康药厂、县化肥厂、木材厂等县重点骨干企业的联系和合作，对于企业发展过程中需要审批土地、建房等方面提供便利，做好服务工作。

二 2003 年以来的"强镇建设"：加速工业化及政府行为

同大量发展中经济体一样，华埠镇的加速工业化历程中，政府的主动型干预或"市场增进"政策起着极为重要的作用。从华埠镇近年的数据、镇政府经济工作重点可以清楚地得出这一结论。随着 2003 年经济强镇建设的启动，华埠镇坚持"主攻工业不动摇，做强特色产业"，通过"以情招商、以商招商"，培育产业集聚群，扩大工业功能区，优化投资发展环境，整合闲置资源，创建中小企业创业基地（已成为"华埠模式"受国家发改委肯定并移植东北），做大做强特色优势产业，形成了以华埠镇为中心，205 国道和317 省道为两轴的"V"形经济带。目前已形成了有机硅、木糖醇、竹木深加工、医药、化工、电器等特色产业，有目前国内最大的专业木糖醇生产企业浙江华康药业有限公司，位居亚洲第一，世界第二；有省级高新技术企业浙江七一电力器材有限责任公司、浙江硅宏电子科技有限公司、浙江华和五金有限公司、浙江北极狼针织有限公司等一批创新型企业。

经过努力，工业企业从 1978 年的 38 家，增加到现有各类大小企业 530多家，规模以上企业从零开始达到 23 家，其中超亿元企业 3 家；工业销售收入由 6.45 万元增长到 13.72 亿元；实缴税金从 0.53 万元，增加到 6449 万元。目前，华埠镇正规划实施"88928"工程，力争通过五年努力，培育年销售收入超亿元的企业 8 家，其中华康药厂年销售收入达到 5 亿—8 亿元，小硅谷达 3 亿元，清华化工达 2.5 亿元，北极狼达 2 亿元；销售收入超 5000万元的企业 8 家，年销售收入超 1000 万元的企业 9 家，年销售收入突破 500万元的企业有 28 家，力争规模企业达到 53 家，年销售收入达到 30 亿元，全镇工业企业年销售收入达到 35 亿元。以下是历年发展情况。

1. 2003 年

当年全年实现工业总产值 4.88 亿元，同比增长 22.7%，其中规模以上工业企业实现总值 1.9455 亿元，实现税金 1745 万元，实现利润 1550 万元。工业增加值 1.1 亿元，比较上年增长 30.56%，工业投资 1.3632 亿元。

实施工业发展"22813"工程，即年销售超亿元，利税超千万元企业 2 家，年销售额超 5 千万元企业 2 家，年销售额超千万元企业 8 家，年销售超过 500 万元规模企业 13 家，优势骨干企业的主导地位进一步得以巩固。镇政府建立健全相应的服务体系，为骨干企业单独建立台账，实行动态管理，对企业发展所需要的生产要素重点倾斜，沟通银企合作，帮助企业引进各类急需的专家、人才。清华化工、华康药业、七一电力器材公司等企业经营较好，发展较快。

工业园区建设有所加快。按照开化生态工业园区的发展规模，新开发土地 386 亩，出让 100 亩，累计完成基础设施投资额 2050 万元。随着园区基础设施环境的不断改善，园区集聚企业能力明显增强。2003 年全年协议入园企业 12 家，其中市 6 家。已投产企业 10 家，园区招商到位资金 3363 万元，其中市外资金 2390 万元。协议入园企业固定资产投资 5791 万元，实际完成 6454 万元。同时镇政府积极配合县政府建设硅电子基地，完成了 1006 亩的土地征用任务。

以开化县"招商引资年"和"项目推进年"的深入开展为契机，华埠镇借力发展，提高对外开放水平。通过全员招商、定向招商、网络招商、以商招商，层层下达招商任务，实行招商项目领导联系制，做到主要领导亲自抓，分管领导具体抓，全体干部分头抓，社会各界配合抓，全镇上下形成了人人都是招商主体，人人都是投资环境的良好氛围，招商引资活动取得了实质性进展。镇政府成立招商小分队分别到义乌、嘉善、富阳、温州、杭州和宁波等发达地区开展招商。创新招商方式，开通开化县首个"招商网"，精心包装工业、城建、农业、文化等项目，网络招商初显成效。2003 年全年华埠镇引进千万元以上的项目 6 个，500 万元以上项目 8 个，县外协议资金 5.2404 亿元，实际到位资金 6400 万元，其中的杭州热电、水泥大型项目，投资达 3.5 亿元，为历史最大投资。

自 2003 年 1 月 1 日华埠被确立为经济强镇以来，已先后引进县外投资项目 72 个，引进资金 6.5 亿元。2003 年全镇外贸出口达 1.7 亿元，比 2002

年增长 13 倍。

2. 2004 年

2004 年华埠镇实现工业总产值 7.0155 亿元,工业销售收入 6.2114 元,规模以上工业企业实现总产值 2.6363 亿元,比上年增长 35.5%。实现税金 1541 万元,实现利润 2288 万元。工业增加值 1.5035 亿元,工业投资 1.1915 亿元,新建工业企业 16 家。

产业聚集成为全力主攻工业的着力点,工业集聚区建设进一步加快。一期 150 亩土地已经完成开发,有 7 家企业落户,4 家企业开工投产,3 家企业在建,投产企业 2004 年实现工业产值 1700 多万元,特别是深圳华和五金、小硅谷等企业发展迅速。2004 年完成对工业集聚区投入达 5493 万元,二期 100 亩土地平整工程抓紧推进,工业发展空间得到进一步拓宽,集聚能力有所增强。

继续推进"22813"工程,重点扶持优势企业。外向型经济发展较快,2004 年全镇实现出口产品额超过亿元,华康药业和清华化工丙家企业年销售额均超亿元,其中华康药业全年自营出口达 1100 万美元,成为开化县首家出口超过千万美元的企业;七一电力器材加大技术改造投入,产生了显著效益。华埠镇已初步形成一批如高低压电品、木糖醇、有机硅系列产品、小五金及名优特产加工等特色优势产业,市场占有率不断提高。

在招商引资和项目推进方面,实行镇领导联系项目工作制,分解任务,落实责任,为在建项目做好生产前、生产中、生产后的全程服务,努力提高项目履约率、资金到位率、开工率和投产率。2004 年总共有 35 个在建项目,其中小硅谷项目总投资 1679 万元,其一期工程投资 600 万基本完成。华和五金项目投产后,产品外贸订单不断,月销售额达到 200 多万元。北极狼招商项目的 3500 万投资得到落实。浙西商贸城、润和家园、彩虹园等项目已经全部动工。

招商引资采取"走出去、引进来"的办法,成立招商小分队主动参加各类招商活动。针对用地审批困难、土地供应紧张的局面,华埠镇调整招商引资策略,由"产业招商为主"向"产业招商与资源招商并重"的方向转变。盘活空闲场地,采取租赁等办法,力求紧中求活,难中推进,落实了行星电子材料、新华有机化工等 5 家企业。进一步完善招商激励政策,强化责任和考核,通过全员招商、组团招商、以商招商、以企招商,招商引资取得了新成效，2004年协议完成招商引资2.9588亿元，实现到位资金1.6169亿元。

3.2006年

加大固定资产投资和技改力度，华埠工业化加速发展。国有、集体工业企业改革基本完成。实施借力发展战略，积极融入长三角，对接山海协作，承接发达地区的产业转移，以大开放促进大发展。积极组织经济主体参加广交会、义博会、上海·开化龙顶茶暨生态旅游推介会等活动。充分运用经济强镇的政策优势，加大集聚区投资力度，完善集聚区功能，优化服务环境，包装招商项目，创新招商方式，相继引进了一批对经济增长有重要支撑作用的发展项目，为华埠镇经济社会发展注入了新的生机和活力。2002—2006年间累计引进县外资金4.2亿元，年均增长45.6%，其中千万元以上项目15个，500万元以上项目20个，外贸出口大幅增长，五年累计完成外贸出口6.5亿元，年均增长64.1%，2006年全镇外贸出口达到1.4亿元，比2002年增长11倍。

工业经济呈现快速发展态势。有机硅、单晶硅、竹木深加工、医药、化工、电器等产业成为华埠优势特色产业，一大批企业在改制中焕发了活力，得到快速发展。在完成"22813"工程的基础上，大力实施"88928"工程（即培育年销售收入超亿元企业8家，销售收入超5000万元企业8家，年销售收入超1000万元企业9家，销售收入超500万元企业28家）。

经过五年的强镇发展，工业固定资产投资由2002年的4711万元增长到3.32亿元，年均递增65.6%，工业增加值由8400万元增长到2.9亿元，年均递增33.7%；工业销售收入由4.7亿元增长到11.8亿元，年均递增38.6%。累计新建固定资产投资超1000万元的工业项目12个，实施重点工业技改项目10个。2006年全镇共有各类大小企业518家，规模以上企业达到18家，其中超亿元企业2家，超5000万元企业2家，超1000万元企业4家，超500万元企业10家。

工业集聚区初显集聚效应。截至2006年完成土地开发360亩，引进企业10家，为经济发展构建了坚实的平台，其中华埠中小企业创业基地，成为加快经济发展的重要载体。

图 10 - 1　工业园区一角

4. 2007 年

华埠镇第一、二、三产业结构趋于合理，产业支撑进一步增强。坚持"主攻工业不动摇"，进一步提升了产业支撑力。

一是继续通过抓投入、抓特色、抓优扶强，做大做强工业经济，培育有机硅、单晶硅、木糖醇等特色主导产业。新增规模企业 5 家，达到 23 家，全年工业销售额突破 14 亿元，其中规模以上企业达到 7.8 亿元。

二是通过加快工业功能区建设，解决工业发展的要素制约瓶颈。完成华埠工业功能区第三期华埠中学后面叶家岭地块 167 亩"三通一平"及永丰村地块 120 亩土地征用；完成华康药厂扩建项目 100 多亩土地的"三通一平"工作，并预留 300 亩土地为公司下一阶段发展预留空间；规划落实杨村、王家、封家、新岩等村 4000 亩有机硅产业基地，首期 2500 亩已完成征地前期准备工作。

三是超额完成招商引资工作任务，2007 年，招商引资实际到位资金 1.17 亿元，完成目标任务的 195%，引进千万元以上的项目 5 个。

四是强力推进工业重点建设项目，华康药业、七一电器、硅宏电子、华兴电子、新莹玻璃工艺、易晓食品、宏龙粮油等 510 工程项目和镇重点项目基本完成建设任务。2007 年，华埠镇小企业创业基地被列入中央预算内投资计划，成为国家级"小企业创业基地"，成为促进华埠发展的又一张"金名片"。

表 10 - 3 开化县硅电子材料生产企业名单

编号	企业名称	主要产品	实施地	单晶炉（台）	多线切割机（台）
1	万向硅峰电子股份有限公司	Φ76.2—200mmCZ 硅 单 晶，Φ76.2—50mm 重掺砷、锑、硼硅单晶，Φ76.2—200mm 硅单晶切割、研磨片及 Φ76.2—150mm 硅单晶单面和双面抛光片等	工业园区	32	6
2	浙江金西园科技有限公司	Φ76.2—150mm 硅单晶棒、硅片	工业园区	11	3
3	浙江矽盛电子有限公司	Φ76.2—150mm 硅单晶棒、太阳能硅电池片	工业园区	12	4
4	浙江硅宏电子科技有限公司	Φ76.2—150mm 硅单晶棒	华埠镇	20	2
5	浙江华友电子有限公司	Φ76.2—150mm 硅单晶棒、太阳能硅电池片	工业园区	13	3
6	开化模具厂	Φ50—100mm 硅单切片	华埠镇		
7	京星塑料有限公司	Φ50 硅单晶棒、切片	华埠镇	3	
8	高晶电子有限责任公司	Φ50—100mm 硅单切片	城关镇		
9	浙江凯悦电子有限公司	Φ76.2—150mm 硅单晶棒线切片	工业园区		3
10	开化高琪电子有限公司	Φ76.2—150mm 硅单晶棒	工业园区	2	
11	浙江开化同力电子科技有限公司	Φ76.2—150mm 硅单晶棒	城关镇	8	
12	浙江成昇电子科技有限公司	选料（各种多晶）	音坑、华埠		
13	浙江诚泰电子科技有限公司	多用途硅单晶（Φ150—200mm）（已备案、筹建）	工业园区	6	

续表

编号	企业名称	主要产品	实施地	单晶炉（台）	多线切割机（台）
14	浙江荣马电子科技有限公司	Φ76.2—150mm硅单晶棒、片	工业园区		
15	浙江晶岛电子科技有限公司	Φ150—200mm硅单晶棒、片	工业园区		
16	浙江华盛模具科技有限公司	研磨用游轮片	工业园区		
17	浙江开化晶源石英制品有限公司	电子级石英坩埚	华埠封家		
18	浙江汇金电子科技有限公司	太阳能电池	工业园区	4	
19	浙江新竹半导体材料有限公司	硅再生利用、φ76.2—150mm硅单晶棒、片	华埠封家		
20	浙江明峰电子科技有限公司	6″—8″硅单晶棒	工业园区		
21	浙江星宇电子科技有限公司	6″—8″硅单晶棒	工业园区	5	1
22	浙江宏晟电子科技有限公司	Φ150—200mm硅单晶系列产品	工业园区		2
23	浙江开化金箭科技有限公司	硅片分选，硅材料提纯，高阻硅单晶	池淮镇		
24	浙江宏嘉电子有限公司	6″—8″硅单晶棒、片	城关镇	2	
25	浙江海峰电子科技有限公司	6″—8″硅单晶棒	工业园区	2	
26	张柏钧	6″—8″硅单晶棒	城关镇	3	
合计		123		24	

资料来源：华埠镇政府。

5. 2008 年

2008 年上半年，全镇工业经济保持快速发展的好势头；下半年，国际金

图 10 - 2　硅宏电子厂区

融危机对华埠镇两硅、木糖醇等重点产业及一批关联行业造成负面影响，部分企业运行困难，增幅回落。对此，镇政府坚持"主攻工业不动摇"，确保经济持续稳定健康发展。

一是积极培育特色主导产业，做大做强工业经济，新增规模企业 5 家，规模企业达到 28 家，全年工业销售额突破 17 亿元，较上年同期增长 12.8%，其中，规模以上工业企业完成 9.7 亿元，较上年同期增长 21.6%。

二是加快建设工业功能区，缓解工业发展平台要素制约。有机硅基地开发建设，一期 2500 亩，涉及征地农户 443 户，拆迁 11 户，迁移坟墓 200 多座。项目前期的征地、拆迁户安置、迁移坟墓、征地款发放、各类矛盾调解等政策处理工作在 2008 年进入扫尾阶段，完成供电专线架设及 1000 亩土地平整项目工程的招投标程序，土地平整已经启动。叶家岭工业功能区引进的格莱民项目，完成了一期项目的厂房建设。永丰工业功能区完成了一期"三通一平"，落实 4 家企业。奥斯佳电子科技有限公司、鸿郡古典家具有限公司、衢州鑫松树脂有限公司已经动工兴建厂房。中小企业创业基地进行环境综合整治和电力线路履行，工业功能区基础设施配套进一步完善。

三是大力实施招商引资一号工程。2008 年，招商引资实际到位资金 1.202 亿元，完成目标任务的 200.3%，引进千万元以上的项目 6 个。

四是强力推进工业重点建设项目。全年新建、扩建工业项目 29 个，总投资 5.5 亿元，华康药业麦芽糖醇、三创电镀、晶源电子、成兴化工技改、凯瑞科技扩建、清华公司节能减排技改、硅宏电子年产 600 万片硅片生产

图 10 - 3 一片徽派建筑群，令人很难相信这是工厂车间

线、华达糖果棒棒糖等 8 个项目竣工投产，在建项目有七一电器、华兴电子、奥斯佳电子、鸿郡仿古家具、格莱民、华胜制鞋扩建、鑫松树脂 7 个项目。2008 年，华埠镇被列为"浙江省可持续发展实验区"，成为华埠发展的又一张"金名片"。

6. 2009 年

2009 年，面对国际金融危机和急剧变化的经济形势，华埠镇经济社会发展经受了前所未有的挑战和考验。全镇实现地区生产总值 8.47 亿元，同比增长 2.1%；工业总产值达到 17.85 亿元，其中规模以上企业完成 11.06 亿元；全社会固定资产投资达到 6.63 亿元，同比下降 20.8%。其中，工业固定资产投资达到 4.22 亿元，同比下降 23.6%。为力保工业经济平稳增长，华埠镇的应对措施主要有：

积极培育主导产业。按照总量调大、产业调强、结构调优、效益调高的要求，抓住重点行业和龙头企业。认真落实开化县各项产业政策，引导各生产要素向优势行业、龙头企业集聚，集中力量扶持华康、清华、七一、硅宏等一批产业龙头企业；同时在政策、服务上给予倾斜，及时掌握企业运行态势，为企业解决发展中的困难和存在的问题。全年新发展工业企业 12 家，新培育发展规模企业 5 家（杜康茶叶、华茂制笔、鑫源精细化工、海宇润滑油、裕兴五金），规模以上企业总数达到30家，其中500万—1000万的企业11家，1000万—5000万的企业14家，5000万—1亿的企业1家，亿元以上企业4家。

狠抓项目落地。进一步完善项目工作机制，以项目工作小组为抓手，全力推进项目建设。在项目工作中，依托华埠镇优势产业，引导项目入园，促进优势产业集群发展，实行项目工作小组全程服务，实行分类管理，统一调度，确保项目顺利竣工投产。2009年新、扩建工业项目23个，总投资7.6亿元，其中竣工投产项目有开化格莱民硅业有限公司硅橡胶生产线、开化奥特斯印刷有限公司高档彩色印刷包装生产线、开化县鸿郡家具有限公司年产25000套仿古家具生产线等9个，在建项目有十通家具、华胜制鞋、鑫松树脂等14个，利用闲置厂房落实项目有博莱特香料、华越硅科技等6个。

狠抓招商引资。创新机制体制，组建招商分局，强化招商力量，完善考核办法，多形式、全方位开展招商引资，多次赴宁波、温州、东阳、义乌、杭州以及山东等地开展招商活动，并于6月份与宁波江北对接成功开展了投资环境洽谈推介会，取得了明显成效。全年引进各类项目36个，落地开工建设项目12个，完成招商引资29735万元。

加快推进平台建设。华埠镇是开化县工业平台建设和招商引资的主战场之一，随着土地制约的日益严峻，拿什么让项目落地？拿什么保持开化经济发展的后劲？这成为摆在华埠镇党委、政府乃至开化县委、县政府面前的一大课题。要进来的企业很多，但苦于没有土地，于是向山地要空间，削峰填谷、劈山整地就成了没有办法的办法。华埠镇工业功能区杨村片区平台建设随之启动。该工业功能区坐落在205国道旁，规划面积4000亩，分三期进行建设，这是一个高起点规划、高水平建设、高要求服务的低坡缓丘工业园区。镇政府组建专门工作班子，全力推进杨村工业功能区一期平台建设。2009年内杨村工业功能区一期1100亩土地平整完成工程量的98%，产业布局规划、基础设施规划、水土保持方案、环评、控制性详规完成初步评审，谈成意向入园项目22个，首个入园项目衢州华夏化肥科技有限公司已于今年3月15日完成落地开工典礼。

同时，盘活现有土地资源，华锋工业小区（叶家岭）预排落地项目5个，引进的格莱民项目，完成了一期项目的厂房建设，一个车间的生产线投入生产。永丰工业功能区完成了一期"三通一平"，落实5家企业，3家在建，奥斯佳电子科技公司、鸿郡家具有限公司已完成厂房建设。

图 10 - 4　正在开发中的杨村新工业园区

7. 2010 年

"高标准"推进工业平台建设。2010 年以"高起点规划、高标准建设、高速度发展"为目标，把工业平台建设作为首要任务，举全镇之力加快推进工业功能区平台建设。坚持规划引领，全面完成功能区杨村片区控制性详细规划、产业布局规划、水土保持方案、环评和基础设施施工设计等相关工作。加快推进杨村片区基础设施建设，全面完成一期 1300 亩土地平整工程，完成土石方量 350 余万立方米，新增土地面积 300 多亩；完成杨村片区一期道路工程招投标工作，并进场动工建设；完成杨村片区二期 1200 亩土地征收，并开始相关政策处理工作。基本完成杨村片区临时供水、供电工程。完成工业功能区叶家岭片区污水管道工程和永丰片区污水管道及自来水工程等基础配套设施建设。完成土地利用总体规划修编，通过科学规划，集中指标，为工业功能区划出 720 亩允许建设区指标，基本破解了制约工业发展的土地要素瓶颈。

"高质量"开展招商引资工作。坚持招商引资"一号工程"、"一把手抓"、"一票否决"不动摇，完善招商引资工作考核办法。通过多种途径合力招商，形成浓厚的招商氛围。建立健全项目决策咨询制度，规范项目落地程序。根据华埠工业功能区产业布局规划和平台建设进度要求，做好重点项目的沟通衔接，谋划引进大项目、好项目。多次赴杭州、宁波、温州、东阳、绍兴等地洽谈招商引资项目，吸引了外地客商、商会来华埠镇考察。全年完成招商引资 4.8 亿元，其中自引 2.7 亿元，接纳 2.1 亿元。全年新入园工业项目 24 个，其中投入在亿元以上项目 3 个；5000 万以上项目 2个；3000 万以上项目 8 个；1000 万以上项目 11 个。从项目实施数量及建设资金投入来看，均创历史最高。同时，有 24 个新招商引资项目上报县招商局咨询、备案。

"高速度"推进项目建设。按照建设大平台、大产业、大项目、大企业、大环境"五大"要求，对全年要实施的 50 个重点项目进行分类梳理，落实班子成员联系项目制度，加快项目落地与建设步伐，做到引进项目抓开工、竣工项目抓投产、投产项目抓增资。其中，硅宏电子、十通家具、兴科硅业、鑫松树脂、鸿郡家具、华胜制鞋、奥斯佳电子、华欣彩印、锦新建筑材料 9 个项目已竣工投产；奥斯佳电子、鸿郡家具、兴科硅业、锦新建筑材料、晶朝电子 5 个新落地项目投产当年实现 500 万元以上产值，为华埠镇工业经济的快速发展注入了新的活力。

"高效率"服务扶持企业。完善工业企业服务机制。实施服务企业现场办公制度，帮助七一电器等企业现场解决了扩大生产、新项目上马的厂房等问题。全年累计为 67 个企业、项目争取到上级补助资金 569.85 万元。全力以赴做好现有企业的扶持工作。对于华康、七一、硅宏等一批产业龙头企业，强化产业政策导向，提升企业市场竞争力，支持其进一步做大做强。硅宏电子年产 1200 万片高效太阳能单晶硅片生产线技改项目基本完成；七一电器年产 10 万套出口高压绝缘件生产线技改项目一期投产，正在筹备二期建设。建立规模企业经济运行情况调查分析制度。坚持做到每月一分析，一季度一小结，半年一总结，从产值、销售、利润等方面进行调查分析，及时了解规模企业运行状况，找准影响工业经济发展的主要因素，并制定对策。全年新增规模企业 11 家。

三　实施"强镇计划"以来的微观企业发展（问卷调查）

从本课题组的 2009 年问卷调查所获得的数据看，华埠镇的加速工业化在微观层面上取得了极其明显的效果。

图 10 - 5　华埠镇政府大厅一角

1. 企业数量

2003 年以来,华埠镇的企业数量增长较快。2008 年全镇的各类企业数量(全部为私营企业)为 2770 家,比 2003 年的 2337 家增加了 433 家,增长 18%。每年平均增加 86 家企业。

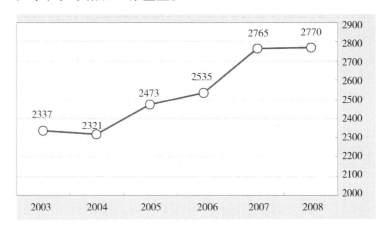

图 10 - 6　华埠镇近年企业数量(单位:个)

数据来源:华埠镇工业办,课题组问卷调查。

2. 投资规模

从企业的投资规模看,近六年保持了比较快的增长速度。2003—2008 年的投资规模分别为 1.2852 亿、1.7408 亿、3.0113 亿、3.6344 亿、3.8777 亿、5.526 亿元，年均增长速度达到 36%。

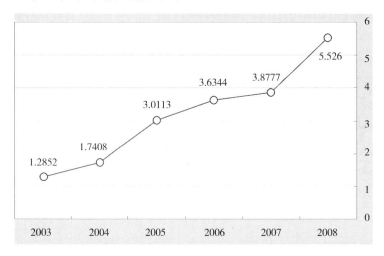

图 10 − 7 企业的投资规模（单位：亿元）

数据来源：华埠镇工业办，本课题组问卷调查。

3. 所有权性质与企业产值

问卷调查数据显示，华埠镇的企业均为私营企业，没有其他性质的企业。2003 年，所有企业的产值为 6.25 亿元；到 2008 年，已增至 22.7 亿元。六年间增长了 2.5 倍。

表 10 − 4 所有权性质与企业产值 单位：万元

年度	总计	国有	集体	私营	联营	外商及港澳台投资企业
2003	62467			62467		
2004	80436			80436		
2005	118208			118208		
2006	119286			119286		
2007	176200			176200		
2008	227165			227165		

4. 产业格局

从产业分布看：

（1）2003 年以来增加数量最多的是工业企业，显示出"工业导向"的经济增长过程。2008 年工业企业数量为 608 家，比 2003 年的 299 家增加了 209 家，年均增加约 51 家。在总企业数量中的比重，也相应从 2003 年的 12.8%，增至 2008 年的约 22%，六年间增长 9.16 个百分点。

（2）企业数量增加速度排在第二位的是除工业、建筑业、交通运输、批发零售餐饮业外的其他经济部门，六年间数量增加了 198 家，达到 2008 年的 502 家。

（3）建筑业、交通运输、批发零售等几大经济部门的企业数量没有大的变动（甚至略有减少）。

（4）尽管批发零售业的企业绝对数量从 2003 年的 1286 家（占 55%），减少至 2008 年的 1216 家（占 44%），数量减少了 70 家（减少 11 个百分点），但就数量而言仍是华埠企业的重要组成部分，在某种程度上也反映出华埠作为浙、闽、赣三省交界重镇在商贸方面的地位。

表 10-5　　　　　华埠镇主要产业部门的企业数量　　　　　单位：个

年度	总计	工业	建筑业	交通运输业	批发零售餐饮业	其他行业	工业	建筑业	交通运输业	批发零售餐饮业	其他行业
2003	2337	299	2	446	1286	304	12.79	0.086	19.08	55.03	13.01
2004	2321	307	2	450	1287	275	13.23	0.086	19.39	55.45	11.85
2005	2473	454	2	414	1128	475	18.36	0.081	16.74	45.61	19.21
2006	2535	468	2	426	1154	485	18.46	0.079	16.80	45.52	19.13
2007	2765	608	2	438	1214	503	21.99	0.072	15.84	43.91	18.19
2008	2770	608	2	442	1216	502	21.95	0.072	15.96	43.90	18.12
2003—2008	433	309	0	-4	-70	198	9.16	-0.01	-3.13	-11.13	5.11

资料来源：华埠镇工业办，课题组问卷调查。

5. 各产业的产值或营业收入、进出口

2003—2008 年，华埠各类企业的产值从 6.25 亿增至 22.7 亿，年平均增长 52.7%。其中，工业企业产值从 4.88 亿元增至 18.2 亿元，年均增长 54.6%；建筑业产值从 5715 万元，增至 2.1 亿元，年均增长 53.5%；交通运输业从 2265 万元，增至 6500 万元，年均增长 37.4%；批发零售餐饮业从 3692 万元，增至 1.77 亿元，年均增长 76%。不过，在企业总产值中的比重，五年来各经济部门保持了大致稳定，分别是工业 80%、建筑业 9%、交通运输业 3%、批发零售餐饮业 7.8%。相对而言，批发零售餐饮业发展要快些。

表 10 - 6　　　　　　　　　　各产业的产值或营业收入

年度	产值或营业收入（万元）						在总产值中的比重（%）				
	总计	工业	建筑业	交通运输业	批发零售餐饮业	其他行业	工业	建筑业	交通运输业	批发零售餐饮业	其他行业
2003	62467	48800	5715	2265	3692	1995	78.1	9.1	3.6	5.9	3.2
2004	80436	65155	7630	2880	4790		81.0	9.5	3.6	6.0	
2005	118208	100524	7762	3552	6370		85.0	6.6	3.0	5.4	
2006	119286	93969	13172	3470	8675		78.8	11.0	2.9	7.3	
2007	176200	140852	18348	4910	12090		79.9	10.4	2.8	6.9	
2008	227165	181945	20995	6500	17725		80.1	9.2	2.9	7.8	
年增长（%）	52.7	54.6	53.5	37.4	76.0	年平均（%）	80.5	9.3	3.1	6.5	

资料来源：华埠镇工业办，课题组问卷调查。

从进出口看，华埠 2003—2008 年只有产品出口而无进口。出口全部是由第二产业也就是工业部门贡献的。2003 年出口额为 8653 万元，到 2007 年已达到 3.27 亿元，2008 年受国际金融危机影响略有下降，为 2.89 亿元。

表 10 - 7　　　　　　　　各产业的进出口额（2003—2008）　　　　　单位：万元

年度	进出口总额	进口额				出口额			
		总计	第一产业	第二产业	第三产业	总计	第一产业	第二产业	第三产业
2003						8653		8653	
2004						10532		10532	
2005						20229		20229	
2006						23000		23000	
2007						32693		32693	
2008						28873		28873	

资料来源：华埠镇工业办，课题组问卷调查。

6. 主要企业经济指标（2003—2008）

表 10 - 8　　　　　　　　2003 年主要企业经济指标　　　　　　　　单位：万元

序号	企业名称	总产值	资产总计	营业收入	利润总额	上缴税金	出口额	从业人员（人）
1	浙江华康药业股份有限公司	8555	7627	8519	101	726	6727	211
2	开化县清华化工有限公司	6700	5008	5846	97	381		362
3	浙江省开化七一电力器材有限责任公司	2438	1428	1756	- 30	36		67

表 10 - 9　　　　　　　　2004 年主要企业经济指标　　　　　　　　单位：万元

序号	企业名称	总产值	资产总计	营业收入	利润总额	上缴税金	出口额	从业人员（人）
1	浙江华康药业股份有限公司	10923	9384	11002	401	121	7758	393
2	开化县清华化工有限公司	9444	5369	8530	403	573		410
3	浙江省开化七一电力器材有限责任公司	3006	1936	2057	34	38		67

表 10 - 10　　　　　　　　2005 年主要企业经济指标　　　　　　　单位：万元

排序	企业名称	总产值	资产总计	营业收入	利润总额	上缴税金	出口额	从业人员（人）
1	浙江华康药业股份有限公司	16040	11442	16648	1601	1091	12130	415
2	开化县清华化工有限公司	9733	7012	7895	91	427		432
3	浙江省开化七一电力器材有限责任公司	3710	2373	2468	30	46		75
4	浙江华和五金制品有限公司	4048	2459	4103	52		3860	230

表 10 - 11　　　　　　　　2006 年主要企业经济指标　　　　　　　单位：万元

序号	企业名称	总产值	资产总计	营业收入	利润总额	上缴税金	出口额	从业人员（人）
1	浙江华康药业股份有限公司	17339	14501	18230	871	1158	13190	400
2	开化县清华化工有限公司	9618	7214	10042	70	719		432
3	浙江省开化七一电力器材有限责任公司	5349	3464	3409	46	67		76
4	浙江华和五金制品有限公司	5191	1912	5077	4		5065	260
5	硅宏电子科技有限公司	6121	3279	5389	179	267		45
6	浙江同春工贸有限公司	2030	2403	2173	57	79	369	150

表 10 - 12　　　　　　　2007 年主要企业经济指标　　　　　单位：万元

序号	企业名称	总产值	资产总计	营业收入	利润总额	上缴税金	出口额	从业人员（人）
1	浙江华康药业股份有限公司	24303	28888	26610	3717	3365		286
2	开化县清华化工有限公司	11548	7272	11655	12	740		430
3	浙江省开化七一电力器材有限责任公司	7009	3406	3825	77	97		76
4	浙江华和五金制品有限公司	5075	2413	5037	53	60		270
5	硅宏电子科技有限公司	10152	6285	10167	550	530		100
6	浙江同春工贸有限公司	3176	2148	3103	16	61		120
7	浙江北极狼针织有限公司	2538	8451	2254	4	70		92
8	衢州埃菲姆化工有限公司	1727	771	1776	54	52		25
9	开化方元硅业有限公司	2575	389	2224	8	6		8
10	开化康辉医化有限公司	3765	2118	3141	7	45		49
11	开化华胜制鞋有限公司	1350	250	1350	8	57		42

表 10 - 13　　　　　　　2008 年主要企业经济指标　　　　　单位：万元

序号	企业名称	总产值	资产总计	营业收入	利润总额	上缴税金	出口额	从业人员（人）
1	浙江华康药业股份有限公司	18795	36099	19386	1499	1282	11345	334
2	开化县清华化工有限公司	14181	8230	12216	75	648		426

续表

序号	企业名称	总产值	资产总计	营业收入	利润总额	上缴税金	出口额	从业人员（人）
3	浙江省开化七一电力器材有限责任公司	8426	4741	5494	129	206		85
4	浙江华和五金制品有限公司	6461	2244	6420	32	140	6420	300
5	硅宏电子科技有限公司	18674	6902	16732	547	535		120
6	浙江同春工贸有限公司	3170	2974	3260	17	85	1193	100
7	浙江北极狼针织有限公司	6294	9592	5863	61	231	4690	122
8	衢州埃菲姆化工有限公司	1825	591	1765	18	50		26
9	开化方元硅业有限公司	6083	901	5200	8	28		8
10	开化康辉医化有限公司	2777	1689	2375	-12	30		48
11	开化华胜制鞋有限公司	1998	1219	1998	14	38	1998	54
12	开化河星鞋业有限公司	1115	757	1357	32	40	1357	120

资料来源：华埠镇工业办，课题组问卷调查。

说明：华康药业年产 10 万吨果葡糖浆项目于 2010 年 12 月破土动工，整个项目包括新建 35 吨循环流化床锅炉、果葡糖浆车间、成品灌装车间等各项工程，总投资 8000 多万元。项目投产后，新增年销售收入 3.5 亿元以上，成为华康企业一个重要的经济增长点。目前，华康已形成以玉米芯、淀粉为主要原料进行加工的木糖醇、麦芽糖醇等系列产品，年产 10 万吨果葡糖浆项目的竣工投产，丰富了企业现有的产品结构，进一步拓宽了公司的产品线，企业力争在未来三年内形成年产 2 万吨结晶果糖、2 万吨结晶山梨醇和 5000 吨结晶甘露糖醇的生产能力。

图 10 - 8 华康药业年产 10 万吨果葡糖浆项目竣工投产

第三部分

社区与生活：乡镇都市化进程

第十一章

华埠的城市化图景

一 全国及浙江的城市化大背景

城市化是人口空间集聚、经济发展、社会进步、基础设施建设、生态环境保护等多种因素综合动态发展的过程，有着丰富而深刻的内涵，随着一国或某地区经济水平的发展，必然伴随着城市化水平的不断提升。最近三十多年，中国城市数量持续增长，城市体系和功能不断完善。第六次全国人口普查公报显示：截至 2010 年 11 月 1 日，我国居住在城镇的人口已经占总人口的 49.68%，达到 6.66 亿人，比十年前上升了 13.46 个百分点。说明十年内有接近两亿人涌入了城市定居。比起 1978 年的城市化水平 17.92%、城镇人口只有 1.72 亿人，增加了三倍。2011 年我国城市化水平则已超过 50%，中国达到了城镇人口超过农村人口的转折点，进入到高速城市化阶段。

联合国 2011 年 3 月 25 日发布的一份报告显示[①]，目前全球超过 50 万人口的城市中，有四分之一在中国。截至 2010 年末，中国形成建制城市 657座，比 1978 年的 193 座增加了 464 座。其中地级及以上城市由 1978 年的111 个增加到了 287 个。常住人口百万以上的特大城市 118 座，五百万人口以上超大城市 39 座，还有更多城市正在加入这个行列。中国已有 69 个城市进入世界五百强城市之列。按照目前的发展趋势预测，中国的城市人口将从2005 年的 5.72 亿增加到 2025 年的 9.26 亿，其中新增的 3.5 亿多城市居民

---

① 联合国经济与社会事务部人口司：《世界城市化展望 2011 年修正版》（World Urbanization Prospects：2011 revised）。

相当于今天美国的全国人口。到 2030 年，中国的城市人口有望达到 10 亿[①]。欧洲二战后城市化率就是 50%，但短短 50 年后，就达到了 90%。因此预计中国 2050 年城市化水平将超过 75%，最迟 2100 年也将达到 90%。不论是年净增量还是城镇人口总量，中国都已经长期处于世界第一的位置。难怪诺贝尔经济学奖得主斯蒂格利兹教授大胆预言，中国的城市化将是 21 世纪最重要的两大经济事件之一。

浙江的城市发展也经历了巨大的变化。浙江是资源小省，自然资源十分匮乏。从自然资源的角度来看，浙江省的人口密度是全国平均数的 3.5 倍。水资源人均占有量仅为 2000 立方米左右，这个数值低于全国的平均水平，且仅为世界平均水平的 1/4，而且水资源的时空分布还很不均匀。全省的人均耕地仅为 0.5 亩，还不到全国的一半，且大大低于联合国粮农组织公布的警戒线。不过，改革开放以来以杭嘉湖、宁波、温州等为代表的浙江北部与东部地区通过民营经济的崛起和"两头在外"的发展模式，长期引领全省乃至全国经济的发展。从城市化水平来看，浙江 2010 年达到 61.6%，高出全国平均水平 12 个百分点。已经基本形成环杭州湾、温台沿海、浙中三大城市群和杭州、宁波、温州、金华—义乌四大都市区。但通过对浙江省 11 个地级市的综合考察，可知省内城市化水平空间分异明显，表现为浙东地区高于浙西地区，浙北高于浙南的格局。可划分为四个不同的组别：

第一类为杭州。杭州是浙江省省会和经济、文化、科教中心，也是长三角、杭州湾城市群区域中心城市。杭州地处平原，具有城市发展的空间，作为中外名城已经形成品牌效应，外贸和外商投资量较大，第三产业发达。近年来，杭州充分发挥了浙江省中心城市的功能，综合经济实力进一步增强，经济总量位于全国大中城市的前列，同时随着城市基础设施和人文环境的提升，杭州被评为"最适宜居住的城市"，也成为城市化水平进一步提高的动力所在。其发展主要立足于以旅游业为主导的第三产业、高新技术和传统特色产业为代表的第二产业。

第二类为宁波和舟山。宁波作为长三角南翼和浙江东北部的经济中心，具有良好的区位条件，工业和第三产业都比较发达，又因为宁波港的优势，进出口和外商投资额已超过杭州。近年宁波的城市发展也有了长足的进步，

---

① 麦肯锡全球研究院（MGI）：《迎接中国十亿城市大军》，2008 年 3 月，www.mckinsey.com/mgi。

过去宁波"重经济轻建设"的城市化格局正在改变，在新一轮的城市总体规划中，宁波定位为长江三角洲南翼经济中心、我国东南沿海重要的港口城市、国家历史文化名城。而舟山作为海岛城市，工业虽然不十分发达，但城市化水平却较高。舟山的城市化水平较多依赖于它以旅游业为代表的第三产业的发展，良好的地理位置、历史悠久的海洋文化资源、优美的滨海城市环境都是舟山城市化水平提高的优势所在。

　　第三类包括湖州、嘉兴、绍兴、金华和温州五个城市。位于浙北的湖州和嘉兴具有靠近大上海的区位优势，更易受到上海经济的辐射，也因距离短和交通便利，与长三角北部城市的经济联系更紧密。湖州和嘉兴近年来在对外贸易和外商投资方面成效明显，城市经济迅速发展，但由于土地资源等方面的限制也一定程度影响了城市化的进程和规模。绍兴也是历史名城，城市规模虽然较小，但其经济发展较快，人均 GDP 位于全省前列。金华腹地广阔，是浙江西南的区域中心城市，但集聚辐射能力还比较有限。温州作为浙江的第三大城市，民营经济发达，但多山地的特征以及产业布局的相对分散等原因也限制了温州城市的总体规模。

　　第四类包括台州、衢州和丽水三地。台州虽然工业和外贸较为发达，但当地民营小企业分布分散，不利于地区产业的集聚和城市整体规模的扩大，这也是造成台州城市化水平相对滞后的重要因素。近年来，台州在改善城市基础设施，提高城市建设方面取得了较大成就，城市化水平呈现上升势头。衢州和丽水地处在浙西南山区，基础设施较落后，工业和人均收入都远远低于浙东北与温州地区。但具有自然资源和环境优势，发展旅游和资源开发产业前景广阔。

　　针对浙江省大城市带动力不强，小城镇布局分散，大中小城市和小城镇协同发展水平较低等问题，浙江省政府将中心镇作为统筹城乡发展的战略节点。新世纪以来，浙江省根据经济社会发展和城市化趋势，对传统的"市带县"体制进行了一些尝试，如推行"强县扩权"战略[①]和"中心镇"战略[②]，

---

①　2002 年 8 月，浙江省委、省政府决定扩大绍兴等 17 个县（市）和杭州、宁波的 3 个区等 20 个县级行政区的经济管理权限，将 313 项本该属于地级市经济管理的权限下放至经济强县，涵盖了计划、经贸、外经贸、国土资源、交通、建设等 12 大类扩权事项。

②　2000 年 8 月，浙江省人民政府以浙政发〔2000〕198 号文件确定萧山瓜沥镇等 136 个建制镇（含县级）为全省中心镇，要求加强对中心镇建设的领导和规划，因地制宜，大力扶持，把中心镇建设成为集聚能力较强、规模布局合理、功能设施较全、环境优美的区域性中心，有条件的努力发展成为小城市，促进城乡经济社会的协调发展，加快全省现代化建设进程。

确立了 200 个中心镇，通过政策倾斜，带动乡村都市化和城乡一体化发展。目前已提出要在"十二五"时期，分类引导和培育现代小城市、都市卫星城、专业特色镇和综合小城镇。进一步加大中心镇培育建设力度，扩大中心镇管理权限，推动中心镇加快发展。按照"宜工则工、宜农则农、宜商则商"的要求，做大做强中心镇特色产业，促进中心镇产业集聚发展。探索建立按居住地登记的户籍管理制度，引导人口向中心镇集聚。更加注重省际边界县市发展，形成一批省际边界重镇。力争到 2015 年，将全省 200 个中心镇培育成为县域人口集中的新主体、产业集聚的新高地、功能集成的新平台、要素集约的新载体，成为经济特色鲜明、社会事业进步、生态环境优良、功能设施完善的县域中心或副中心。力争 100 个左右中心镇的建成区户籍人口达到 5 万人或常住人口达到 8 万人以上，建成区户籍人口集聚率达到 45% 以上，工业功能区增加值占全镇工业增加值的比重达到 70% 以上，第三产业增加值占生产总值的比重达到 35% 以上，年财政总收入达到 4 亿元以上。

衢州作为一座具有 1800 多年建城史的古城，自 1985 年撤地建市以来，城市化进程不断加快，初步形成了"中心城市、县城、中心镇"功能互补、梯次推进的发展格局，市域内"半小时交通圈"基本形成，城市规模快速扩大，城市面貌发生了翻天覆地的变化。但是，衢州也是新兴城市，从金华分设出来才 20 多年，经济发展和城市化水平都落后于省内其他地区[①]。第六次人口普查数据显示 2010 年 11 月 1 日零时登记的常住人口中，居住在城镇的人口数为 93.68 万人，占比 44.1%，远低于全国的城市化水平。低于全国城镇化率 5.55 个百分点，低于浙江省城镇化率 17.49 个百分点，比丽水市城镇化率低了 4 个百分点，在全省最低[②]。其中一个重要原因是，县市城镇化不平衡拉低了整体水平。市区（包括柯城、衢江两区）城镇化率为 52.45%，龙游县、开化县及常山县城镇化水平均不到 40%，各县市城镇化高低差距拉低了全市整体水平。城镇人口规模上万的城镇比较少，除县城

---

① 但衢州的特色也极其明显。其最大优势是南孔文化（南支孔子家庙）、生态环境、围棋文化（烂柯山）、四省通衢的区位条件、生态农产品、特色制造业等资源。衢州是浙江省生态环境最好（森林覆盖率 71%）、贫富差距最小（基尼系数 0.3）、幸福指数最高（恩格尔系数 37.8%）、群众安全满意度最高（98%）的城市。
② 衢州的城镇化水平与全国及长三角发达地区水平相比还有很大差距，但与接壤的闽、赣、皖地市城镇化水平比较相近，如上饶市为 41.89%，南平市为 50.74%，鹰潭市为 47.40%。

外，全市 45 个建制镇镇区平均人口不到五千人。其中镇区人口超过 0.9 万人的城镇只有江山市的贺村镇、峡口镇、清湖镇，开化县的华埠镇、马金镇以及常山县的球川镇，而龙游县、柯城和衢江两区均没有一个城镇人口超过 0.9 万人。从城镇空间形态上看，杭嘉湖、温台等地区已经形成连片成网络的城镇群空间形态，而衢州市城镇形态还是停留在沿市域中部"Y"形发展的点轴模式。自新世纪浙江省"中心镇培育工程"实施以来，衢州市共有华埠等 13 个城镇被列为省级中心镇，这些中心镇基本分布在"Y"形城市发展轴两边。因此对于衢州市未来的城市发展有着重要意义。

二　华埠镇区规划和建设

华埠是一个历史名镇，最初可能是因驻军而逐渐人口聚居成镇（军镇），又因航运发达而成商埠，从一些老照片和史料中可以看出当年之繁荣。1942 年 8 月 9 日，日军从常山分三路攻陷华埠，全镇 3727 间房屋被焚毁。自明代以来历经数百年古老而繁华的街道，一夜间成为一片废墟。抗日战争胜利后，经过几年努力，略有改观。解放后，经过历年改造、拓宽建设，尤其是 1985 年以后四次大规模的建设，市镇面貌发生了翻天覆地的变化。

图 11 - 1　华埠镇经济行政服务中心大楼落成典礼

第一次：1985 年 7 月，镇政府编制了《华埠镇总体发展规划》和为期 6

年的《近期建设规划》。次年，经县人大、县政府批准实施。该规划确定两个发挥：发挥工厂多的优势，建成工业基地，注意环境保护，防止污染；发挥商埠作用，形成小商品市场，发展第三产业，成为我镇第二个商业中心。

第二次：1993 年由开化县城乡建设环境保护局与杭州大学国土与城市规划设计研究所共同编制《1993—2010 年华埠镇总体规划》。该规划分为：总体规划图、道路规划图、景观和绿地系统规划图以及现状图。确立华埠为开化县发展工业、商业为主的工贸城镇。

第三次：2000 年 11 月，由华埠镇政府和开化县建设局组织编制，浙江东华城镇规划建筑设计公司主编的《华埠镇城镇总体规划》制订完成，确定期限为：2001—2020 年。分两阶段进行：近期 2001—2005 年，远期 2006—2020 年。这次总体规划的基本思想是：依靠生态立镇，商贸兴镇，工业强镇，农业稳镇，加快构筑华埠生态工贸城的建设框架，在基本实现现代化的同时，使社会、经济和环境发展走上可持续发展的道路。城镇总体布局为：依托旧城向东南发展，规划沿马金溪，形成一老一新两个相对独立综合功能区，华埠大桥（彩虹桥）成为连接新老城区的枢纽。沿溪两岸设置江滨绿化带，并建防洪堤。对外交通沿 205 国道 317 省道绕城而过。近期规划通过旧城改造，开发东南部小区，安排城市生活居住用地。组建城市二级中心，开发河东新区。远期规划城市以河东新区和镇北六社畈开发为主，形成行政中心、工业商贸区和城市居民生活小区，建成新的城市一级中心。

第四次：2007 年 10 月，由华埠镇和开化县政府组织，由华埠城镇建设开发有限公司牵头，海南雅克城市规划设计有限公司设计的《开化县城市总体规划——华埠镇区规划 2007—2020》制订完成。该规划设计的远景展望年限至 21 世纪中叶。规划目标为：

（1）本着可持续发展原则，高标准、高起点规划华埠的长远未来，将华埠建设成为浙江西部地区经济发达、设施先进、山水园林特色明显的生态先进工贸城镇组团。

（2）依托现代化的目标，规范化、超前性地规划、实施镇区公共设施和基础设施，使城镇支撑条件有明显的改善。

（3）积极开拓工商、文化事业，积极发挥区位优势、生态环境优势、产业优势和历史文化优势。

（4）高度重视科技、教育发展，大幅度提高居民的整体素质。

（5）在经济和城镇不断发展的同时，探索各项社会事业良性循环的投入和运行机制，从而将人们的生活改善落到实处。

总体的规划布局为：继续保持组团的发展格局，在中期发展的基础上不断向南（向南以居住为主、兼顾工业）、向北（以居住为主）拓展，构建"一轴、三心、六片区"城镇用地布局。（1）一轴：沿马金溪流域形成的城市生态纵向发展轴，继续强化和提升其品质。（2）三心：老镇区商贸中心，江东综合片区的公建中心，城北片区综合服务中心。（3）六片区：老镇区，城北综合居住区，城南新区，江东综合片区，生态功能区硅基地，站场片区。

——工业用地。江南工业小区南部进一步发展相关工业，华埠镇工业片可发展能够处理达标排放的轻污染工业。

——居住用地。主要发展镇北区块，南部也发展部分。此外进一步开发山坞、滩涂等特色资源。

——公共设施用地。继续充实、完善城市副中心，并随着新的生活居住小区的开发，新设居住小区级公共设施服务中心。

——道路交通。205国道和317省道可提升到一级公路标准。远景建设区域包括镇北、江东工业小区南部等区域的道路网格，并要加强各功能区以及与池淮、封家等组团之间的联系道路建设。

——绿地。进一步提高完善马金溪及其支流滨河以及沿路绿化成环成网的网络状格局，加大镇区内公共绿地的建设力度，形成高品质的系统化网络化绿色开敞空间。

三　华埠近年的城市化进展

根据镇政府历年工作报告、规划及相关资料，可以得知华埠自强镇计划实施以来的城市化与城乡统筹进程。

1. 2002—2007年

坚持以规划为龙头，以市场化经营为理念，以项目为抓手，全面实施"城华对接战略"（即开化县市区与华埠镇对接），城镇建设投入快速增长，城镇规模快速扩张，城镇形象不断改善，成为县城组团式城市一部分。五年来，共投入300多万元用于城镇规划设计，完成了25个大小专项规划。累计投入城镇建设资金超亿元，车站广场、彩虹大桥、防洪堤、江滨休闲公

图 11 - 2　华埠镇区一隅

园、爱国主义教育基地、商贸城等重要基础设施相继建成。按照县城基础设施建设标准，占地525亩的江东新区基本成型，成为集居住、办公和经商为一体的新城区。华民新区快速推进，旧城区改造逐年推进，累计投资300多万元对旧城区道路、排水设施进行了修补和硬化。投资900多万元完成了电网改造，稳定了供电能力。通信、邮电、广播、电视、水利、金融、学校、医疗等重要基础设施进一步完备。

2. 2008 年

2008年华埠镇按照建设"小县大城、城华一体"新县城的要求和"城镇北上、工业南移"的思路，以城华对接为主线，完善城市规划体系，使整个城镇建成区面积达到近5平方公里。围绕"二线三口四区"建设总体要求：加强基础设施建设。2008年，投资800多万元进行解放路改造，基本完成主体工程建设；旧城江滨路改造及集镇部分公厕建设基本完成；衢江填干堤华埠防洪堤列入中央投资计划；完成兴华街徽派建设规划设计方案。

3. 2009 年

2009年完善城镇规划，拉大城市框架。按照"一城三区、城华一体"

图 11 - 3　华埠镇政府大楼门前的人民广场成为群众活动场所

的总体思路，立足完善城镇功能，按照山水园林城市的定位，进一步完善了城乡规划体系，着手城市建筑、沿路景观的设计，体现华埠特色。同时着手兴华街改造规划调研等工作，开展 205 国道华埠沿路绿化、美化。加大设施投入，提升城市品位。如 2009 年共调整四类项目修改农保地项目 5 个，面积 434.1025 亩，非耕地修改项目 24 个，面积 722.02 亩。配合县里做好森林博览园规划建设，完成衢江干堤华民段防洪堤一期建设，启动华埠水面景观工程建设，完成解放路改造人行道铺设、管网埋设及道路绿化工程。

4. 2010 年

按照"小县大城、城华对接"的思路，优化城市资源和要素配置，2010年完成旧城改造建设项目和初步方案的制订，科学推进华埠新型城市化进程。加快城市基础设施建设，完成华民防洪堤 A 标段二期工程、华埠水面景观工程、兴华街路面及排水改造工程（双桥路至华西路段）、华埠镇中门前绿化工程、江东新区沿江体育场地改造工程。旧城区污水处理工程主体工程已完工，过河管道正在抓紧建设；彩虹二路延伸工程、原车站广场东面道路改造工程进入实施阶段。

专栏：华埠工业功能区房屋拆迁政策处理办法

华政〔2009〕50号

为进一步加快工业经济建设和华埠工业功能区第一期土地平整工程进度，依法做好华埠工业功能区的拆迁政策处理补偿安置工作，保障拆迁户的合法权益，确保拆迁工作顺利进行，2009年11月17日印发"华埠工业功能区拆迁政策处理办法"。

拆迁房屋补偿标准   单位：元／平方米

结构	补偿标准	结构	标准
砖混结构	490	泥石木结构	360
砖木结构	410	简易结构	50

第十二章

基础设施建设

一　老街、古弄和河埠

华埠自唐代以来，就是皖、浙、赣三省边区水陆交通要道，尤其是南宋迁都杭州后，该镇即成为浙西最大的水陆码头和物资集散地。至明代永乐年间，商贸集市已颇具规模，到清末和民国初期，更成为商贾云集、八方荟萃、店铺林立的"小上海"。

1. 主要街道

华埠主要街道有前街、后街、横街三街老街，以及华西街。

前街。旧称华埠街，位于镇区东面，是华埠镇历史上的经济文化中心。为南北向街，长1.2公里，宽近4米，街道中间铺着青石板，两面镶嵌鹅卵石（下有整齐坚固的下水道），两侧排列着各种各样的店铺，共约300多家。有厘金卡、酒捐局、邮政代办所、电话局、转运行、火腿行、轿行、钱庄、当铺、银楼、盐仓、茶号、南货店、土货店、广货店、粮食店、绸布店、酱油店、烟丝店、茶馆、酒馆、饭馆、面馆、中医铺、西医铺、牙医铺、书店、药店、文具店、打铜铺、打铁店、打白铁店等。因为屋檐相距很窄，上面只需竹笠、油布一盖即可为老街遮炎阳、挡风雨。尤为引人注目的是除成大油榨、七家盐仓、一家当铺外，其他店铺可以说是清一色砖木结构的徽式建筑。两边马头墙，梳楼向外伸出半米，有木制的两扇雕花门窗，瓦檐多数是用白铁皮焊成的水笕，也有少量毛竹水笕。镂刻着花鸟人物的"牛腿"中间挂着店号招牌，店内是曲尺柜台，木板大门。每间店面宽3米到5米。有的两间，有的三间，一般为三进：店面、客堂、厨房，有一小门直通内室。有的是前店后舍，有的是前店后厂或作坊。坐西朝东的一面，除店铺外，相隔几幢房舍，就建有会馆、寺庙和戏台。从北到南有万寿宫（即江西会馆）、昭灵庙（即蔡令公庙）、徽州会馆、天后宫等。背靠马金溪的一面，每隔十余家，就有一处船埠，自南至北，共有10个船埠。街的北面尽头，登上几级石阶，是一条自华严古刹向东至马金溪畔长达300多米的唐代防洪大堤，与街头相接处有一盏木制、方形的"天灯"。堤外一片枫林，其中有十多株三五个人携手也难以合围的古枫，以此得名枫树底。林内到处是荒冢土包。据史料记载，这里掩埋着咸丰年间在华埠被清军杀害的太平天国官兵。街之南端与横街相连。

图 12 - 1　古镇遗风

1996年对华埠街进行改建，并更名为兴华街，寓振兴华埠之意。该街北起双桥路，南至车站路，全长1090米，宽10米，混凝土路面。为镇商业中心，现有各类店铺400余家。街两侧设有镇政府、工商银行华埠办事处、新华书店、农行营业所、医药商店、华埠信用社、华大宾馆等机关企事业单位。

横街。位于镇区南面，东西走向，东起兴华街，西至城中路，长350米，宽12米，混凝土路面，系镇主要商业街之一。店铺大多经营服装。街两边除店铺外，建有茅令公庙、耶稣堂、周王庙、关帝庙、社庙。社庙戏台的两边有两株千年古樟，枝繁叶茂，覆盖庙前一亩多的空旷场地。过社庙门，沿石子路不到 15 米，有一座石拱小桥，自苏坞向东流出后折向南的小溪穿过桥下，沿社庙西边注入龙山溪。石桥之西即为通往江西之要道。

后街。穿过东西向的万寿宫弄，向南是一条曲折狭长、青石板铺成的小街，经昭灵庙、万康源茶号、武官衙门、五猖庙、天主教堂、过天后宫、周王庙后门直到营里（以古代兵营而得名，即今车站一带），名为后街。虽无主街宽，但却是华埠的政治中心。宋代设置的巡检司，明代的把总防御所，清代的公馆、保婴局和民国初年的警察所都建在这里。

华西街。位于镇区北面，为东西走向。东起江滨路，西至解放路，全长300 米，宽 20 米，混凝土路面。因地处华喜村，又在马金溪西岸，故名华西（谐音）。系镇主要商业街，除华埠法庭和律师事务所以外，沿街店家以经营排档、美容院、游戏娱乐厅为多。

2. 巷弄

人民一弄，古称官埠头弄，以弄口直出沿溪的官埠而得名。弄口清代建有徽州会馆，又称朱夫子（朱熹）庙。位于老街南端，东起兴华街，西至城南中路，全长 118 米，混凝土路面。

人民二弄，古称检司衙门弄，因自宋以后设有巡检司衙门而得名。位于老街南部，南起横街，北至五一弄，长 51 米，宽 2—4 米，混凝土路面。

医院弄，古称斋堂坞弄，旧时以坞为名。位于老街南部，南起解放路，北至橙山脚，全长 151 米，宽 3 米，混凝土路面。因县第二人民医院设此而更名。

书店弄，旧称私塾堂弄，以弄口稍后靠北为汪瑞和私塾而得名，其弄口南端为王姓豆腐店，故亦称豆腐店弄。位于老街北部，东起兴华街，西至解放路，长 183 米，宽 2—4 米，混凝土路面。现弄口兴华街西侧建有新华书店故名。

新建弄，古名蔡令公庙弄，因庙得名。位于镇中部，东起兴华街，西至解放路，长 239 米，宽 2—4 米，以水泥铺路。因重建故更今名。

工商弄，古称谢家弄，清初以自闽迁居此的谢姓望族而得名。1954 年工商联合会在此设立，遂更称今名。该弄位于老街中部，东起兴华街，西至解放路，长 270 米，宽 2—5 米，水泥路面。

华小弄，古称武官衙门弄，因西端弄口，明隆庆设把总防御所而得名。

解放后因华埠中心小学设于此而得名。该弄位于华埠街中部，东起兴华街，北至工商弄，全长 241 米，宽 3 米，混凝土路面。

文化弄，古名戴家弄，古为戴氏聚居之地，曾名同昌栈房弄，德裕堂弄，皆以店号得名。新中国成立后，因弄内有工人俱乐部、文化站等文化单位，遂更称今名。该弄位于老街南部，东起兴华街，西至解放路，长 227 米，宽 3—10 米，混凝土路面。依解放路南侧建有农贸市场。

成衣弄，旧名方大生弄。解放后，弄内设成衣社而更今名。该弄东起兴华街，南至文化弄，长 124 米，宽 1—3 米，混凝土路面。

五一弄，古名左家弄，以左氏聚居于此而得名，后以店名改称勤泰巷。解放后，原弄口对面建有五一码头，遂于 1997 年更名五一弄。该弄位于老街南面，西起城中路，东至兴华街，长 125 米，宽 1—7 米，混凝土路面。

工人弄，古名天后宫弄，因天后宫而得名。解放后，航运、竹排工人聚居于此，遂改今名。该弄位于老街南面，东起兴华街，西至城南中路，全长 150 米，宽 3 米，混凝土路面。

双喜弄，位于兴华街北部。南起双桥路，北至池淮溪畔，长 70 米，宽 5 米，混凝土路面。该弄为华喜村居，临双桥（孔桥、东岸两桥），各取一字命名。

阳桥弄，位于镇区南端，南起车站路，全长 95 米，宽 7 米，混凝土路面。该处因橙山涧水横流公路，1932 年架设公路桥，桥墩以水泥浆砌块石，上架木桥，俗称洋桥，曾名洋桥头。1956 年改"洋"为"阳"，遂成今名。

3. 埠头

前街东侧、临马金溪建有 10 个埠头。

油榨埠头，位于老街北面，临马金溪。因对面旧时为成大油榨而得名。

盐埠头，位于街之北段。该埠头临街一端附近有多家盐仓，旧时食盐由此上岸，故称盐埠头。

联珠埠头，位于老街北段，临马金溪。因对面店铺有一弧形的洞门，上书"珠联璧合"四字，以此得名"联珠"。

仁彩埠头，位于老街北段。

长庆埠头，位于老街北段。

八仙埠头，位于老街中段。

官埠头，位于老街中段，临马金溪，建有牌坊，上书"华镇官埠"四字，乃古代官船停泊的船埠。据载，清道光十二年（1832年），戴敦元回乡省亲，开化县令与地方绅士重新修建埠头，并于戴敦元回乡之日会集码头迎接，然而向来俭朴、恤民的戴敦元早已悄悄回到家中。

邋遢埠头，位于老街南段。

纸埠头，位于老街南段。因该埠头乃清代江西德兴一位王姓纸行老板捐资建造，故称纸埠头。

关王庙埠头，以庙得名，位于老街南段。其庙旧时为码头工人集会、休息之所。

4. 街巷扩建

江滨路，位于镇区东面，为南北走向，北起双桥路，南至龙山溪出口北岸，全长1018米，宽12米。路依托防洪堤，临马金溪，是居民休闲活动之处。

解放路，位于镇区西面，路为南北向。20世纪90年代以前是205国道、317省道的一部分，北起孔埠大桥，南至华白公路，长1700米，宽20米。205国道改线后，该路逐步成为商业性街路，是以批发小商品、副食品、建材为主的商业街。

华阳路，位于镇区南面，东起华大宾馆，西至解放路，长290米，宽12米，是镇上最繁华的商业街。店家以经营娱乐业、美容业、家电、通信器材为多。

车站路，位于镇区南面，因路西端建有华埠汽车站而得名。东起新建的华埠大桥（又称彩虹桥），西至解放路，长300米，宽20米。

双桥路，位于镇区北端，原称枫树底路，因东端有东岸大桥，西端北拐为孔埠大桥，遂更称今名。东起东岸大桥，西至解放路，长480米，宽10米。

孔埠路，位于镇区北端，北起华康药业有限公司，南至孔埠大桥，长500米，宽20米。

华园路，位于镇区西面中心，因此路可通向华埠公园而得名。东起解放路，西至果木场，长150米，宽8米。

华白路，位于镇区南面，因是该镇通向江西白沙关的起始路段而得名。东起油库（和解放路连接），西至原造纸厂，长1250米，宽20米。

市场路，位于镇区南面，因路北面有农贸市场而得名。西起解放路，东至城中路，长 70 米，宽 15 米。

商贸路，位于镇区南面，因路北端和农贸市场连接，南端正在建造商品城而暂名。北起农贸市场，南至华阳路，长 140 米，宽 9 米。

城南路，位于镇区南面，东起近期拟建的江滨公园，西至华埠汽车站停车场，长 200 米，宽 20 米。

城中路，又称城南中路，位于镇区南面中心。北起文化路，向南过华阳路、车站路，西至龙山港防洪堤，长 450 米，宽 12 米。

二 路、水、邮、电等主要市政设施

近年来，华埠镇基础设施日益完善，镇政府先后投资 2 亿元，建设公园、防洪堤以及扩展街道，旧城改造不断推进。又投资 3 亿元开发的 525 亩江东新区基本成型，城市功能日益完善。

1. 交通

对外交通情况。主要为 205 国道、317 省道和县级道路。205 国道是一条贯穿镇域南北方向的重要通道，往南到常山县城可进入杭金衢高速公路与衢州、杭州联系，向北联系城关镇、马金镇、齐溪镇以及安徽黄山市，主要担负着城镇过境交通任务，新 205 国道从镇区东侧通过，城镇建设区外按照二级加宽标准建设，江东新区段按城市主干道标准建设：317 省道与 205 国道在华埠镇下界首大桥处交汇，向西通往桐村镇、杨林镇及江西景德镇市；县级公路主要是星华线、城华线和华殿线。

华埠镇镇区道路情况。华埠老镇区现状道路纵向主要是解放路、兴华街、城南中路，横向为双桥路、华西街、华阳路、彩虹路。交通流量集中在解放路、双桥路两条主干道和彩虹路次干道上，道路格局为自由式道路网。江东新区现状道路网络基本为"方格网"形式，形成"三横二纵"的道路网，"三横"为彩虹路、4 号路、317 省道，"二纵"为 205 国道、1 号路。

桥梁。华埠镇区主要有 7 座大桥横跨马金溪（芹江）及其支流，其中金星大桥、大坝头大桥、下界首大桥是 205 国道桥；孔埠大桥、东岸大桥、华埠大桥、渔梁滩大桥架设在马金溪及其支流之上，为华埠对外交通联系提高了效率。华埠大桥（彩虹大桥）还具有一定的景观价值。

停车设施。镇区没有公共停车场，大部分为路边临时停车且没有划定停

车位，车辆随意占道乱停乱放的现象严重，影响城镇道路畅通，成为城区交通管理的一大难题。针对这一情况，华埠镇 2007—2020 年规划中，着重强调了对于交通发展的规划与设计。准备在华埠镇江东综合生活居住区的 205 国道西侧，建设一处客运站，主要开通往县城南部和西部方向乡镇的短途客运，从城关长途客运站发出的部分客车也可以从华埠车站经过带客，根据未来实际需要也可以开通往杭州和衢州的，并准备在衢景九铁路的下田坞货运站设置城市物流中心，为全县的各类企业服务。

2006 年华埠镇拥有一个汽车站，本乡镇公路 103 公里，生活用轿车 28 辆，平均两千人一辆生活用轿车。

2. 供水

解放前，华埠镇内居民多饮用河水，少部分人饮用井水。

1966 年 6 月，县政府拨款 4000 元，镇自筹 4900 元，建圆形水塔 1 座，提取马金溪地表水，供 4 个供水点居民用水。1982 年又在文化路建自来水厂，因水源不足，日产水量仅 350 吨，故部分居民自装手压泵取水（现有手压泵井 300 余口）。

1987 年 10 月，为扩大供水量，由县城建局拨款投资，与镇自筹资金相结合，在华民村六社自然村旁新建水泵房。工程历时 10 个月，共投资 26 万余元。至 1988 年 7 月完成第一期工程建设，并于当月 20 日正式投产，日供水量达 5000 吨。全镇居民生产和生活用水紧张的局面至此得到缓解。

3. 供电与电网

——供电。民国十九年（1930 年），商人徐应坤在商会的支持下，合 10 余家较大商户的股金创办华埠电气公司，此系开化县最早的发电厂。

民国二十四年（1935 年），王莲辉于隆裕盐仓，利用原发电机开办光耀电灯公司。

1952 年初，县财经委员会和镇工商联，组织 47 家工商户，集股兴建公私合营华埠发电厂。置汽油发动机一台，18.75 千瓦三相交流发电机 1 台。1963 年停工。

1957 年，国营华埠水电站（厂址位于下星口村）在炉庄筑坝蓄水，1958 年发电，投资 12.3 万元。1979、1982 年两次改建，年设计发电量 54 万千瓦时。1964 年 10 月，华埠水电站和开化发电厂、开化煤矿自备发电厂、明廉水电站合并成立地方国营开化发电厂，实行全县发、供、用电统一调度管理。

1969 年 5 月，浙江省革命委员会批准同意在开化县建造东岸火力发电厂。同年 10 月，浙江省水利电力勘测设计院进行现场勘测和设计，选定玉皮坞口为发电厂厂址并立即破土动工，于次年 12 月进行设备安装。1973 年 1 月正式并入电网运行。总投资 232 万元。2000 年该厂执行国家政策停止运行。

1998 年 8 月，由县水利局、镇政府和华埠水厂三家合资营建的水厂技改工程（欣欣电站）动工兴建，该工程属于马金溪水力资源开发规划中的第 13 级电站，装机 1500 千瓦，投资 1200 万元，于 1999 年 5 月建成投产。年发电量可达 540.99 万千瓦时。

——电网。民国十九年（1930 年），华埠电气公司建成发电之始，架有 400 伏、200 伏木杆线路数百米。

1952 年初，公私合营华埠发电厂建成发电，400 伏、200 伏木杆线路通达镇区主要商店。1954 年华埠发电厂开化城关分厂建成发电，木杆线路通达城关主要街道。

1958 年 8 月，10 千伏下星口水电站至华埠镇的线路建成，全长 2.7 千米，55 基木杆。

1965—1967 年，由国家投资架设了华埠至龙潭口水电站、华埠至开化煤矿电厂、华埠至开化城关 10 千伏木杆结构线路，联通了华埠、城关、大路边三个独立电网。

1967 年，同时兴建 35 千伏华埠简易户外变电所和大路边升压站至华埠变电所 35 千伏线路，1970 年 1 月 19 日建成投运。该所位于华喜新村 12 号，占地面积 2.94 亩，35 千伏华埠变电所装置 2400 千伏安主变压器 1 台，该所还另从常山县狮球线琚家头处支接 35 千伏线路 1 条，命名琚华线，至此，开化电网始与常山电网联通，互相送电。

35 千伏华埠变电所投运后，于 1973 年增容 3200 千伏安主变压器 1 台。

1975 年，架设 35 千伏常山狮子口变电所至琚家头线，与原琚华线衔接，定名狮华线。1987 年 2 月 13 日，又将原有的 2400 千伏安主变压器换成 5000 千伏安。35 千伏华埠变电所出线 8 线，总长 221.74 千米，杆塔 1797 基，配电变压器有 306 台，容量为 24450 千伏安。

1996 年 7 月 26 日，110 千伏华埠输变电工程在华东村建成投运。工程总投资 2168 万元，一期工程安装 3.15 万千伏安主变压器 1 台，35 千伏出线 4 线，10 千伏出线 9 线。

——电网改造。1999 年开始对镇区住户进行一户一表电网改造，到 2000 年全面铺开，总共改造 2130 户，计投资 76 万元（不包括增加变压器和电缆主干线路投资）。

4. 邮电

宋代设驿站于孔埠，元改称邮亭，明清为驿铺，专职递送官衙公文、邮件。每铺配有 4 名候递司兵。清同治年间（1862—1874 年）于华埠镇设立民信局。清光绪三十二年（1906 年）设华埠邮寄代办所，属常山邮政局管辖。民国十五年（1926 年）改称邮局，其时，常山经华埠到开化为船班邮路，顺水一天一趟，逆水两天一趟。民国二十年（1931 年）5 月，常山至华埠电话线路架通，6 月通话，设立华埠长途电话分局。民国三十五年（1946 年）设立华埠电信局。民国三十八年（1949 年），开化至华埠设自行车邮路。

解放后，华埠改为邮电支局。1973 年 2 月，开化、华埠自办汽车邮路开通，凡通车的乡村，皆以汽车递送邮件。1987 年 7 月，邮电支局综合楼建成。1993 年 11 月，华阳路新建的电信大楼竣工。1996 年 4 月，华埠邮电局由子局升格为母局。全镇城乡安装程控电话 6000 门，普及率达 21%，实现村村通程控电话。

5. 园林

（1）橙山公园。位于镇西橙山，现规划总面积 378 亩。该公园始建于 1987 年，投资 3.5 万元，占地 116 亩，栽种 16 种树苗，计花木 1 万多株。半山腰建有四角正方形石亭名"望春亭"，亭顶向东南西北四方各伸出一石雕卧龙，栩栩如生。亭前二柱刻有樊玉明撰、江申甫书的对联：三边重镇卧虹三桥贯三江，五县中心征途五路通五岭。拾级而上，至山顶又建一亭，名为风光亭，亦为四角正方石亭。

（2）江滨公园。位于镇东江滨路，南起华大宾馆，北至三江亭，长近百米，面积约 1000 平方米。1993 年和江滨路同时规划建成。园内有假山花圃 5 个，石椅数条，葡萄藤架和石亭各一座。石亭名三江，六角形制。

（3）七七亭。七七亭坐落在孔埠大桥南端西侧山坡上，亭依山傍水，为四角正方形。正中立有抗敌阵亡将士纪念碑，碑文系吕公良将军题写。碑后

图 12 - 2　华埠彩虹桥

正上方刻有四个篆体大字：永垂不朽。该亭四柱刻有楹联，亭前二柱楹联系民国浙江省民政厅厅长阮毅成撰写："国耻恨重重，拚焦土飞烟，不辞一战；亭名思七七，问银河洗甲，更待何年？"亭后二柱的楹联乃浦江方儒青所撰："风景不殊，漫话临沧往事；国仇未报，记取勾践当年。"

　　华埠镇七七亭建于 1938 年，由原开化县抗日自卫委员会华埠镇分会集资建造。原亭坐落在华埠孔埠南端西侧靠池淮港口的山坡下，1959 年因建孔埠大桥被拆。为纪念七七卢沟桥事变 50 周年，开化县人民政府决定重建。重建工作由华埠镇人民政府、县文物管理委员会主持，新建的七七亭坐落在孔埠大桥南端的孔埠公园山坡上，依山傍水，居高临下，亭按原貌修复。吕公良将军生前所题的抗敌阵亡将士纪念碑耸立亭中，亭外青松环绕，庄严肃穆，表达了开化人民对抗日阵亡将士的沉痛悼念。七七亭的重建，给"三桥卧波达皖赣，九溪合流通钱塘"的历史古镇华埠增添了新的光彩。

三　农村社会基础设施

　　华埠镇近年通过引导农村住房改造，不断完善农村基础设施、公共设施和公共服务体系。如 2009 年完成 2652 户农户危旧住房的调查摸底，安排 80 户困难群众修建住房。重点实施 205 国道、317 省道、华殿沿线的渔塘、溪上、炉新、青阳四个村的整治任务。完成大路边等 8 个行政村的农民饮用水工程，并全部通过有关部门的验收。完成大郡、旭日、溪东三个村农发工程，总面积 1500 余亩，投入 320 万元。实施土地开发项目 4 个，面积 893.21 亩，实施建设用地复垦项目 12 个，面积 418.2842 亩，争取项目资金

1227.47万元。完成大路边至八一村、溪上、华阳苏坞、下界首及封家寺坞的康庄路建设。完成省级生态示范乡镇创建及国家环境优美乡镇申报工作，推进建设生态公益林，沿路、沿江景观改造、公厕改建、河道治理及沼气工程，城乡面貌进一步改善。

图12-3　华埠农村的田园风光

2010年实施"十村示范、百村整治"工程，完成友谊村、原华东村、原齐新村和原叶家塘村4个村的整治任务；完成旭日村、原华东村、原封家村3个村的省级中心村建设规划申报和原渔塘村、原炉庄村2个村的农家乐特色村规划申报工作。较好地完成市农房改造现场会沿线整治工作任务，完成赤膊墙粉刷25320平方米，亮化11570平方米，拆除房屋2080平方米。加快推进康庄工程建设，完成永丰、寺坞、瑶坑口、旭日、大郡等康庄公路建设。完成农房改造任务580户；完成349亩土地征用和农用地转用；实施土地开发项目4个，建设用地复垦项目12个。

表12-1　　　　　　　　　华埠镇农村社会基础设施

农村社会基础设施	自来水受益村（个）	通有线电视村数（个）	通汽车村数（个）	通电话村数（个）	通电村数（个）	通邮的村数（个）	垃圾集中处理村（个）
1996	19		22	17			
1997	20		23	19			
1998	18		21	22			
1999	24		24	24			
2000	21		24	24	24		

农村社会基础设施	自来水受益村（个）	通有线电视村数（个）	通汽车村数（个）	通电话、村数（个）	通电村数（个）	通邮的村数（个）	垃圾集中处理村（个）
2001	16		24	24	24		
2002	24		24	24	24	24	
2003	24	24	24	24	24	24	
2004	24	24	24	24	24	24	
2005	30	42	37	43	43	41	
2006	36	43	43	43	43	43	
2007	34	37	40	43	43	43	39
2008	36	43	41	43	43	43	41
2009	43	43	41	43	43	43	42
2010	43	43	43	43	43	43	43

资料来源：《开化统计年鉴》、《衢州统计年鉴》。

从《开化统计年鉴》的数据来看，2005 年并镇以来，华埠镇的自来水受益村从 30 个增加到所有辖内 43 个自然村。已经实现了村村通有线电视、汽车、电话、邮政。经过大力整治，2010 年全部 43 个村都实现了垃圾集中处理。

四 水患与水利设施

1. 水患与自然灾害

马金溪、池淮溪、龙山溪三条溪流向汇成"三溪绕半岛"。由于华埠镇处在这三溪包围的半岛之中，不管哪条溪发大水，华埠镇都要遭受水患，如两溪或三溪同时山洪暴发，其水患更甚。

华埠史上的自然灾害主要来自于水灾。综合 2002 年《华埠镇志》"大事记"及"水利"等资料记载，历史上华埠镇也有过数十次可考的大型洪涝灾害。

南宋 2 次：庆元六年（1200 年）五月，洪水冲毁田禾及房屋。嘉定三年（1210 年）五月，洪水冲毁田园、房屋和集市，溺死百姓多人。

明代 4 次：嘉靖十八年（1539 年）四月至六月初五晨时，洪水泛滥，山崩石裂，断桥浮尸，平地水深丈余。嘉靖四十年（1561 年）闰五月十六，又发大水，比嘉靖十八年时更甚。万历十年（1582 年）五月初七，昼夜大雨，洪水大作，人畜大量死亡；七月廿五大水尤甚，禾苗严重受损。万历十五年（1587 年）夏，大水。

清朝 3 次：咸丰二年（1852 年）七月，大水。清乾隆九年（1744 年）该镇连日暴雨，河水猛涨三四丈，受灾不举火者十之八九。光绪八年（1882 年）四月十三至五月初四，大雨，南乡山多爆裂，龙山溪浪起数丈，桐村百余家仅遗十分之一。

民国时期 4 次：民国元年（1912 年），水灾。民国四年（1915 年）6 月 26 日，因连日暴雨，南乡大水，华埠水位淹及镇街居楼板，各盐栈存盘淹没 10 余万斤，木排被洪水冲去也值十五六万金，田禾受损。民国三十一年（1942 年）5 月，大水。民国三十七年（1948 年）9 月 2 日，田禾淹没，堤坝水碓房屋冲毁。

新中国 4 次：1955 年 6 月 17 日特大暴雨，马金日降雨量 267.3 毫米，18 日洪水暴涨。华埠洪水上街达 1.5 米深，有 20 多条防洪船投入运输抗洪抢险物资。

1997 年 7 月 8 日，华埠镇遭受 20 年一遇的大洪水，最高水位 108.5 米，超警戒水位 2.5 米，全镇经济损失 1452.93 万元。

1998 年 7 月 23 日，百年一遇的特大洪水袭击华埠，最高水位达 109.24 米。集镇进水最深处达 2.75 米，平均水深 2.25 米。全镇有 933 间房屋被冲塌，受灾人口达 2.6 万，其中有 180 多户 650 余人的住、吃、穿问题亟待解决。所有工厂和商店全部被淹，停电、停水、交通中断。2 座大桥——界首大桥、溪口大桥和全镇 59 座小桥全被洪水冲毁，其中金星村深渡畈有 406 年历史的小拱桥也被冲毁。10550 亩耕地被淹，其中良田被毁 757 亩，粮食作物绝收 5100 余亩，计损失粮食 4400 余吨；经济作物被冲毁，成灾面积达 3500 余亩，蔬菜被冲毁 1200 亩，其中全部被冲毁的有 310 亩。冲毁农灌机埠 23 处，防洪堤 6400 多米，机耕路 2.5 万余米，冲倒电线杆 170 根，山体滑坡达 231 处；邮电通信、广播电视设施损坏严重。这次特大洪灾造成经济损失达 1 亿元。

表 12 - 2   华埠镇防洪水位

水位尺	警戒水位（m）	危急水位（m）	备注
华埠	106.00	107.00	老城区三江亭边 新政府大楼江边
封家片	107.50	108.50	杨家坞口
青阳片	120.50	121.50	旭日大桥上游

资料来源：华埠镇政府 2010 年 3 月 1 日《防洪抢险实施预案》。

图 12 - 4   2011 年暴雨洪灾中，农田变为一片汪洋，
民房被洪水淹得只剩屋顶

2011 年 6 月 3 日开始，钱塘江上游的开化县遭受了三轮大暴雨的侵袭，雨量百年一遇。其中从 6 月 14 日晚开始的新一轮降雨，使当地近两万名居民被围困。浙江省衢州市气象局、常山县气象局、开化县气象局同日分别发布暴雨红色预警。6 月 15 日零时至 12 时，开化县全县有 27 个雨量站降雨超过 100 毫米，降雨量最大的华埠镇许家源站降雨量达到 201 毫米，由于华埠镇是钱塘江上游四条溪水交汇的地方，从 15 日中午开始，四条溪水纷纷涌进华埠镇内。到下午两点，华埠镇老区的所有街道已被水淹没，镇内的水位已与河道内的持平，居民受困，农田受淹，电力、通信中断，道路塌方、损毁，民房倒塌，山体滑坡。华埠镇 8000 居民暴雨中大转移，截至 15 日 12 时，全县共有 15 个乡

镇、120 个行政村共 8 万人口受灾，共转移群众 4500 人，农作物受灾面积 5.36
千公顷。15 日 11 时 38 分，当地政府提升应急响应至 II 级，并积极开展抗灾减
灾行动，转移受灾群众。受灾面积和损失程度超过 1998 年的特大洪水。

图 12 - 5　华埠老城区被淹

华埠镇的自然灾害还有旱灾、雪灾和虫灾等。民国三十三年（1944
年），华埠发生秋旱和虫灾。1972 年 2 月，因下大雪，华埠镇域积雪达 50—
80 厘米，交通瘫痪，广播、电话全部中断，山上林木大批被压倒。

2. 防护工程

为了防止水患，唐末建防护堤两条：镇西岸堤 1500 米，枫树底 500 米。

1949 年后，1950 年渔梁滩防洪堤开工建造。

1955 年 11 月，华埠下星口保塌工程开始建造，次年 1 月 5 日竣工，全
长 510 米，用块石 622 立方米，投工 4600 个，投资 5500 元，保护耕地 100
亩和公路渡口。

1965 年，渔梁滩防洪堤分段建造竣工，全长 1080 米。

1978 年，续建华埠渔梁滩防洪工程，筑堤 540 米，耗资 3.13 万元。

1980 年 12 月，再续建防洪堤 1350 米，投资 60 万元。

1985 年冬，毛力坑村庄华埠大桥以上沿河修建防洪堤，长 330 米。

1988—1996 年，完成金星防洪堤，全长 2230 米，投资 89.20 万元。

1992 年，江滨路工程开始建造，工程分四次承建，2000 年竣工，全长

1450 米，投资 325 万元。工程量：浆砌块石 3.23 万立方米，开挖土方 0.86 万立方米，回填 3.6 万立方米。

新世纪以来，华埠镇防洪堤的修建、维护工作一直没有间断。

3. 蓄水工程

为了拦洪蓄水和灌溉农田，解放后，全镇共建小型水库 8 座，其中小（二）型 1 座，小（三）型水库 6 座，较大山塘 1 座，总库容 78.22 万立方米，灌溉面积 1600 亩。各水库简况如下表：

表 12-3　　　　　　　　　华埠镇水库简况

水库名称	建设年份	总库容（万 m^3）	灌溉面积	坝型	坝高（m）
白石塘	1955	5.60	290	黏土心墙土石坝	7.00
幸福塘	1955	2.67	80		2.50
玉皮坞	1958	3.70	80		8.18
伊家坞	1958	3.50	200		7.40
后垄	1959	6.30	100		6.76
渔坑	1963	50.00	450		16.00
坟山垅	1976	3.20	200		6.71
孔家坞	1994	3.25	200	拱坝	12.00

资料来源：2002 年《华埠镇志》。

4. 提水工程

据记载，自建县至今发生大旱情有 18 个年次。传统社会因无提水工程，饥民苦不堪言。有关的旱情记录如下：

南宋 2 次：淳熙八年（1181 年），七月至十二月，无雨大旱。嘉定十四年（1221 年），旱，虫灾。

明代 3 次：嘉靖十八年（1539 年），秋大旱。万历二十六年（1593 年），大旱。崇祯八年（1635 年），五至十月不雨，秋成无收，次年大荒。

清代 7 次：顺治四年（1647 年）秋，大旱。顺治十二年（1655 年）八月，大旱，禾尽枯。康熙十年（1671 年），大旱，虫灾。康熙二十一年（1682 年），秋大旱。嘉庆七年（1802 年），五月旱，大饥。道光十五年

（1835 年），四至七月不雨，大旱甚饥，民掘山中白色土和糠秕度荒。光绪二十九年（1903 年），夏旱大饥，民掘白色土而食。

民国时期 3 次：民国二十三年（1934 年），大旱。民国三十三年（1944 年），秋旱。民国三十五年（1946 年），旱，虫灾害，歉收，县政府令各地播种冬作。

解放前缺乏蓄水工程，只在溪流中筑六处圳坝拦水，进行自流灌溉；地势较高的农田全靠山泉水灌溉，稍旱即干涸，俗称靠天田。抗旱提水工具主要是单人手推水车、双人脚踏水车、牛拉水车和撩车 4 种。解放后至农业合作化时期，四种水车仍在应用。大旱年月，政府号召组织社员和其他行业部门，肩挑、戽斗，灌浇旱地作物和缺水田块。

新中国成立后 3 次：1951 年，夏旱，秋，虫成灾。1967 年 6 月 24 日至11 月上旬少雨，夏秋旱严重。1978 年 9 月大旱，开化县首次使用三七高炮发射人工降雨弹（碘化银催化剂）成功，降雨量 15 毫米，解除旱情。

1952 年，华民村购进木炭机带动 12 匹马力抽水机，首次使用机械动力提水灌溉。1956 年，华锋村建成全县第一个电灌机埠。1958 年，建成山头坞机埠。

1968 年后，为了提高机灌能力，兴建多座水轮泵站。先后建成水轮泵站的有下界首、华埠、双林大队和华埠公社。其中，以华埠水轮泵站规模较大，集雨面积 1026 平方公里，流量每秒 0.55 立方米，装机 32 千瓦，为灌溉、发电两用。

2000 年统计，全镇共有提水机埠 54 座，水泵 58 台，灌溉面积达 7500亩，占水田面积 81.12%。

新世纪以来，华埠镇每年都投入资金兴修水利。如 2008 年全镇共完成大小水利工程 25 处，总投资 1500 余万元。2010 年共完成大小水利工程 29处，总投资 3200 万元。

第十三章

商贸、旅游等服务业

　　服务业是指为满足生产者、消费者的服务需求，提供不同形式服务劳动和服务产品的产业，它是在社会劳动分工不断深化、经济专业化不断发展、企业内部职能不断外化的基础上产生的，通常即指第三产业。其发展一般有两个普遍规律：一是产业结构演进规律，即随着经济发展及人们收入水平的提高，产业结构从"一二三"到"二一三"，再到"二三一"，最终达到"三二一"。二是第三产业发展的阶段性规律，即第三产业内部各行业大致存在着以下的先后发展次序：第一阶段是批发零售贸易和餐饮业、运输邮电业领先发展；第二阶段是金融保险业和房地产业等加快发展；第三阶段是科技教育文化及信息产业迅猛发展。服务业一般可分为传统服务业和现代服务业。传统服务业一般包括批发和零售、住宿和餐饮、交通运输和邮政等。现代服务业是个动态概念，既包括新兴服务业，也包括对传统服务业的技术改造和升级，现阶段主要包括通信服务业、网络服务业、计算机服务和软件业、现代物流业、金融保险业、文化传媒业、技术服务业、中介服务业、会展业等。与传统服务业相比较，现代服务业是新经济的体现者，具有信息化、国际化、规模化、品牌化等优势，有突出的高成长、高增长、高科技知识含量和强辐射等产业特征，对优化产业结构，提高产业竞争力和区域综合竞争力具有十分重要的作用。目前，世界 GDP 总量中服务业产值已超过60%；服务贸易占世界贸易总额的1/4；服务消费占所有消费的1/2 左右，服务业特别是现代服务业已成为现代化程度和社会文明进步的重要标志，是拉动经济增长的重要力量。近年来随着华埠工业化和城市化的加速推进，其服务业也获得了较大的发展。

一　商贸流通服务业的发展

历史上华埠很早就是商品集散和转运的重要商埠。尤其在宋末,元兵南渡,战事频繁,闽、豫、鄂大量灾民流入华川,使该镇居民骤增,成了闹市。元代至正年间(1341—1368年),开化县城相继遭兵火之灾,"人民逃散,池湮道塞,狐鼠居之",华埠一时成为县治所。明清时期,华埠相继设立巡检司署、兵营、公馆、厘捐局以及江西、福建、安徽各商会,商业更趋繁荣。民国前期直至抗日战争开始之初,曾享有"小上海"的美誉。1942年8月9日,日本侵略军烧毁华埠,商业从此衰退,抗日战争胜利后,才逐渐复苏。

解放初,开化县商业经济的特点是,专业经营不明显,多数为杂货店,有棉布、山货、南货、百货、国药、酱油、烟丝、新药、文具店共187家。1950年5月,中国百货公司、中国粮食公司在华埠设立办事处。此后,中国煤业器材公司、中国花纱布公司和衢州烟草专卖公司等国营企业,相继在华埠开设办事处进行营业。同时,国家对私营商业在贯彻"利用、限制、改造"的方针下,采取"给贷款、组织私私联营,组织个体户下乡收购"的政策,扶持私商,使其经营亦明显好转。1952年9月,开化县在华埠举办首届物资交流会。《开化县工商志稿》载:"交流会用白布200匹,在后街和公路旁广搭摊棚为营业场所,并建有庆祝牌楼13座,吸引了全县及常山、德兴等县大量商贩、群众和远地客商蜂拥参加。其影响之大,贸易之盛,开创了开化县商贸集市的纪元。"1953年和1954年,粮食、油料、棉花(布)国家实行统购统销,经营此行业的私商改行或为国营公司代销。1956年10月,私营工商业社会主义改造基本完成,华埠私营工商业166户,从业人员269人,全部纳入各种社会主义改造形式:进入公私合营的27户、75人,进入合作商店的10户、38人,进入合作小组的108户(个)、26人,分散经营的16户、17人,直接过渡到国营商业和供销合作社的7户、14人。商业经济进入计划经济时代。1978年12月改革开放以来,商业经济由计划经济体制向市场经济体制过渡,从而逐步进入市场经济时代。

无工不富,无商不兴。改革开放以来华埠镇发挥比较优势,通过积极发展第三产业,集聚各生产要素,加快培育各类专业市场,从而实现了商业物流、房产开发和商贸服务"三个轮子"一起转的目标。华埠是"全国小城镇综合改革试点镇"、"省中心镇",集镇建设一直走在全省前列。商贸发展源远流长,以"繁华埠头"而得名,华埠人市场意识强、头脑灵活,经商开店是当地人民的传统。每逢各种节假日,到华埠购物、经商的人络绎不绝,整个消费市场十分活跃。塑造特色强镇,华埠镇以商贸带动城镇建设,同时通过城镇配套建设,促进商贸的发展,形成商贸流通业与城镇建设的互促共荣。

2000 年,华埠镇个私商业 1500 余户,年营业额 12885 万元。镇区商业1062 户,其中解放路 363 户,兴华街、横街 355 户,城南路、华阳路、车站路 221 户,农贸市场、文化路 123 户,初步形成解放路建材一条街,兴华街服装、鞋帽一条街,华西路娱乐一条街和车站广场副食品批发市场。

图 13 - 1 华埠农贸市场

2003 年"经济强镇"计划启动以来,商贸物流业为主的第三产业加速发展,商贾云集、店铺林立、物流兴盛。批发、零售贸易业较为兴旺,其中集镇上个体工商户达到 1600 余户,2004 年实现商品零售总额约 1.56 亿元。成立县级物流商会,下属 4 家物流配送中心,年营业额达 5000 多万元。建有星级农贸市场,形成了"建材一条街"、"服装一条街"、"小商品一条街"、"家电一条街"四条专业街和 11 家大型家具市场,集镇上有各类商铺1600 多家,解决了 2500 多人的就业。

2008 年社会消费品零售总额达 3.79 亿元。集镇上各类商铺达到近 2000家,个体工商户 1907 户,从业人员 3567 人,江东新区已经成为经商的新热区,店铺经商开业率稳步提升,物流业迅速发展。其中,物流公司创税 655万元。

图 13-2 华埠镇名茶一条街

二 房地产业

由于华埠离开化市区仅 16 公里，加上"强镇计划"、"城华对接"等大的发展举措，给华埠的房地产业带来了较大的机遇。新世纪以来华埠镇的房地产市场平稳发展，有 8 家房地产公司，2 家建筑公司，2002—2006 年来累计完成房地产开发 40 万平方米。2008 年房地产平稳发展，全年实际完成房地产开发建筑面积 17050 平方米。

2009 年华埠镇积极盘活土地资产，全年新开发停山坡地块、老车站地块、旧城车站广场地块、金星村地块，收取土地出让金 2300 万元，工业用地出让地块 8 宗，面积 124.40 亩，收取出让金 1162.244 万元，审批农村建房 260 幢。商品住宅楼销售形势良好，平均房价上升较快，住宅房平均每平方米达到 1600 元，商铺每平方米平均达 4000—6000 元，累计完成开发建筑面积 42 万平方米。集镇工贸繁荣发展，带来了人气的迅速集聚，现有外来流动人口 4000 多人，集镇人口已达 2.3 万人，较 2000 年集镇常居人口翻了一番。华埠不仅是浙、皖、赣三省交界商品集散地，还逐渐成为人们购物、休闲、娱乐消费以及定居的理想场所。

图 13 - 3 华埠镇上龙湾地产项目

三 旅游业发展

旅游业作为服务业中的一个文化产业，资源开发和产业发展不仅可以扩大就业，增加收入，促进经济整体发展，为和谐社会建设提供坚实的物质基础。同时带来了城市基础设施向农村的延伸，从而促进了城乡的统筹发展。2008 年，浙江省旅游总收入为 2250 亿元人民币，同比增长 11.1%，比全国平均增长幅度（5.8%）高 5.3 个百分点，超过浙江省全年 GDP 增幅（10.1%）1 个百分点。全国范围内，浙江省旅游总收入超过北京，位列江苏、广东之后，排名全国第三位。而在 2006、2007 年，这一排名分别是第五位和第四位，依次赶超了上海和北京，展现了浙江省旅游产业良好的发展前景。位于浙江省西部的华埠镇，地理位置优越，历史积淀深厚，旅游业大有可为，红色旅游与绿色旅游资源都颇为丰富。

首先，华埠镇地处浙、皖、赣 3 省 7 县交界处，是钱塘江源头。地域面积 2236 平方公里，人口 34 万，森林覆盖率 80.4%，是全国生态示范区、全国绿化模范县、全国科教兴农和可持续发展综合示范县、全国无公害农产品生产示范基地、中国龙顶名茶之乡、中国根雕艺术之乡，自然景观成块性好，旅游资源相对集中，具有发展生态旅游产业的先天资源优势。华埠镇周边景区众多：（1）北部有钱江源国家森林公园。森林公园峰峦叠嶂、谷狭坡陡、岩崖嶙岣、飞泉瀑布、潺潺溪流、云雾变幻、古木参天、山高林茂，总面积4500公顷，是探源、休闲、度假的好去处。（2）西北部有古田山国家级自然保护区。自然保护区地处中亚热带东部，浙、赣、皖三省交界处。古田山景色秀丽，古木参天，有原始次生林，大小瀑布十余处，30余亩的沼泽地，是科考、探险的好地方。（3）西南部杨林镇境内有南华山。它与江西三清山遥相呼应，与江西省玉山县、德兴市、婺源县接壤。南华山东西长3000米，南北宽4600米，海拔1166米，是贯穿于开化县的百里绿色长廊，是一道春暖花开、秋风红叶的风景线。南华山的山谷中有：天鹅孵蛋、三百年古坟、神龟出山、仙女散花、三潭神水等景点。南华山是生态旅游的好去处。2006年12月，南华山所在的开化县杨林镇被评为全国环境优美乡镇。

与自然景观相互呼应，华埠镇的人文景观也十分丰富，所处的开化县境内有新石器时代的古文化遗址、化石遗址、窑址、自然溶洞、古庙、祠堂、书院及明清古民居等，有宗教圣地锡赉庵、乔木庵、凌云寺、灵山寺、天童寺、西阳寺、铁佛寺、华严古刹、文昌阁等，这些都为开化发展生态旅游业创造了良好的条件。

华埠镇人杰地灵，积淀深厚，镇周边的诸多山峰也为历代文人骚客提供了修身养性，构建世外桃源的场所。可以说是山借名人势，人借崇山威，二者相辅、相得益彰，使得华埠镇周边的名山甚多，与之相对应的名人典故亦多，其名山典故的历史涉及唐、宋、元、明、清各主要朝代，佳诗佳文举不胜举，这为今后旅游业的蓬勃发展奠定了良好的基础。

周边名山主要包括：乌岭、橙山、石阆山、石门山、白虎山、独山、叶溪岭和四姑台。乌岭，又名黄泥岭、大坞岗，位于华埠镇西面，根据《浙江名胜志》记载：北宋太常寺少卿江纬，曾筑书堂于此，名为七虎堂，后人敬称七贤堂；橙山，也位于华埠镇西面，现为林园，建有望春亭、风光亭两座四角石亭，山道逶迤，绿树夹道，清阴凉爽；石阆山，位于华埠镇北昌谷村东南面，山上有一巨大石人，传说乃黄巢起义军的一位将军，战败后登上山顶，伤心欲绝，化成石人；石门山，位于常山县何家乡西北部，与华埠镇许家源村毗邻，石门佳气为历代诗人墨客所吟咏，以山命名，古称石门乡由此而来。清玉川张铭轩劝学楼八景之一，《佳气迎烟》诗云："石门有佳气，载

图 13－4　可以桥

在志书中。杳霭迷前浦，溟蒙起半空。""最好烟生处，凭栏坐晚风。"据史料记载，南宋两度出任宰相的中兴名臣赵鼎墓"忠简孤冢"就在石门坎。后人将他与石门佳气联系在一起，作诗云："石门山径自清幽，相国坟边野草愁。久见碑铭无日月，近闻俎豆有春秋。一生忠义成佳气，千古悲哀续断流。西去斜阳谁复挽，不妨樵牧起歌讴。"白虎山，位于华埠镇东，清代同治年间，左宗棠曾屯兵于此，指挥清军与太平军激战；独山，又名塔山，状如馒头孤立于谷地平原，位处独山村西面之马金溪畔。《浙江名胜志》载皇甫仙签云："独山圆，出状元。独山漾，出宰相。"清程景云诗："林湖仿佛洞庭间，好似君山比独山。倒映波心孤嶂秀，平分水面一螺斑。青铜镜里鱼游泳，白玉盆中鸟往还。伫立溪边诗兴远，乔松古柏可怡颜"；叶溪岭，位于华埠镇西南之双林村，岭西侧常山界。明代曾派兵在此设防，是古代开化至常山的必经之路。清汤肇熙《初过叶溪岭》诗云："过此常山路，芹阳地与邻。一官如梦断，百姓更情亲。岂有微恩逮，空怀壮志伸。寄言辞父老，予亦故乡民"；四姑台，位于华埠镇域西南面之双林村，东与常山县交界，西南与江西省玉山县毗邻。半山有一宽达十余亩的平地犹如平台。传说唐末战乱，四位年轻尼姑逃难至此，建庵修行，因此得名。清代同治初年，一队太平天国官兵占据此山，打造兵器达三年之久。

因此，华埠镇的旅游业虽然现在才刚刚起步①，但其潜力不小，在未来当有较大的发展空间。

---

① 旅游业并没有取得良好的经济与社会效益，与其自身丰富旅游资源极不相称，这在整个衢州市都是如此。2008 年华埠镇所属的衢州市旅游总收入增幅达到 21% 以上，但绝对值仅为 59.6 亿元人民币，在同年浙江省 11 个地级市中排名倒数第一。浙江省 2008 年共接待旅游者 539.7 万人次，衢州市仅仅接待了其中的 7.3 万人次，不足 1.5%。

第十四章

公用事业与社会发展

　　经济建设的发展，推动了华埠镇教育、卫生、文化等社会事业的繁荣。近年先后建成工人俱乐部、影剧院、文化大楼、广播电视站、新华书店、县第二人民医院及占地 40 余亩，拥有计算机房、多媒体教室、程控闭路电视等现代化教学设施的华埠中学等一批文化卫生教育设施，社会发展也取得了较大进步。

一　教育状况

　　华埠自古人才荟萃，崇文好读。历史上民间办学络绎不绝。明代有丽泽书院，清代有东皋书院、临溪书院、北善书院及清末孔埠人詹笠云和吾瑞伯等开办的七家私塾。尤其宋元期间，太常寺少卿江纬创书堂于华埠黄泥岭下，开创了开化最早的书院——七虎堂，为南宋朝廷培养了一批诸如徽猷阁待制程俱，翰林学士、诗人汪藻，燕王五世孙、升龙图阁学士赵子昼等名臣达吏。

　　自宋至清，华埠镇有进士 40 多名，连同拔贡、举人 90 多人。如明初参修《永乐大典》、主撰《太祖实录》的东宫讲学金实，万州太守戴彦则，清代历乾隆、嘉庆、道光三朝、从政 40 年、累官刑部尚书的一代廉吏戴敦元，民国抗日名将、血战许昌以身殉国的吕公良，皆是名震一时、载誉千秋的贤臣良将。20 世纪 50 年代起，特别是 1978 年以后，教育事业发展迅速，据不完全统计，目前在外地工作副教授以上学者有 70 多人，大学毕业生 350 余人。

2006 年的统计数据显示，华埠镇共有 12 所学校，在校生人数共有 3871 人，专任教师 206 人，平均师生比为 1∶18.8，师生比合理。教育资源不断整合优化，华埠镇中学顺利通过浙江省一级成人教育技术学校验收，镇中心幼儿园被评为省二级幼儿园。

中学 1 所（华埠中学），在校学生 1906 人（其中住校生 1800 人），教职工 135 人。

初中 2 所（华埠初中和封家初中），在校生 1140 人（其中住校生 600 人），教职工 67 人。封家初中在校学生 344 人（其中住校生 265 人），教职工 25 人。

小学 8 所，分别为华埠中心小学、金陵小学、永丰小学、郑家小学、金星小学、封家中心小学、封家小学大路边教学点、青阳中心小学，共有小学生 2430 人。

全镇共有 34 所幼儿园、托儿所。

专栏：江纬与华埠七虎堂

华埠七虎堂书院位于镇北黄泥岭下即今华严古刹所在地，是开化最早的书院。据明弘治《衢州府志》载："江纬，字彦文，常山江村人，宋治平四年（1067 年）同弟江南迁居开化花园门一带，娶妻余氏。元祐初（1086 年）创书堂于华川黄泥岭下，其侄少齐、少虞、江汉皆从受业，若负笈踵门而至者（背着书籍来求学的）有汪藻、程俱、李处权、赵子昼七人。"数年后，"元符三年（1100 年），纬以太学内舍生上封事召对，赐（进士）第，任缙云县令，政和七年（1117 年）授太常寺少卿，改除宗正少卿，出知处州。宣和四年（1122 年）除直秘阁，知洛州"。随他学习的年青学子，也都相继进士及第，步入仕途。因为他们七人的文章气势磅礴，时人称为"文中虎"，故"擢科显仕后，遂匾（江纬）的讲学之堂曰七虎堂。"

建炎间（1127—1130 年）为官清正，耿直不阿的江纬终因"以直言忤时而罢归山林"。重归华川隐居后，从游诸贤，闻风翕然来归，游息斯堂。江纬在《七堂虎·拜星月词》中这样写道："退处乡关，幽栖林薮，舍宇第须茅盖。翠山献清泉，启轩窗遥对。遇等闲、邻里过从，亲朋临顾，草草便成幽会。策杖携壶，向湖边柳外。旋买溪鱼，便斫银丝脍。谁复欲痛饮，如长鲸吞海。共惜醺酣，恐欢娱难再，翘清风、明月非钱买。休追念、金马玉堂心胆碎，且斗樽前，有阿谁身在？"官场的黑暗，既使他感到心寒和不平，也使他深感无能为力。

建炎四年（1130年）二月，金兵临秀州，程俱以病乞归，师生两人又相聚一起畅游于青山绿水之间，诗酒唱和，甚感愉悦。离别不久，程俱即赋诗一首《秋绕行南谷经荒村》寄给江纬通过与他和仲嘉纵游山间情景的追忆，表露自己对友人的思念，并希望他来长虹故居饮酒尝景。诗云："往追双玉人，芒履踏严谷。阿咸今独往，宰上森拱木。公来定何时，旧唱犹能续，寻壑复穿云，仙山看飞鹿。"而是时江汉、汪藻等人正在外地为官，虽不能亲来安慰老师但相互间仍有诗词往来，诉说心声。汪藻的《拜星月词·和韵》中这样写道："燕夏雍容，虎堂深邃，当日曾陪冠盖。取次园林，有青山相对。向其中，樽酒论文，朋簪盍聚，彼此无非心会。闲倚高松，送孤鸿天外。甚无端，却忆鲈鱼脍。匆匆去，便把余生留江海。回首茅檐，忽经秋一载。念故人，烟月论溪买。长清夜，万顷樽前寒光碎。已做归期，问鱼矶仍在。"充分说明了这点，尤其是魏公张浚之子张南轩以亲故亲至（华川）与少卿吟咏是堂："万里烟堤，百花风榭，游女翩翩羽盖。彩挂秋千，向花梢娇对。剡门外，森立乔松，百花争丽，犹若当年文会。廊庙夔龙，暂卜邻郊外。讲真率，玉糁金齑脍。同萧散寄傲，樽垒倾北海。佳处难忘，约追欢须再。况风月，不用一钱买。但回首，七虎堂中心欲碎。千里相思，幸前盟犹在。"

绍兴元年，宋高宗召程俱为秘书少监，俱摭三馆旧闻，比次为书名曰："麟台故事"，九月除中书舍人，仍兼侍讲。此时，俱正在会稽虽公务繁忙，然与纬仍有诗词往来。《和答江彦文送行长句》云："醉里求名苦不情，倏然谁信万缘经。却观尘境端如梦，更喜悲栖得此生。游客乍归寒雀噪，上山还去晓猿惊。会当蜡屐同幽讨，无限青山照眼明。"以示对归隐山林的留恋和友情的追忆。时，江纬已是七十多岁的老人了，接到程俱寄来的诗后，遂回诗一首，倾诉自己内心的不平和无奈。程俱阅后再回七律一首："赠行新句比阳春，朝奏当年竦缙绅，素叶异时应有待，玄谈高处亦无伦。平生肮脏皆华首，阅世崎岖信损神，只恐鹤书还赴陇，未容公作独醒人。"在盛赞他刚直不阿性格的同时，又真诚地安慰和鼓励他。如此诗词往来，直至江纬去世，程俱还专赴潭口祭悼并题诗以示自己哀痛之情。

"七虎堂"到宋末元初，已成为榛莽相望的残垣废墟，但作为开化创办最早的书堂之一，不仅为当时造就了诸如程俱、江少齐、少虞、江汉等一批贤臣名儒，而且对后来教育事业的发展产生了一定的影响。明初江子颐在一首五言古诗《七贤堂赞》中写道："峨峨三衢山，亭亭七贤堂。山寿亘今古，贤名与俱长。贤以政事著，炫日华文章。——在简册，烨烨流馨香。"在追忆"七贤堂（即'七虎堂'）"昔日的辉煌以后，突然笔锋一转："所以载雪溪，卜筑堂之傍。闻孙人中龙，少小真昂藏，论道讲列圣，读书满千箱。"戴雪溪乃万州太守戴埠的祖父，为什么他的临清楼要依傍着"七虎堂"的遗址而造呢？就是要以先贤为榜样，不断鼓励和时时鞭策后代子孙，努力学习奋发上进。果然，苍天不负有心人，正如乾隆时的吏部尚书刘墉在《戴氏宗谱》序中所写的那样："自彦则公（即戴埠）为德为民后，经文纬武佐邦国者，累累不绝。"至道光年间，竟出了位官居刑部尚书的一代廉吏戴敦元。

（来源：开化新闻网 2010 年 3 月 26 日，作者：刘高汉）

新世纪以来华埠教育事业取得新发展，完成了教育布局调整，优化了教育资源，2003 年华埠小学举办了百年校庆活动，2006 年华埠镇中学被评为衢州市名校。近年来教育环境全面改善，教学质量明显提升。华埠初中在 2010 年中考上重点线人数 78 人，同比提高 50%，"钱江源杯"知识竞赛，47 名学生获奖，创历史新高。

图 14-1 2003 年华埠小学建校 100 周年庆典

根据《华埠镇 2007—2020 年规划》，到 2020 年镇区的中小学布局为：中学 2200 人，小学 4000 人，班级数分别为 48 个和 78 个［按小学 55 人／千人、中学（含职校）100／千人进行预测〕。其中华埠中心小学（改建）班级数 24 个，学生人数 1080 人；新建一座同样规模的华埠二小，班级数为 24 个，学生人数 1080 人。华埠中学（迁建）定位为高中部，班数 36 个，学生 1800 人；华埠初中（迁建）班级数 42 个，学生 2100 人。

二 卫生事业

自 1992 年成立华埠镇经济开发区以来，华埠镇伴随着改革开放的旋律，以它独特的经济发展模式，加快小城镇的建设发展，先后被列为建设部标 500 家小城镇试点镇，省东海明珠工程、省现代化建设示范镇。在试点工作的推动下，华埠镇党委政府紧紧围绕以农稳镇、以工富镇、以城兴镇、以商活镇、科教兴业的方针，以建设一个城市化、现代化、社会化小城镇为目标，积极创立符合社会主义市场经济动作体系的新集镇，使华埠镇社会经济发展再创辉煌。

敬老院福利院共有 132 张床。全镇共有卫生院 5 个，77 名医生，126 张病床，以 2006 年华埠镇域总人口约为 4.5 万人计算（含外来人口以及住校学生，其中有镇域户籍的年末人口数为 38241 人），每万人均卫生院 1.11 所，每千人均医生 1.7 人，每千人均病床数为 2.8 张。

华埠镇的县第二人民医院是有一定规模的综合性医院，有职工 126 人，其中医护人员 108 人。该镇还有 4 所乡镇卫生院，分别为华埠中心卫生院、封家卫生院、封家卫生院郑家分院和青阳卫生院。

卫生服务网络得到进一步完善，社区管理水平不断提高，枫树底社区被评为省级和谐示范社区，计划生育工作据需保持全县前列。计划生育工作成绩显著，每年都稳定在低生育水平，每年计划生育考核都名列全县前茅。优生优育水平明显提高，荣获浙江省群众满意窗口、衢州市生育文化示范镇、县 2010 年及"十一五"期间计划生育先进单位等称号。第六次全国人口普查工作成绩突出，荣获全国人口普查先进单位。

实行医疗体制改革，公共卫生事业投入加大。做好新农合保险日常报销、体检工作，2009 年全镇 26325 人参加医保，报销人数 2059 人，报销总金额达 301 万元。长期开展查螺灭螺，积极做好血防工作。建立完善镇村两级食品、药品监督网络，成功创建食品安全示范镇和药品安全示范镇。

三　文化发展

随着镇域内人民生活水平的不断提高，发展文化事业的呼声也不断提高，镇政府集中财力，先后建设了几处规模较大的市民广场及公园等公共设施，方便市民体育锻炼和娱乐休闲，定期与非定期相结合组织群众性文艺活动，丰富了人们的文化生活。华埠镇镇区现有几处城市广场——城中广场，位于华埠大桥西桥端；人民广场，位于华埠镇政府正南方，东侧是华康路，东南两侧均为小区。

开展文明创建和文化大镇创建活动、体育强镇创建，推进"东海明珠"工程建设。文化中心村、体育小康示范村普及率日益提升。投资30万元修缮了《华严古刹》八景，投资40万元修编了《华埠镇志》，创办了《今日华埠》、《新华埠》等刊物，华埠历史文化内涵得到了进一步挖掘和丰富，对外知名度、美誉度进一步提高。群众性文化活动丰富多彩，做到社区组织活动月月有，群众自发活动天天有。成功举办了2届元宵灯会，积极组织人员参加省、市、县一系列体育活动。华埠镇2005年被评为全国文明镇，旭日、金星等村被评为市级"特色文化村"。枫树底社区被评为省级和谐社区。民族宗教、老干部、老龄委、关心下一代等工作都取得了新的成绩。

图14-2　华埠的群众活动丰富多彩

扎实推进体育事业建设，完成体育强镇年度验收；加大基础设施投入，完成了江东新区群众体育健身广场建设；深入开展群众体育工作，开展了"天天健身、天天健康"等全民健身活动。文化工作丰富多彩，2010年全年举办各类文化活动38次。华埠镇东岸社区自2007年9月份成立至今，每年都会开展邻居节活动，每个小区都组队参加，主题包括拔河、裹粽子、文艺表演等。活动拉近了居民之间的距离，达到了促进邻里和谐的目的。

四　生态环境

华埠是开化县工业重镇，在马金溪、池淮溪、龙山溪两岸，曾建有化肥厂、日用化工厂（2001年改制后称华康药厂）、东岸火力发电厂、造纸厂和活性炭厂。自20世纪80年代起，随着生产的发展，所排放的废水、废气、废渣对华埠镇域及马金溪下游的污染越来越严重。不过，新世纪以来，随着强镇计划的实施，华埠在科学发展观的指引下，生态环境经过治理，已经完全恢复了碧水蓝天的本来面目，全镇焕发出无限的勃勃生机。

1. 环境治理

为保护钱塘江上游水源的清洁，保证沿江两岸人民的身体健康，华埠镇会同县有关部门采取了一系列有效措施：

（1）限期进行技改。日用化工厂自1990年开始进行技改，取消污染严重的前工段，悬浮物和酸性减少2/3。后工段修建沉淀池，以石灰中和，减少酸碱度。改制后投入100多万元，对环境保护设施进行了改造，2002年，经省市环保部门检验，在全市夺标。开化化肥厂自1966年建厂以来，投入600多万元，多次进行技改，加高烟囱，安置除尘器，改烧江西煤（原烧地产煤），减少粉尘和二氧化硫的污染。2000年投资70余万元，将全厂水池改成闭路循环，多节多次循环利用，减少废水排放。经有关部门检验，符合国家规定的环保标准。

（2）实行关、停、并、转。对不符合规划、布局不合理、资源浪费严重、环境污染严重的企业，责令停产整改，甚至予以取缔。近几年，为搞好镇域内环保工作，下决心关闭了一批污染严重的工厂，如活性炭厂、造纸厂和东岸火力发电厂等，并做好了下岗和退休职工的生活安排。

（3）抓好华埠镇生态示范区的建设。以金星村为试点，加快华埠生态示范镇的建设。同时调整农业产业、工业产业格局和林业生产结构及布局，利用现代化生态工程技术，促进生态农业、生态工业和生态林业的建设。

图 14 - 3　炉庄村污水处理工程告示牌

2. 公共卫生

1982 年 6 月，建立镇爱国卫生运动委员会（简称镇爱卫会）。1981 年 7 月，镇建立环境卫生管理小组，并成立镇环卫所，有职工 6 人，配有机动三轮垃圾车一辆。1985 年，镇内有公共厕所 7 座，环卫工人 8 名，清扫面积 12200 平方米，全年清运垃圾 950 吨，粪便 850 吨。1987 年，环卫所有职工 14 名，负责保洁区域为兴华街、13 条弄堂、10 个埠头及 9 座公共厕所，清扫面积 4 万平方米。

1987 年前后，镇爱卫会从驻镇机关企事业单位聘请 40 余名干部职工任镇爱卫会成员，义务对镇区街路巷弄、公共厕所、环境、饮食卫生进行全面检查。同时落实"门前三包"。镇爱卫会把全镇划分为 43 个卫生包干区，按居委会划分成三个地段，与 130 个单位、700 户居民和 184 家个体户签订"门前三包"责任协议书，做到门前 10 米范围内包卫生、包绿化、包秩序。

2001 年 6 月，环卫所实行考聘制。环卫所所长经考核、竞聘上任，主要工作人员也采取竞争上岗的办法。现镇环卫所有 10 多名聘用制保洁工，配备一辆洒水车，负责对镇区公共厕所、街道及巷弄的清扫保洁。

新世纪以来，华埠的医疗卫生事业发展有所加快。巩固和完善卫生服务网络，提高应急突发公共卫生事件应急能力，巩固了血防成果。新型合作医疗参保面不断扩大，受益人群不断增多，群众"因病致贫"问题得到了有效缓解，2003 年专门赴中南海向吴仪副总理专题汇报，得到了中央领导的高度评价。2003 年来，累计参保人数达到 9 万多人次，上交参保金额 161.26 万元，报销人数 1937 人，报销金额 397.44 万元。

3. 市容整顿

为保护绿色生态，美化镇区，着力营造华埠园林山水的城镇个性，创造良好的生活和投资环境，促进华埠经济的快速发展，华埠镇政府自 20 世纪 80 年代起对市政管理加强了领导，多次行文整顿市容市貌。

1985 年，华埠镇人民政府下发镇（85）2 号《通告》，对镇区市容进行整顿，并明文规定：自 1985 年 1 月 1 日开始，送葬一律以所在地按就近原则送出镇区安葬，改变以前出殡环镇游街的不良习俗。1985 年 3 月 1 日开始，规定兴华街一律不准买卖蔬菜和农副产品。

1986 年 2 月 21 日，镇人民政府颁布《关于进一步加强镇区城建、市容卫生、交通秩序管理的通告》，规定：自 1986 年 3 月 1 日起，东至开化县铅笔厂（东岸电厂），南至华埠大桥，北至山头坞食品站为镇区城建市容卫生交通秩序管理范围；每天上午 12 点钟前，一切机动车辆禁止驶入街道，自行车不准搭人和带超出 1 米（宽度）的物件上街；凡在三桥以内街道弄堂的基建单位，需租用公共场所的一律要经村镇建设办公室批准。

1989 年 3 月 20 日，镇政府下发华政（1989）9 号《关于镇辖城镇、市管市容、环境卫生、交通秩序管理细则通告》，对涉及城建、市管市容、环境卫生、交通秩序的 7 个方面进行具体规定。

1996 年 5 月 20 日，镇政府下发华政（1996）23 号《华埠镇城镇市容和环境卫生管理暂行办法》，该暂行办法变更集镇管理范围为：东至火力发电厂，南至华埠大桥，西至造纸厂，北至化工厂。对市容管理进一步深化，并规定在镇区道路上拆建、改建地下管线，埋设各种标志，设立广告牌、招牌，搭设棚亭、画亭、画廊等设施，必须事先报经城建监察中队后，方能申请职能主管部门批准。不得在主要街道、窗外堆放、悬挂有碍市容物品。凡在绿化地内堆物，倾倒废弃物及生火野炊，破坏草坪、花卉、树木，故意损坏城镇绿化设施的，责令停止损害活动，赔偿损失并处损失五倍以内的罚款。

1997 年 3 月 16 日，镇政府下发华政（1997）15 号《关于加强华埠镇城镇建设管理监察工作的通告》。

2001 年，镇政府再次下发《华埠镇人民政府关于整洁镇区市容环境卫生的通告》。

1985 年前，负责镇区爱国卫生、市容市政监督、管理机构为镇爱卫会。1985 年 3 月建立市容办。1990 年 10 月设立城建办。1996 年组建了市容中队。1998 年 6 月建立华埠镇城建监察中队。这些机构建成后，对城镇规划、市政工程、公用事业、市容和环境卫生、园林绿化五方面加强管理监察，促使镇区环境品位有了明显改善和提高。

图 14 - 4　华埠镇治保调解员培训

新世纪以来，华埠城镇管理进一步加强，逐步营造了和谐、文明、洁净的城镇环境。通过对城区绿化等公共设施管理，扩大了城区保洁面积，街面上乱停、乱放、乱搭等不文明行为得到了大力的整治。以创建全国文明镇为契机，立足创新机制，整合力量，强化整治。完成了华埠城管中队组建，着手整治旧城区乱搭、乱建、乱占现象，在一定程度上扭转了脏、乱、差等现象，改善了旧城区人居环境，2009 年再一次被中央文明委评为"全国文明镇"。经过多年的整顿与转型，现在华埠已经成为真正以山水园林为特色的生态型城镇。

第十五章

城乡生活变迁

一 城镇物质生活的巨大转变

清时,华埠镇上仅有酱园、油坊、铁竹木和纸伞等手工业,居民收入甚低。民国二十五年(1936年)前后制茶业兴起,促进了商业和手工业的发展,当时百斤谷4元,百斤猪肉28元,物价较稳定。民国三十六年(1947年),百斤谷50万元,百斤猪肉400万元。是年,镇上居民无业者2000多人,有业者1001人,占应就业总数3076人的1/3。店家经商以货易货,雇工及手工业酬金以稻谷计算。学徒只供膳不付工资,年终发内外衣各一套。三年学徒期满为伙计,年薪为10—15担谷(一担60公斤)。木竹等工匠点工或按件计酬,渔航业风雨飘摇,公务员薪金微薄。除经商和靠收租、雇工的大户外,居民多住低矮、潮湿、阴暗的棚房和破房,米珠薪桂,常遭失业,生活窘迫。

新中国成立后,华埠镇个体手工业纷纷成立合作社(组),民间创办私营和公私合营企业,县创办国营工厂,为居民就业和参加生产、增加收入创造条件。特别是1978年实行改革开放以来,居民生活有了显著的提高。

新中国成立初期,职工人均年收入162元。1956年实行工资制,职工年收入全民企业400元,集体305元。此后,华埠镇商业、二轻企业和国营企业不断扩大增办,职工收入逐年提高。1985年职工年收入国营1053元,集体889元。1995年后,部分居民在市场经济中纷纷自谋出路,先富了起来。企业分流职工从实际出发,各找门路。

华埠镇政府的早期统计显示,2001年镇商业区持有工商执照的店家和公司有600多家,其中年产值在50万元以上的有100多家,年产值在100万元以上的有 20 多家。2001 年据第三居委会对 329 户 1169 人的抽样调查，居民职工人均年收入为 4476 元，比 1985 年增长 3 倍。

华埠镇区与开化县城区距离很近，生活水平也相差不是很大。因此我们可从《开化统计年鉴 2011》中的 1949—2010 年开化县城镇职工平均工资来大致推断华埠镇区职工工资收入的变动情况。

表 15 - 1　　　　　　开化县城镇职工平均工资（1949—2010）

年度	平均工资（元）	年增长（%）	年度	平均工资（元）	年增长（%）
1949	313		1980	672	14.68
1950	304	- 2.88	1981	684	1.79
1951	307	0.99	1982	708	3.51
1952	330	7.49	1983	718	1.41
1953	356	7.88	1984	859	19.64
1954	320	- 10.11	1985	1141	32.83
1955	344	7.50	1986	1283	12.45
1956	347	0.87	1987	1363	6.24
1957	372	7.20	1988	1680	23.26
1958	310	- 16.67	1989	1816	8.10
1959	372	20.00	1990	2002	10.24
1960	368	- 1.08	1991	2121	5.94
1961	388	5.43	1992	2511	18.39
1962	424	9.28	1993	3069	22.22
1963	473	11.56	1994	3914	27.53
1964	486	2.75	1995	4899	25.17
1965	500	2.88	1996	5597	14.25
1966	492	- 1.60	1997	6172	10.27
1967	487	- 1.02	1998	6935	12.36
1968	499	2.46	1999	7909	14.04
1969	490	- 1.80	2000	9590	21.25
1970	496	1.22	2001	13702	42.88

年度	平均工资（元）	年增长（%）	年度	平均工资（元）	年增长（%）
1971	504	1.61	2002	14494	5.78
1972	513	1.79	2003	15529	7.14
1973	513	0.00	2004	21581	38.97
1974	495	−3.51	2005	23778	10.18
1975	510	3.03	2006	25927	9.04
1976	514	0.78	2007	29500	13.78
1977	515	0.19	2008	32597	10.50
1978	518	0.58	2009	42582	30.63
1979	586	13.13	2010	48214	13.23

资料来源：《开化统计年鉴2011》，作者的计算。

在计划经济时代，职工工资的变化不大，这是一个普遍现象。改革开放之后，开化县城镇职工的工资有了较大幅度的增长。1980—1990年，平均工资从672元提高到2002元，增加了2倍，年平均增长约12%。之后的十年间，城镇职工平均工资增至9590元，增加了3.8倍，年均增长17%；新世纪之后的十年，城镇职工平均工资增至2010年的48214元，增加了4倍，年均增长18%。按照市场汇率折算，城镇平均职工工资约近7400美元，若进一步考虑其他非工资性收入，开化县城镇的人均收入在不严格的意义上应当达到了世界银行的中上收入经济体的上限。

从华埠城镇消费来看：据1985年与2000年抽样调查，月人均食品消费对比如下表。

表15-2　　　1985年与2000年主要食品消费抽样对比统计　　　单位：公斤

年份	1985年	2000年	2000年/1985年
成品粮	12.5	9.5	0.76
素油	0.25	0.65	2.60
荤油	0.2	0.8	4.00
猪肉	1.25	1.58	1.26
鲜蛋	0.15	0.68	4.53

续表

年份	1985 年	2000 年	2000 年/1985 年
鱼虾	0.5	1.26	2.47
蔬菜	4.5	9.1	2.02
糖果糕点	0.9	1.2	1.33
水果	2.5	2.48	0.99

资料来源：2002 年《华埠镇志》。

从表中数据可知，2000 年与 1985 年相比，除了成品粮的消费出现下降外，油、鲜蛋、蔬菜及糖果糕点的绝对消费量都有了大幅度的上升。其中，荤油及鲜蛋的消费都分别增加了约 3 倍。

表 15 - 3　　　　2010 年开化城镇住户平均每人年实物消费情况调查

指标	单位	2010 年	占比（%）
总计	元	10583	100
一、食品	元	4104	39
1. 粮食	元	339	
2. 淀粉及薯类	元	7	
3. 豆类及制品	元	45	
4. 油脂类	元	94	
5. 肉禽及制品	元	600	
其中：猪肉	公斤	15	
牛肉	公斤	1	
活鸡	公斤	3	
活鸭	公斤	1	
6. 蛋类	元	56	
7. 水产品	元	157	
8. 菜类	元	593	
9. 调味品	元	64	
10. 糖类	元	19	

续表

指标	单位	2010 年	占比（%）
11. 烟草类	元	218	
12. 酒和饮料	元	349	
13. 干鲜瓜果类	元	312	
14. 糕点类	元	73	
15. 奶及奶制品	元	167	
16. 其他食品	元	75	
17. 在外用餐	元	813	
18. 食品加工费	元	0.31	
二、衣着	元	1025	10
1. 服装	元/件	150	
2. 衣着材料	元	6	
3. 鞋袜帽及其他	元	159	
4. 衣着加工费	元	6	
三、设备用品及服务	元	597	6
1. 耐用消费品	元	229	
其中：家具	元	32	
2. 室内装饰品	元	22	
3. 床上用品	元	73	
4. 家庭日用杂品	元	178	
5. 家具材料	元	58	
6. 家庭服务	元	38	
四、医疗保健	元	1211	11
五、交通和通信	元	1250	12
六、娱乐、教育、文化服务	元	1354	13
其中：文化娱乐用品	元	146	
教育	元	944	
文化娱乐	元	264	

续表

指标	单位	2010 年	占比（%）
其中：旅游	元	24	
七、居住	元	878	8
其中：住房	元	318	
水电燃料其他	元	525	
其中：电	元	337	
八、杂项商品和服务	元	164	2

资料来源：《开化统计年鉴 2011》城镇家庭调查。

《开化统计年鉴 2011》提供了开化城镇住户调查数据。2010 年平均每人年家庭总支出为 14619 元，其中消费支出 10584 元，所占总支出的比重为 72%。根据该项调查，得到开化城镇住户平均每人年实物消费情况如表，并进一步绘出开化城镇居民人均实物消费的大体构成情况（如图 15 - 1）。其中，食品占的比重最大，达 39%。其次是娱乐、教育、文化服务占 13%，交通和通信占 12%，医疗保健占 11%，衣着占 10%。而居住、设备用品及服务、杂项商品及服务三类所占比重均在 10% 以下，分别为 8%、6%、2%。

分析城镇住户食物消费结构，占其比重比较大的几类是：在外用餐占 19%，肉禽及制品占 14.6%，菜类占 14.5%、酒和饮料占 8.5%、粮食占 8.3%、干鲜瓜果类占 7.6%。很显然，开化城镇居民的生活质量已经比十年前有了大幅度地提高。仅以猪肉为例，2000 年人均消费量为 1.58 公斤，2010 年达到了人均 15 公斤，十年来净增加 14.4 公斤，增加达 8.5 倍。

从耐用消费品来看，20 世纪 50 年代操办婚事，需要缝纫机、收音机、自行车 3 大件。后来增加手表，称为三转一响 4 大件。20 世纪 90 年代，多种家用电器、通信、交通工具源源不断进入家庭。2001 年，据对第三居委会 329 户 1169 人调查统计：煤气灶 258 台；电话 297 部；缝纫机 118 台；手机 98 只；自行车 513 辆；电脑 15 台；洗衣机 232 台；轿车 11 辆；电冰箱 241 台；工具车 12 辆；电视机 343 台；摩托车 260 辆；音响 35 台。

镇政府 2001 年统计，镇区居民为改善交通条件，自买出租车和自用车

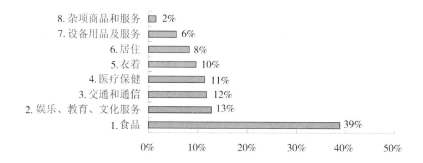

图 15 - 1　2010 年开化城镇居民人均实物消费结构

的总体情况为：小轿车 25 辆，黄面的 64 辆，三轮车 78 辆，摩托车、助力车 500 辆。

根据开化统计局的城镇居民调查，2010 年开化城镇住户平均每百户年末主要耐用品拥有量如表 15 - 4 所示。家用电器如彩电、移动电话、空调、淋浴热水器、洗衣机、电冰箱等已经成为城镇居民几乎必不可少的家庭用品了。电脑也变得比较普遍，平均每两户有一台电脑。汽车也开始进入开化城镇家庭，约 1/10 的城镇家庭拥有了汽车。

表 15 - 4　　　　开化城镇住户平均每百户年末主要耐用品拥有量调查

指标	单位	2010 年
摩托车	辆	19
助力车	辆	38
汽车	辆	9
洗衣机	台	82
电冰箱	台	84
彩色电视机	台	167
家用电脑	台	53
组合音响	台	28
摄像机	台	7
照相机	架	31
钢琴	架	2

续表

指标	单位	2010 年
其他中高档乐器	件	1
微波炉	台	38
空调	台	103
淋浴热水器	台	99
消毒碗柜	台	14
洗碗机	台	1
健身器材	套	5
固定电话	部	77
移动电话	部	164

资料来源:《开化统计年鉴 2011》城镇家庭调查。

从住的情况看,20 世纪 50 年代镇区住房和店面为二层木结构,有的住船篷和草房。20 世纪 90 年代,镇政府将镇区列入开发区,全面规划,统筹安排,拆旧房建新房,拓老街建新街。此后镇区楼房耸立。2000 年,镇区面积 3 平方公里,建筑总面积 110 万平方米;还存在旧式木屋和地面 33 万平方米,尚待开发改造。据镇房管会 2000 年统计,华埠镇新建四层以上楼房 77 万平方米,其中 40% 楼房建在街面上,底层店面,楼上住宿。对 15 户 44 人进行居民住房调查的情况表明,共有住房面积 942 平方米,其中房改购买和私人建造 804 平方米,租住公房 4 户计 138 平方米。住私房的占 85.35%,住租房的占 14.65%,人均住房面积 21.4 平方米。

根据 2010 年开化城镇住户调查数据,城镇住户人均现住房总建筑面积为 33.11 平方米,比 2000 年净增加 11.71 平方米,增长约 55%。

二 近 60 年乡村物质生活

近 60 年来的华埠农村经济可通过人均年收入分为 6 个阶段来说明其历史变迁。

表 15 - 5　　　　1961—2010 年华埠镇农村人均年收入分阶段统计

年份区间	人均收入（元）	年数	各阶段人均年收入（元）
1961—1977	64—80	17	76
1978—1986	102—523	9	248
1987—1992	584—944	6	786
1993—1995	1181—1919	3	1519
1996—2000	2208—3165	5	2670
2001—2010	3398—8983	10	5669

资料来源：《华埠镇 1961—2000 年基本情况统计》；《开化统计年鉴》；本课题组计算。

1977 年之前为第一阶段：大集体时期，1972 年人均年收入 91.68 元，是这个阶段的最高年份。

1978—1986 年为第二阶段：1978 年人均年收入 102 元，首次突破百元关。这 9 年为大集体与联产承包各半时期，农业总投入从 1982 年的 478.37 万元提高到 1986 年的 1020.8 万元，人均年收入提高到 523 元。

表 15 - 6　　　　华埠农民人均收入的增长情况（1984—2010）

年份	1984	1985	1986	1987	1988	1989	1990	1991	1992	1993	1994	1995	1996	1997
人均收入（万元）	373	460	523	584	767	810	849	919	944	—	—	1919	2218	2460
增长率（%）		23.5	13.5	11.7	31.3	5.6	4.9	8.1	2.8	—	—	—	15.6	10.9
年份	1998	1999	2000	2001	2002	2003	2004	2005	2006	2007	2008	2009	2010	
人均收入（万元）	2615	2912	3165	3398	3840	4538	4963	5332	5579	5673	6440	7940	8983	
增长率（%）	6.3	11.4	8.7	7.4	13.0	18.2	9.4	7.4	4.6	1.7	13.5	23.3	13.1	

资料来源：根据《开化统计年鉴》整理并计算。

1987—1992 年为第三阶段：这 6 年为收入稳定时期。1992 年总投入 5056.48 万元，人均年收入达到 944 元。

1993—1995 年为第四阶段：这 3 年的人均年收入都突破千元，1995 年总投入 11893.29 万元，人均年收入 1919 元。

1996—2000 年为第五阶段：这 5 年出现人均年收入逐年提高的现象。1996 年首次达到 2000 元以上。2000 年总投入 15333.26 万元，人均年收入达 3165 元[1]。

2001 年以来为第六阶段：这 10 年也是人均收入提高较快的时期。从 2001 年的近 3400 元，增至 2010 年的 8983 元，年增长 18%。

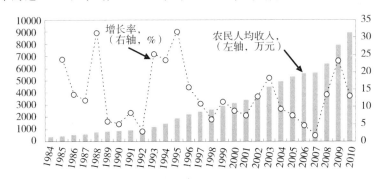

图 15 - 2　华埠农民人均收入的增长情况（1984—2010）

数据来源：根据历年《开化统计年鉴》数据计算并绘制。

2000 年以前的吃穿住等基本消费，情况如下：

1950—1980 年，村民都只能维持温饱。大集体时期每人每年稻谷定量，青壮年至 60 岁男劳力 300 公斤，女劳力 250 公斤。少年和老人口粮定量更低。所分番薯、麦类、豆类全部折抵正粮。大多生产队口粮分不足，每家都是瓜菜半年粮。这时期棉花、布凭票购买，男女都是灰蓝青黑几色，棉衣棉裤穿旧后只有翻新。解放鞋成为村民的高档鞋。

20 世纪 90 年代后，联产承包和市场开放，激励村民发展多种经济，经商办厂，劳务输出，钱、粮、猪、鸡、鸭都多起来，较快改善了村民生活，逐步形成了饮食讲究营养，生活讲究卫生健康的新风尚。穿着上讲究款式新颖、色彩丰富、布料质量好。男的西装革履，年轻女性时装、高跟鞋，中年妇女新衣、皮鞋，佩戴金银首饰，呈现出农村新生活的勃勃生机。

20 世纪 80 年代以前，农民住的是土木结构房，用的是炉灶、洗衣板等传统用具，办事靠走路或用自行车，运输靠人力。20 世纪 90 年代后，农村

① 详见《华埠镇 1961—2000 年基本情况统计》。

新楼房耸立，现代家用电器、通信设施、运输车辆、摩托车不断进入农家。有的住房白墙红瓦，铝合金门窗，地砖地板，还装上了空调。村村是一派新景象。镇政府2001年对炉新村96户366人进行抽样调查，结果如下：

住房：建造钢混结构房74户（其中3层15户，2层54户，1层5户），总建筑面积7240平方米，占全村总户数的78.2%，占全村总建筑面积的63.5%。74户中兼有土木结构房的34户，建筑面积2040平方米。仍住土木结构房22户，建筑总面积2080平方米。全村建筑总面积11360平方米，平均每人住房面积31.06平方米，比城镇人均面积多9.68平方米。

通信：拥有电话65部，手机57只。

家电：闭路电视94台，冰箱50台，洗衣机25台，煤气灶93只，空调11台。

交通运输工具：摩托车9辆，拖拉机7辆，汽车15辆。

图 15 - 3　山水环绕的华埠村落

新世纪以来，华埠农村的生活发生了巨大的变化。考虑到一个县域内农村居民生活的差异性不会太大，在此我们仍可以运用近十年来《开化统计年鉴》的农村住户调查数据来考察华埠乡村物质生活变迁情况。

表 15 - 7　　　　　近十年来开化农村居民主要食物消费量（人均）

指标名称	单位	2000 年	2010 年	增减	增长（%）
一、粮食消费量	公斤	249.99	180.52	- 69.47	- 27.8
（一）谷物消费量	公斤	221.37	175.38	- 45.99	- 20.8
其中：1. 小麦	公斤	n. a.	0.83		
2. 稻谷	公斤	n. a.	170.41		
（二）薯类消费量	公斤	n. a.	3.02		
（三）豆类消费量	公斤	3.47	2.13	- 1.34	- 38.6

指标名称	单位	2000 年	2010 年	增减	增长（%）
二、油脂类消费量	公斤	9.64	1.15	-8.49	-88.1
1. 植物油	公斤	9.25	0.89	-8.36	-90.4
2. 动物油	公斤	0.39	0.26	-0.13	-33.3
三、卷烟消费量	盒	n. a.	38.96		
四、豆制品	公斤	6.47	1.87	-4.60	-71.1
五、蔬菜及菜制品消费量	公斤	136.42	136.49	0.07	0.1
六、瓜类	公斤	n. a.	3.05		
七、水果类	公斤	15.97	10.5	-5.47	-34.3
八、消费茶叶	公斤	n. a.	0.04		
九、坚果消费量	公斤	1.96	2.02	0.06	3.1
十、肉禽及其制品	公斤	32.15	28.36	-3.79	-11.8
猪肉	公斤	24.85	25.06	0.21	0.8
十一、蛋类及蛋制品	公斤	4.39	2.93	-1.46	-33.3
十二、奶和奶制品	公斤	0.09	0.4	0.31	344.4
十三、水产品	公斤	2.82	2.98	0.16	5.7
鱼类	公斤	2.68	2.78	0.10	3.7
十四、食糖	公斤	1.56	1.13	-0.43	-27.6
十五、酒	公斤	19.59	16.72	-2.87	-14.7
其中：1. 白酒	公斤	7.93	6.12	-1.81	-22.8
2. 啤酒	公斤	n. a.	10.3		
3. 果酒	公斤	n. a.	0.06		

资料来源:《开化统计年鉴》。n. a. 表示该年无此项统计。

从上表可以看出，十年来农村居民的平均食物消费无论从品种还是绝对数量，都发生了极大的变化。对于蔬菜及菜制品消费量、坚果、蛋、奶、水产品的五类产品的消费都出现了上升，其中坚果的消费增长尤为明显，三年间增长近19%。而对于粮、豆、糖、酒、动物油、植物油、水果、肉禽及其制品的人均消费量都出现了下降。这种食物消费结构的转变，在很大程度上说明了农村居民生活水平在十年间有了比较大的提高。

表 15 - 8　　　　近十年来农村居民主要生活耐用品拥有量（人均）

类别	单位	2000 年	2010 年	增减	增长（%）
01. 洗衣机	台	2.69	26.67	23.98	891.4
02. 电冰箱	台	14.62	59.72	45.10	308.5
03. 空调	台	n. a.	21.39		
04. 抽油烟机	台	3.08	23.06	19.98	648.7
05. 吸尘器	台	n. a.	1.94		
06. 微波炉	台	n. a.	—		
07. 热水器	台	6.54	64.44	57.90	885.3
其中：太阳能热水器	台	n. a.	44.44		
08. 自行车	辆	181.15	127.5	- 53.65	- 29.6
其中：电动自行车	辆	n. a.	56.67		
09. 摩托车	辆	5	27.22	22.22	444.4
10. 汽车（生活用）	辆	n. a.	2.78		
11. 固定电话	部	36.92	91.67	54.75	148.3
12. 移动电话	部	6.15	173.06	166.91	2714.0
13. 彩色电视机	台	56.15	141.11	84.96	151.3
其中：接入有线电视网的	台	n. a.	138.89		
14. 黑白电视机	台	81.15	4.17	- 76.98	- 94.9
15. 摄像机	台	n. a.	1.11		
16. 影碟机	台	31.92	33.33	1.41	4.4
17. 照相机	架	7.31	6.39	- 0.92	- 12.6
18. 家用电脑	台	0.38	12.22	11.84	3115.8
其中：接入互联网的	台	n. a.	12.22		
19. 中高档乐器	件	n. a.	0.28		

资料来源：《开化统计年鉴》。

十年时光流逝，华埠及开化农村居民的主要生活耐用品拥有量已是今非昔比。从上表可以看出，2000—2010 年间，黑白电视机、自行车和照相机等三项传统家庭用品的人均拥有量均出现了下降，黑白电视机降幅最大，十年间下降近95%。而除此外的其他类生活耐用品或家用电器的拥有量则都出现了大幅度增长，家用计算机、移动电话的增幅甚至多达30倍、26倍。这还不包括空调、吸尘器、电动自行车、家用汽车、摄像机、网络、中高档乐器等在十年前还没列入调查统计项目的耐用消费品。因此新世纪以来农村居民生活质量的提升确实是很明显的。

三　外出劳动力的回流创业

开化县是个只有34万人口的小县，却有8万多人常年外出务工。受全球金融危机影响，大批外出务工农民返乡。华埠镇的溪上村、郑家村、八一村等农村，近年都有很多回乡创业的例子。比如，郑家村的郑永宏去年冬季回家之后，发现农村的卤制品消费市场潜力很大，而生产加工卤制品的商店却没有。于是立即到义乌、金华等地去学习卤制品的生产加工技术。学成归来后，马上进行生产加工。每天一大早，他就把刚加工制作完成的卤制品拿到街上去卖，一下子就被抢购一空。该村的老占师傅，回家之后就立即投入到打铁的老行当。他在20多年前就学会了打铁的手艺，如今打铁的人越来越少，可是农村里的人们还是喜欢打制出来的工具。于是，他和妻子两人回家后，就开始打铁。

在制茶、养牛、养羊等产业，也到处可见本乡镇返乡农民工忙碌的身影。如华埠镇郑家村养殖户郑永宏原来在广东省务工，每年的收入不低，可他总觉得不是长久之计，最终决定回家发展养羊业。2008年，他投资3万多元，从上海引进52只种湖羊。为了养好羊，他购买了不少有关养羊方面的书籍，请教了不少养殖方面的专家，也添置了秸秆粉碎机、抽水机等，在羊场里还安装了电风扇，夏季每天晚上点燃蚊香驱赶蚊子。在饲料搭配上，他实行精粗搭配、干湿搭配，如番薯藤、干草和豆腐渣等混合饲养。经过一年努力，他养的羊在市场上已经供不应求。

华埠镇华民村村民祝建全在外打工15年，返乡创业，用了两年多时间，将一个空塘水库和一片荒地，变成了"六畜"兴旺的综合养殖场，创出了自己的一片天地。祝建全初中毕业后因家庭条件受限，只好跟随姐夫学泥工。22岁那年，祝建全独自一人到江西玉山承租了上千亩山，种起了椴木香菇。由于不熟悉当地气候变化，又缺乏种菇技术，短短两年亏本2万多元。首次创业失败，祝建全只好又外出打工，打拼了5年。之后在嵊州深受老板的重用，一干又是 7 年，不但还清了当年种香菇的亏损，还在家乡建造了一幢小洋房。2006 年底祝建全回到了家乡，向村委会提出并获准承包伊家坞空塘水库。"要致富、先修路"，从伊家坞水库到 205 国道有一段是一条柴草交加的山坡小路，祝建全用多年打工赚来的钱把这条小路修成了大路，接着又竖电杆、拉电线，清理水库、购鱼苗、买饲料、搭建简易房，开始了创业。然而当年因缺乏养殖技术，放养的鱼苗死亡率很高，亏损不少。但祝建全并不气馁，迅速调整了自己的创业规划。不再单一养鱼，而是利用水库周围独特的环境优势，养起了猪、牛、鸡、鸭、鹅等，开始多种养殖。不懂技术，他就跑书店，请专家，边学、边实践。综合养殖、综合利用，很快就养有 7 头大黄牛、7 头母猪、50 多头肉猪、100 多只土鸡、35 只珍珠鸡、20 多只鸽子、100 多只洋鸭，水库里还放养了 500 多公斤鱼苗，乱泥田里则放养了龙虾。仅出售肉猪一项就创收近 5 万元，他的进一步目标是建设一个生态农庄。

华埠镇大路边村村民徐君宏，2002 年在柯城区航埠镇租下 300 多平方米的厂房，投资创办一家工艺品厂，以生产仿明清实木家具为主，产品销往杭州、上海等地。这个家庭作坊规模很小，职工只有 10 来人。随着生意越来越好，只有 300 多平方米的厂房已满足不了企业的发展。企业要扩大，是回乡创业还是留在航埠继续发展？他经过反复考虑，觉得还是回家乡发展有比较优势。2005 年，在当地领导的帮助下，只用了一个多月时间，顺利租下已闲置多年的封家粮站，企业更名为开化县封家镇鸿郡仿古工艺品厂，场地面积达到四五亩，是原在航埠的十几倍，把部分半成品运到东阳去加工，一两年产值就翻一番。但只生产 2 年时间，就感到场地太小，50 多个员工仍来不及生产。于是又以每年 3 万元的租金租下附近一家水泥厂的闲置厂房，但还是杯水车薪。经过考察分析论证最后在 205 国道边上华埠工业功能区征用 20亩土地，与宁波一客商合作投资 2600 万元新建一条年产 25000 套仿古家具的生产线。

在开化县及华埠镇，还有许多山林创业典型。一项资料显示，开化县已有 400 多位农民工返乡兴林创业，并带动 1 万多名农民本地再就业，人均十亩山林，为广大山区农民创业就业提供了广阔舞台。

四　华埠镇新农村建设

华埠镇新农村建设以"生产发展、生活宽裕、乡风文明、村容整洁、管理民主"作为总目标，把发展特色农业作为农民增收的重要途径，把抓典型示范作为推进新农村建设的重要方法，把改善农村生产生活条件作为加快农村发展的重要任务，把城乡一体化发展作为加快华埠经济社会协调发展的根本动力。着力解决民生问题，千方百计扩大就业再就业，认真办理下岗职工优惠证。加大社会救助、救灾和扶贫工作力度，对农村特困人员和城乡困难群体实施救助和医疗救助，新建福利院，农村五保户集中供养率达到82.6%。努力为人民群众多办实事，从2002年开始，每年承诺的实事都如期完成。

按照新农村建设"生产发展、生活宽裕、村容整洁、乡风文明、管理民主"的要求，以促进农民增收为核心，认真落实各项支农惠农政策。加强农民技能培训，引导农民"洗脚上岸"、"进城入市"。五年来，2002—2006年间共培训农民1万人次，新增转移劳动力2500多人，农民的市场意识和自我增收、自我致富能力不断提高。以"十村示范、百村整治"工程为龙头，康庄工程、农民饮用水工程、下山脱贫工程、新型能源建设工程、农村垃圾集中处理等各项农村基础设施建设工程扎实推进。2002—2006年间，共建设整治村19个；完成康庄工程道路30公里，道路硬化250公里，实现了村村通等级水泥公路；43个村全面启动垃圾集中处理，农村卫生环境得到明显改善；完成农民饮用水工程建设村14个，"赤膊墙"整治示范村8个，实施沼气工程建设村6个，新建改建村级办公场所21个，村庄绿化3.2万平方米，河道整治55公里，金星、华东成为"浙江省小康建设示范村"，全镇村容村貌得到明显改观。推进农村税费改革，全面完成土地二轮承包。

炉新村创建市级示范村，计划安排了13个建设项目，积极筹措资金，按照县里补一点、镇里贴一点、老板拿一下、集体出一点的方法，总投资近100万元，13年新农村建设项目全面完成。童家、息村、昌谷、许家源和郑家5个整治村已全部通过验收。金星、炉庄、华民等污水处理村也全部通过了上级验收。完成了双林、炉新、杨村、王家、新华、郑家、溪东、毛家坎、齐新、童家、旭日、封家、大路边、友谊14个村农民饮用水工程；完成旭日至小郡、溪东至息村康庄工程建设，毛力坑至苏坞公路，大路边至八一康庄路正施工；完成郑家、叶家塘等村土地整理工程、金星等7个村的土地开发工程和炉庄等3个村的宅基地复垦工程；黄衢南高速公路B7标段施工顺利完成。

2010年，华埠被评为开化县新农村建设先进单位。深入实施"十村示

图 15 - 4　华埠镇炉庄村秸秆沼气工程

图 15 - 5　炉庄村污水处理工程告示牌

范、百村整治"工程，完成友谊村、原华东村、原齐新村和原叶家塘村 4 个村的整治任务；完成旭日村、原华东村、原封家村 3 个村的省级中心村建设规划申报和原渔塘村、原炉庄村 2 个村的农家乐特色村规划申报工作。较好地完成市农房改造现场会沿线整治工作任务，完成赤膊墙粉刷 25320m²，亮化 11570m²，拆除房屋 2080m²。加快推进康庄工程建设，完成永丰、寺坞、瑶坑口、旭日、大郡等康庄公路建设。完成农房改造任务 580 户；完成 349 亩土地征用和农用地转用；实施土地开发项目 4 个，建设用地复垦项目 12 个。农业生产机械化、畜牧业生产规模化程度也不断提高。

积极推进就业再就业工程，鼓励农民外出创业和在外务工人员回乡创业，大力开展万名农民素质培训工程，如 2009 年培训农民 1846 人次，转移劳动力 1292 人。加大保障投入，城乡社会保障体系不断完善。全面完成六十周岁以上城乡居民基础养老金的发放工作，深入开展城乡居民养老保险金的收缴。帮助农村低保户、困难户解决住房困难补助资金近 60 万元。积极做好低保和优抚工作，为优抚对象解决三难问题。做好新农合保险日常报销、体检工作，全镇 26325 人参加医保，报销人数 2059 人，报销总金额达 301 万元。积极做好血防工作，开展查螺灭螺。

深入实施低收入农户奔小康工程。如 2010 年对全镇 28 个村 1223 户低收入农户进行有针对、有系统的帮扶，开展各种培训 300 余人次，下山脱贫 36 户 130 人，年收入 2500 元以下低收入农户减少 161 户。大力实施城乡居民养老保险制度，参保人数 1.2 万，4860 名城乡居民按月领取不低于 60 元的基础养老金。医疗保障力度不断加大，农村医疗保险参保人数达到 2.9 万，全年报销医药费 437 万元，2348 人次受益；发放医疗救助、春荒救助金 35 万元，158 人次受益。完成移民后扶项目工程规划审报 33 个，总投资 461.23 万元，3.3 万人次受益。完成 106 户困难群众住房救助任务。

专栏：村务公开，村民参与

华埠镇毛家坎村推进村务信息化并依托万村联网工程"浙江农民信箱"① 来开展村务公开的工作。网站板块设置丰富，包括乡村新貌、领导班子、村规民约、信息公告、村务公开、特色产品、工业贸易、乡村旅游、劳务供需和新农村建设。领导班子详细介绍村一级组织的工作人员（村主任、村支书以及各位委员都有公开联系方式）；结合本村农业生产特点介绍农业生产的注意事项（如油菜栽培技术及新品种"浙双 72"的栽培要点、茶园

---

① 浙江农民信箱是一个农业信息资源服务平台（http://www.zjnm.cn），集成了国内外农业技术、市场信息、农业企业、网上审批、劳动力就业、来料加工相关的网站网页和农技人员、农家乐的相关信息。可以通过按地区分类查找到浙江省内某一市、县、乡镇及全国兄弟省市、国家部委、国外的有关信息，也可以通过按产业分类查找到农业有关信息。截至 2010 年 3 月份，该站点的点击率已突破三千万次。

冬季管理、防控生猪蓝耳病、晚秋蚕大蚕饲养技术与要点等）以及生活常识（常见疾病的冬季食疗、秋季肠胃保养等）。

尽管网站建设尚有待完善，但随着人们对于网络认识和受众群体对于该站点认知的不断提高，其建设的工业贸易、乡村旅游、劳务供需等栏目势必会成为村民关注的焦点，也能够起到毛家坎与外界的桥梁与纽带的作用。

华埠镇华喜村村民黄建和通过自家电脑，很快查到了村里去年一年所做的各项公益事业以及村级各项财务支出。

华埠镇下辖43个行政村，村村都有大量村民在外务工经商。如何让这些村民及时了解村里的大小事？"所有行政村都设立了公共农民信箱，账号、密码公开，镇财务管理服务中心将各村当月发生的收支情况制成财务报表发到各村农民信箱里。"时任华埠镇党委书记的苏新祥介绍，无论在村里还是在外面的村民，都可以通过农民信箱了解村级事务和财务。每个月底，镇里还发送短信提醒有关村民上网查看。"事情做得真不少，全年各项收入、支出一一对应。"表格设计得清楚明了，各项财务收支数据还可下载保存。

村级财务网上明白亮相，不少在外的村民更乐意为村里出力。许家源村在去年夏天遭受了洪灾，防洪堤、道路等破坏严重，除上级补助外，村里还需资金二十多万元。一些村民原来心里有顾虑，就怕钱用不到正途上，但看过农民信箱村务公开栏，顾虑打消了，"连一次性茶杯的支出也列得明明白白"。一位村民周明泉捐钱购买了3吨水泥，专程雇车从衢州运到村里，供应给村里浇筑道路。

2007年，炉庄村共投入153万元进行省级小康示范村创建。每笔开支都经过村民监督小组审核，每件大事都经过村民代表讨论通过，并逐月逐件逐笔在农民信箱上进行明细公布。村民徐文军常年在外打工，村庄整治需要拆除他家的露天厕所。由于不了解情况，徐文军开始表示不同意，直到在网上村务公开窗口看到村里正在争创省级小康示范村，他才主动打电话到村委会，表示同意拆除。

专栏：市级示范村——炉新村

炉新村是个新安江移民村，全村358人，113户人家，4个村民小组。村民十分勤劳，在外经商办厂的居多。村前有条龙山港，溪水清洁明亮，村后是座大山，成材的杉木林绿油油的一片。全村耕地204亩，山林1223亩。在1994年10月之前，村集体经济不但没有一分钱，反而还欠款10万余元，加上村红砖厂亏损46.9万元，共计欠款57万元。因部分农户没有上缴农灌电费，电管部门只好采取全村停电。全村都没有照明电，村里一盘散沙，林政管理混乱，村民怨声载道。在这困难之时，正在开化县彩塑厂负责供销工作的程宝贤，受村广大干部群众和镇党委委托，走马上任主持村委会工作。程宝贤主动与老支书应新田商量，广泛征求干部群众意见后，年内就办了两件实事：上任的3天内，一家一户上门收缴所欠的电费，使全村家家户户重新亮起来；想方设法筹措资金5万元加上农户出一部分，在当年年底，成了全县第一个开通有线电视的村。有了好的开头，村民的信心有了，干部的心也齐了。

1995年新年刚过，程宝贤就通过村民大会，制定了村规民约，将全村1223亩山林全部实施封山，若有人上山砍一担柴，就要杀一头猪，砍一根（段）树，则赔款300元。1996年4月，村民程某在田地边的山上砍了几十斤柴，被村民发现后，报告村里的老支书应新田。老支书马上通知程宝贤主任，程宝贤二话没说，赶到现场对程某进行教育。程某说："我们是自家人，砍了点柴就算了，我保证今后不砍了。"程宝贤说："自家人更应该遵守村规民约，不然，以后我怎能管好村里这片山林。"程宝贤秉公办事，按照村规民约对程某进行150元的处罚，并在全村进行通报，引以为戒。从此之后，村里再也没有人上山砍过柴、偷过树。

1997年12月，程宝贤被推选为村党支部书记。他深感身上的担子更重了，压力更大了，但他为村民服务的信心更足了。平时有空就上门与村民交心，虚心听取意见，遇事村班子集体商量，为村里办了一件又一件实事：浇筑村里总长800多米水泥路面、改造所有线路、安装了路灯、建学校，加大对山林的抚育管理，使1223亩山林变成绿色的风景山、摇钱树。去年，村集体林木收入达10余万元。只要有人来偷树，程宝贤总是带头组织村民到山坞口等处理伏直到抓获为止。邻近村庄村民都说，"炉新村村规民约，实用，干部敢管，群众支持，还有哪个人敢去偷木头？"

2007年年初，特别是村两委换届以来，高票当选村支书的程宝贤和村主任程志勇，与村干部群众齐心协力创建市级示范村。这一得民心工程，迅速得到全村干部群众的积极响应。经过几年的努力，炉新村污水处理及球场、公厕、饮用水、村庄路灯、道路及绿化等建设，都取得了实质性进展。

五　生态示范村——金星村案例

金星村位于华埠镇东北 3 公里处，全村共有 5 个自然村，264 户，884 人，山地总面积 11179 亩（其中水田 675 亩），山林总面积 10067 亩，林木蓄积量 3.57 万立方米，全村现有党员 28 人。近几年来，该村党组织自觉践行中国特色社会主义理论，深入贯彻落实"创业创新、富民强村"战略，团结村两委班子，勤政、廉政，充分发挥党员干部先锋模范作用，带领村民艰苦创业，村集体经济和各项事业取得了长足的发展，村民生产生活条件明显改善，社会稳定，村民安居乐业。2007 年人均收入 6800 元。该村先后被评为"全国绿化造林千佳村"、"浙江省首批小康建设示范村"、省级"山区生态优化平衡村"试点村、省级"水土保持工程示范区"、省级基层先进党组织、省级文明村和劳动模范集体。

1. 合理规划，建设和谐新农村

60 年前，金星和当时中国大部分乡村一样，村民经常为衣、食、住、行发愁，村内道路泥泞，房屋凌乱，交通极为不便。

新世纪以来，该村在镇委、镇政府的指导下，高度重视规划的引领与整合作用，在充分审视独特的生态优势，以及小县大城建设、对接步伐加快的机遇优势等基础上，放眼长远，聘请浙江大学对全村经济社会发展进行了新一轮的系统规划，确立了建设特色经济强村的目标，构划了"民富村美，自然和谐"的生态型新农村发展蓝图。在规划制订中，始终体现生态特色，注重规划的科学性、特色性，并在实践中不断提升规划的规范功能，使新农村建设在高起点、高平台上稳步有序地推进。

而今，金星的村民盖了楼房，住上了设施齐全的新屋，康庄大道通向家家户户，很多农民上了网，用上了洁净的自来水，老年活动中心、村医疗卫生服务室等公共设施一应俱全；村容村貌焕然一新，实现了村庄绿化、道路硬化、路灯亮化、卫生洁化、休闲公园化、生活城市化。屋后是连绵的大山，郁郁葱葱；屋前是一江碧水，波光粼粼。幢幢新楼掩映在绿树丛中，年轻的村民或上山采茶或忙于农活，年老的村民干完家务在村公园里健身，欢声笑语在村庄的上空轻轻飘荡。步入开化县华埠镇金星村，映入眼帘的和谐画面让人感觉身心舒畅，如同进入美丽画卷般让人心旷神怡。

图 15-6 现代新农村——金星村

该村坚持把改善基础条件作为重点。近 5 年来，共投入 400 多万用于村庄整治和建设。硬化上，完成全村"五纵四横"道路修建、改建，95% 农户消灭了"赤膊墙"。绿化上，建成中心公园和环溪绿化景观带，营造了"村在林中、人在绿中"的独特风景。洁化上，做到治厕、治污与新型能源工程相结合，拆除露天粪坑，建造村内公厕，做到垃圾治理与村容村貌整治相结合；建立"三包、集中分拣、综合利用、无害化处理"机制，设置垃圾箱25 只，卫生保洁员 2 名，每天清扫公共场所卫生。亮化上，安装路灯 35 盏，方便了行人，扮靓了村容。

村两委班子及配套组织健全，村干部合心合拍，共同为村民解难，为发展服务。扎实推进民主法治村建设，建立了以"四民主、两公开"为核心的村民自治机制，公开村务、财务，让村民真正享有"四权"，激发群众建设新农村的积极性、主动性。按照村里出一点、个人出一点的原则，建立了村民养老保险筹资机制，村里给 60 岁以上老人每月发放养老金 60 元，全体村民同时参加了新型农村合作医疗。修订了村规民约，注重加强村民思想、道德和法律教育，化解矛盾纠纷，融洽干群关系，民风淳朴，村风文明，连续多年无刑事案件、无赌博现象、无封建迷信活动。

2. 绿色经济，鼓起村民钱袋子

金星村坚持把村民增收致富放在首位。该村有着便捷的交通地理优势，因此鼓励村民跳出传统的农业生产圈子，走出家门外出创业发展，目前全村60%的劳动力"洗脚上田"，进城务工经商。通过培训转移一批、集镇吸纳一批、产业带动一批，提高农民素质，增强创业能力，拓宽增收渠道。比如，每年免费为村民举办名茶、食用菌、高山蔬菜等实用技术培训，提高留守农民来自一产的收入。

绿萝轻展、汤色青翠，金星村的茶叶是生态农产品，为村民带来了可观的收入。2003年，村支书郑初一从县特产局引进了茶叶优质苗，带领群众不断摸索，茶叶规模日益扩大，效益也不断提高。2006年，村里研究出台了补助政策，每亩名茶由村里补助苗款200元，多种多补，通过带头试验示范、政策引导，全村已发展名茶800多亩，成为村民致富的支柱产业，规模经营产生规模效益。在金星村，不少村民靠种茶走上了致富路，茶农也从当初的两三户，发展到现在的220户，仅名茶一项每年为村民增收200多万元，成为村民增收主渠道之一。

为了方便茶农加工和销售，村里又办起了名茶加工厂，2008年，该村成立了金星村名茶专业合作社，推动农民专业合作、供销合作、信用合作、科技信息合作的"四位一体"组织形式，实现统一加工，统一销售，增加茶农的收入，使名茶产业持续健康的发展，方便了农户销售，解决了农户的后顾之忧。

2008年，中央下发10号文件《关于全面推进集体林权制度改革的意见》，金星村进行集体林权制度改革，在经过广泛征求意见和村民代表的表决通过的程序后，将村集体近万亩山林分到农户经营。林改后，林农的积极性空前高涨，原先3000多亩荒山，林改后一年全部绿化，他们像种田一样种山，像种菜一样种树，购买复合肥上山抚育。

村里林权改革后，许多村民不用出去做事在家打理好山林就有收入，如村民徐怡理2008年年底分到山林13亩，第二年就增加收入一万多元。还有很多村民收入更高，因此有了造林积极性。勤施肥、勤锄草，去年种下的树苗，第二年已长到120厘米。

据悉，林改后平均每户农民可增加收入5万多元，而且是持续发展，实现了农民增收，农业增效的目标，此举受到村民们的称赞。到2009年底，该村村民人均收入从1994年的0.185万元，增加到现在的1.02万元。

3. 清洁能源，生活处处"低碳"

"生态文明、节能减排、绿色环保、低碳经济……"几年前，这些时尚的用语对于金星村村民来说，还是一组陌生的词语。但如今，装太阳能、建沼气池、生态环保……这些新词对金星村已不陌生，村民过上了"低碳"生活[①]。

该村十分重视农村能源项目建设，于 2003 年开始实施"器、气、池"（即：太阳能热水器、沼气、生活污水净化池）三结合能源生态示范建设。经过村两委的积极努力，建户用沼气池 102 只，总容积 816 立方米。在全村安装太阳能热水器 95 台。建生活污水净化池 2 处，总容积 180 立方米。通过项目建设，村民用上了太阳能、沼气等清洁能源，提高了清洁能源使用比重，减少了对薪材使用量，保护了森林资源。鸡舍、猪圈里的粪便以及田里的稻草都成了沼气原料，沼渣肥田，村里种的茶叶、蔬菜不用农药、化肥，产出的都是绿色食品！沼气池的使用，不仅省时省力，节约了很多开支，而且还告别了以前烧柴禾时烟雾呛鼻、烟灰弥漫的日子，还有效地保护了村里的生态资源。村民曾做过测算，以前每天烧柴禾约 1 元钱，液化气需 1.3 元，而用沼气就省多了，原材料不够可以到附近养殖场里买，每天沼气支出不到五角钱，因此既方便又实惠。

如今，金星村村民的生活污水通过净化处理排放，达到了污染治理，人居环境改善。通过发展绿色经济，村民生活质量提高，农民生活质量实现了质的飞跃，呈现出一派人与自然和谐发展的农村新景。

附1：华埠镇金星生态村建设规划

一、基本情况（略）

二、生态村建设的有利条件和制约因素

——有利条件

（一）环境问题已是全球问题，生态环境建设已引起党和国家的高度重视，近几年对此投资也逐年增加。

（二）县委、县政府在世纪之交提出生态立县战略，成为我县面向 21 世纪经济和社会发展重要发展思路。

（三）改革开放以来，金星村已积累一定的资金，各项建设也有一定的基础。

---

① 资料来源：人民网（北京）2010 年 5 月 9 日，记者余杰、陈薇。

图 15-7　在华埠镇与金星村领导陪同下，课题组进行实地考察

（四）总体来说，金星村自然资源丰富，环境质量尚好，各类资源开发和利用的前景良好。

（五）近年来，由于注重加强环保的宣传，政策与措施逐步到位，群众环保意识日益浓厚，上下形成"保护钱江源，建设生态县"，让"青山碧水永存，蓝天绿色永驻"的共识，为建设生态村奠定了群众基础。

——制约因素分析

（一）经济总量与周边地区距离逐渐拉大。尽管近几年来，金星村经济发展速度还是比较快的，但由于经济总量小，在同样的增长速度下，仍不可避免地与先进村距离拉大。

（二）缺少工业支撑。

（三）山林生态系统脆弱，自然灾害频繁。尽管金星村有较高的森林覆盖率，但林种结构不甚合理，群落结构和树种组成单调；林分质量不高；另外，由于森林生态系统结构和功能退化，导致水土流失，日益严重，从而造成旱涝灾害频繁，经济损失严重。

（四）受集镇经济辐射能力差，区位条件相对较差。金星村离集镇较远，车、货流量相对较小，对外交流合作机会少。

（五）金星村建设资金来源渠道不多，聚财生财能力较弱，资金投入总量不足，成为金星村发展的一大障碍。

三、规划的指导思想和规划目标

（一）指导思想

根据金星村社会、经济建设和资源环境特征，运用生态学和生态经济学原理，合理利用资源，促进地方经济和社会各项事业协调发展，生态良性循环，促进我村社会、经济和环境发展走上可持续发展的道路。

……

（二）规划原则

（1）可持续发展原则

（2）与国民经济和社会发展计划相协调的原则

（3）经济增长方式集约型的原则

（4）因地制宜的原则

（5）可操作性的原则

（三）规划期

结合五年计划和政府任期，规划期分为

近期　1999—2002 年

中期　2002—2010 年

远期　2010—2015 年

（四）规划编制依据

（1）编制规范

《生态示范区建设规划编制导则（试行)》，国家环保总局，1996。

（2）有关法律法规

《环境保护法》、《森林法》、《矿产资源法》、《土地管理法》、《水保持法》等。

（五）规划目标和规划指标

1. 规划目标

良好的环境质量，生活废弃物得到有效的治理，无污染危害；村里环境整治、卫生、舒适，基础设施配套；健全的管理队伍和规章制度；物质、精神两文明的社会主义新农村。

2. 规模指标

考核内容	序号	指标名称	指标值
社会经济发展	1	农民年人均收入（元/年）	高于当地县、市、区平均值
	2	公共设施完善程度	较完善
	3	农村生活饮用水卫生合格率（%）	≥90

续表

考核内容	序号	指标名称		指标值
镇乡建成区及村域环境	4	环境质量		达到功能区和规划要求
	5	工业污染源排放稳定达标率（%）		≥90
	6	生活垃圾无害化处理率（%）		≥70
	7	建成区人均公共绿地面积（m²）		≥7
区域生态环境保护	8	森林覆盖率（%）	山区地区	≥70
			丘陵地区	≥40
			平原地区	≥10
	9	矿山生态恢复率（%）		达到环境规划要求
	10	水土流失治理程度		达到环境规划要求
农村环境保护	11	规模化畜禽养殖场粪便资源化率（%）		≥90
	12	规模化畜禽养殖场污水排放达标率（%）		≥50
	13	秸秆综合利用率（%）		≥95
	14	农田化肥施用强度（折纯 kg/hm²）		≤280
	15	主要农产品农药残留合格率（%）		≥85
	16	农村清洁能源普及率（%）		≥60

3. 控制工农业生产的污染

（1）发展无污染，少污染的乡镇企业。

（2）治理乡镇工业"三废"，污染物达标排放，并实行排污总量控制。

（3）合理使用化肥、农药，提倡使用高效低毒低残留农药，增施有机肥料。

（4）禽、畜粪便和村民的生活废弃物，往沼气化、无害化处理，开展综合利用，回归农用。

（5）农副产业加工的废弃物不污染环境。

4. 保护自然资源，合理开发利用

（1）丘陵山区要绿化所有荒山，并有计划地优化林种；平原地区绿化"四旁"（住宅旁、路旁沟渠旁、村旁）和所有荒地，大田营造防护林带。

（2）保护耕地，定量控制耕地消耗；推广秸秆还田，增施有机肥料，提高农田土壤肥力。

（3）保护江、河、湖、浜水面，开展综合利用。

（4）保护自然风光、风景名胜、古树和野生珍稀动植物。

5. 发达的农村经济，合理的经济结构

（1）村民的年均收入高于该县年均收入水平。

（2）农、林、牧、副、渔五业和乡镇企业全面发展。

（3）运用生物链，对农业废弃物进行多次利用，生产更多的物质产品。

（4）工农业生产相结合，以工促农，以工补农。

6. 优美的村容、村貌

（1）村内外"四旁"绿化、绿树成荫。

（2）住房整齐有序，环境美化。

（3）村内外道路平整、清洁、通畅。

（4）改露天厕所为文明卫生便所，垃圾妥善倾倒处置。

（5）村内清洁卫生、美丽、安静。

7. 物质文明，精神文明建设

（1）坚持四项基本原则，坚持改革开放。

（2）村民物质生活富裕，精神文明充实。

（3）控制人口增长，实行计划生育。

（4）重视文化教育，培养人才，提高村民文化素质。

（5）人与人互敬互重，无丑恶现象。

四、主要建设领域和重点任务

（一）生态农业建设

1. 思路和目标

金星村生态农业建设的主要思路是：以市场为导向，通过土地流转和结构调整，大力发展效益农业，注重水土保持和农田基本建设；依靠科学技术，逐步推广绿色农业和有机农业，提高农产品质量和农业经济效益，促进农业生产和农业经济的可持续发展。

（二）生态农业重点建设内容

1. 建设农业特色基地

（1）名茶基地2000亩（有机茶面积1000亩）；

（2）花卉、苗木基地 1000 亩；

（3）规模化特种养殖（包括珍稀动物养殖）20 户；

（4）笋竹两用林建设基地 1000 亩；

（5）生态公益林建设 3000 亩。

2. 抓好农田基本建设，提高农业抗灾减灾能力

加强农田水利基础建设，建设标准农田，兴建蓄水、提水工程，扩大旱涝增收面积，同时推广农业节水技术，提高主要溪流的防洪标准，减少农田旱涝灾害的损失。

（二）生态工业建设

1. 主要思路和目标

根据本地资源特征，安排工业布局，以科技进步为先导，积极开展清洁生产和废物综合利用，逐步形成"循环经济"的工业产业格局，同时认真做好工业企业的"三废"治理，促进工业生产和环境保护协调发展，实现以较小的环境代价，产生较大的经济效益。

2. 把招商引资作为主要经济增长点，进一步做好各项鼓励和扶持政策的落实工作，大力改善投资环境。充分调动农民的积极性，利用村闲置资产、充裕劳动力资源招商引资。继续鼓励农村剩余劳动力外出务工，大力做好务工经商人员回乡创办企业工作，以量的扩张为重点，抓住经济发达地区产业梯度转移机遇，大力发展劳动密集型产业，尤其是家庭来料加工业。加强规划和引导，把发展家庭来料加工与开发本地资源、盘活存量资产、招商引资、对外贸易结合起来，着力提升家庭来料加工队伍的组织化程度，不断提高产品质量和档次，进一步拓宽来料加工渠道，积极引导家庭来料。加工向来样加工、来单加工、对外贸易和创办企业方向发展，形成"一村一品"的有竞争力的产业群块。

……

（三）生态村建设

1. 主要思路和目标

通过生态城镇体系建设，结合城镇环境综合整治，加强各类基础设施建设，促进村容村貌建设和生态环境建设的协调发展，进一步提高人民生活水平和质量。

2. 重点建设内容

（1）合理制订控制性详细规划和镇域村镇体系规划。

《金星村中心村规划》。

（2）抓好村基础设施、生态建设工程。

①道路硬化：完成村主要道路硬化。投资40余万元（其中村集体投入10万元）修筑村庄与205国道的接线道路，全村实现道路"五纵四横"，长度共计达3000米。

②环境美化：投资4万余元在平整的1400平方米公园规划土地上种植了草坪和3000多株绿化树苗。针对村庄里40余户农户房屋的外墙未粉刷，红墙现象较多情况，村里决定对每户补助2000元，1000斤毛竹，利用三年的时间消除红墙现象。村集体每年提留绿化资金，购买村庄绿化树苗，目前村干道旁种广玉兰130株、塔柏150株、大叶黄杨木3000株。

③卫生洁化：投资四万元修建6条排污沟和8只垃圾箱，净化村庄环境。拆除露天厕所15座，改为文明卫生厕所，改善村庄卫生条件。村里每年拿出部分资金聘请了保洁员，每天对全村的卫生进行打扫，保持村庄的长久整洁。

④路灯亮化：安装路灯30多盏，每当夜色降临，整个金星村光亮如昼，方便了行人走路，改善了村容村貌。

（四）中心村建设

1. 中心村彩独立式住宅，平面采用行列式布置，新区建筑红线距分别为4米和10米，老区改造后房屋间距1:0.8，新区1:1.1。

2. 在规划区内建多功能综合楼，保留幼儿园、小学。

3. 建筑室内地坪应高于相应道路中心线0.45米。

4. 规划建设充分考虑建筑与环境的协调，采有典雅古朴造型，局部配以烟灰色。

5. 加强马金溪道路绿化带建设，重视古树名木保护，尤其是古银杏和香樟保护，开辟小型公园，规划"爱国主义教育基地"，占地面积10908平方米。

（五）生态旅游建设

1. 会议接待中心

金星村会议接待中心，位于东面村头，东靠万亩生态林，古木丛生，郁郁葱葱，生机勃勃。南是华埠欣欣水电站，河面总长4公里，平均宽度120米，水深平均4米以下，河水清澈见底，山水交相映辉，波澜壮阔。西与村休闲公园相连。北通205国道。交通十分便利，是集吃、住、行、旅游观光、开会为一体的休闲场所。

2. 休闲公园扩建工程

公园处在村中心位置，东面是万亩生态林区，左边是会议接待中心，西南面是马金溪、江滨路，通过金星村大桥与华白线相接，北面450米与205国道贯通，地理环境得天独厚，风景自然清雅优美。2001—2002年，村级已投资4万余元，公园内已基本绿化，初具规模。从目前调查，公园内有在国内"银杏王"之一的银杏树，据金星村夏族宗谱记载，其族祖夏史烈原籍河南，五百多年前为避黄河水患南迁至此，将山上一株野生银杏移栽于此，视其死活以定去留，银杏成活后即定居于此村。由于历年来深得很好保护，银杏树大根深，枝粗叶茂，高37米，树围6.98米，冠幅50多平方米。1993年经林业技术人员人工授粉，产白果330公斤，吸引了不少专家、学者到此考察观赏。

3. 万亩生态林公园

金星村生态公园由东坞至北坞，二坞村级道路直通自然村，二条弯弯的小溪流汇入马金溪，山林面积10067亩，林木蓄积量3.57万立方米。历年来该村党支部、村委会积极响应县委、县政府提出的实施"生态立县"的战略，立足长远，统一规划，制定了一系列的生态环境的有力措施，使生态林覆盖率达到85%以上，防护林达到100%，茫茫的林海，是野生动物的栖息之地，有国家一级保护动物黑鹿常有出没，林中花香鸟语，树丛成千累万，真可谓"山翠水绿疑无路，树大林茂又一村"。村中有百年以上的古樟名木30余棵。2000年金星村被县委、县政府列为"生态示范村"，特定的地理环境条件，丰富的森林资源为金星村生态公园开发开辟广阔的前景。

4. 水上乐园

从生态林探险归来，在清静如镜的水上乐园坐上脚踏水车，放松疲劳紧张的心情，只要你站在村前2公里以外的地方，你就清晰可见金星村英姿的倒影在清澈见底的河水中碧波荡漾，形成一道天然亮丽的人文景光，给人一种"包罗万象、触景生情"的感觉。金星村水上资源位于村前，名为母亲河，钱江源头，马金溪。早期时代，因村面溪水深急流，设有渡船，是开化通往衢、杭的唯一水上要道。1998年，华埠欣欣水电站建成后，大大增加了金星村的水上面积。

5. 江滨路扩建

金星村江滨路防洪堤全长1000米，高8—12米，宽7米，村头与万亩生态林相连，沿河向东南方向 3000 米与 205 国道相接，南西北与华白线、205 国道贯通，江滨路有百年古樟名木 20 余棵，村大桥沿河 450 米直通 205 国道齐新大桥，距防洪堤内 20 米，最宽地段 30—40 米，是通往自然村深渡的村级道路。此地是建造别墅的最佳地段。江滨路共设 10 个埠头，为弧形（即钓鱼台），上窄下宽，上宽度 3 米以上，下宽度 8—10 米，用踏跺砌成。一是供游人、村民垂钓、洗刷。二是通往水上乐园的上下行道，三是水上公园停泊处（即快艇、水上自行车、竹筏、龙船等停靠处）。设有形态不同的石椅、石凳、绿化带，设两座望江亭，一座设在江滨路东头，接待中心与生态林区之间，一座设在江滨路西北齐新大桥头，站在两座望江亭内，水上的湖光十色、树光倒影、游人嬉耍、天水合一的美丽景象将历历在目。该项目总投资 200 万元。

（六）防灾减灾能力建设

1. 森林防火

森林火灾具有很强的突发性和破坏性，必须贯彻"预防为主，积极消灭"的方针，建立"立足基层，立足当地，群防群治，自防自救"的森林防火机制，全面实行法律手段，行政手段，经济手段相结合的综合治理。

2. 森林病虫害防治

森林病虫害防治的指导思想，坚持"预防为主，综合治理"方针，提高控灾能力，落实"谁经营，谁防治"责任制度，贯彻目标管理，加强体系建设，实施合理治理，控制病虫害发生和发展。

3. 水利综合设施建设

水利设施建设的基本思路是结合水电资源，开发进行水利设施建设，以防洪抗涝的主要目标，进行小流域的综合治理，保护生态环境，提高防洪能力。通过工程建设有效减少水土流失量，降低河道比降，增加土壤的水分涵养能力，削减洪峰流量，增加抗灾减灾能力。

五、实施规划的保障措施

（一）加强生态建设领导，落实分配责任

建立村支书、村主任、村班子成员组成生态示范建设领导小组，领导和组织各项生态建设工程实施。

（二）鼓励各方投资，积极筹措资金

生态村建设资金，动员全村，实行个人、集体与政府三结合，制定一系列优惠措施，鼓励各方投资，引入市场机制，以效益吸引投资，积极向上争取资金，确保各项建设工程的实施。

（三）加大科技支持力度，科技兴村

全面贯彻科技是第一生产力的思想，深化科技体制改革，不断增加科技投入，大力推进科技进步，加速科技成果向现实生产力转化，加快高新技术的研究开发和引进，提高全民科技文化素质。

要依靠科技进步，从全局整体上考虑污染防治和生态保护，使示范区经济发展实现资源消耗最少，对环境破坏最小，产出效益最大的目标。

要依靠科技进步，大力发展农业，优化农业生产力布局和产业结构。以发展创汇农业为重点，促进农林牧副渔按"一优两高"要求全面发展。

要加大科技支持力度，努力优化工业产生结构和产品结构，大力发展科技先导型和资源节约型的产业和产品，积极推行清洁生产技术，逐步淘汰工艺落后的产品和技术，逐步减少能耗大、原料耗费大、污染严重的产品生产。

（四）进行全方位宣传，强调村民参与

加大宣传力度，对生态村建设进行全方位宣传，要利用各种渠道，媒体机构等进行经常性宣传。提高全村生态环境意识和可持续发展意识，强调村民参与，增强全村人民建设生态村的积极性和自然性。加强特别是对青少年加强生态文化教育和宣传。经常到外面学习、交流，扩大交流与合作，集各地经验，招多方资金，引各路人才，增强建设活力，加强实施生态村建设的规划。

考核内容	序号	指标名称	2010 年指标值
社会经济发展	1	农民年人均收入（元/年）	5500
	2	公共设施完善程度	较完善
	3	农村生活饮用水卫生合格率（%）	95
镇乡建成区及村域环境	4	环境质量	达到功能区和规划要求
	5	工业污染源排放稳定达标率（%）	100
	6	生活垃圾无害化处理率（%）	90
	7	建成区人均公共绿地面积（m^2）	20

续表

考核内容	序号	指标名称		2010 年指标值
区域生态环境保护	8	森林覆盖率（%）	山区地区	95
			丘陵地区	
			平原地区	
	9	矿山生态恢复率（%）		达到环境规划要求
	10	水土流失治理程度		达到环境规划要求
农村环境保护	11	规模化畜禽养殖场粪便资源化率（%）		94
	12	规模化畜禽养殖场污水排放达标率（%）		70
	13	秸秆综合利用率（%）		98
	14	农田化肥施用强度（折纯 kg/hm^2）		150
	15	主要农产品农药残留合格率（%）		98
	16	农村清洁能源普及率（%）		90

考核内容	序号	指标名称		2015 年指标值
社会经济发展	1	农民年人均收入（元/年）		7000
	2	公共设施完善程度		较完善
	3	农村生活饮用水卫生合格率（%）		100
镇乡建成区及村域环境	4	环境质量		达到功能区和规划要求
	5	工业污染源排放稳定达标率（%）		100
	6	生活垃圾无害化处理率（%）		98
	7	建成区人均公共绿地面积（M2）		35
区域生态环境保护	8	森林覆盖率（%）	山区地区	98
			丘陵地区	
			平原地区	
	9	矿山生态恢复率（%）		达到环境规划要求
	10	水土流失治理程度		达到环境规划要求

续表

考核内容	序号	指标名称	2015 年指标值
农村环境保护	11	规模化畜禽养殖场粪便资源化率（%）	97
	12	规模化畜禽养殖场污水排放达标率（%）	90
	13	秸秆综合利用率（%）	100
	14	农田化肥施用强度（折纯 kg/hm²）	100
	15	主要农产品农药残留合格率（%）	99
	169	农村清洁能源普及率（%）	100

附 2：金星村"村规民约"

为提高全体村民自我管理、自我教育、自我约束的能力，促进全村的安定团结和三个文明建设，根据法律、法规和国家有关政策规定，制定本村规民约。

一、全体村民均有保护耕地的义务。村内任何组织和个人使用土地都应服从村的统一规划和调整，不得侵占、买卖或者以其他形式非法转让土地。具体规定有：

村委会经过三分之二以上的村民代表通过后，规划出的土地进行使用，及分类处理办法：

1. 基础设施方面的，如做渠道、机耕路、村庄大道等一切基础设施的，按照当年稻谷 500 斤的市场价补给农户，一直补到 30 年不变的年限。30 年到期如继续承包，则继续补偿。

2. 国家集体统一征用的土地按照当地镇政府规定的价格进行征用补偿。75% 补给农户，25% 补给承包组提留，承包组按照当年村集体下拨的人口标准分配到各户再发展生产。

二、村民建房必须服从本村规划，并按照规定程序申报，在领取《建房许可证》后，按批准的地点和面积施工建房，并按照本村村庄详细规划执行，必须考虑到村庄环境，村容村貌方面。

三、严禁荒废耕地，对荒废耕地者，除责令限期复耕种外，报镇人民政府依法收取抛荒费。

四、实行计划生育，提倡晚婚，对非法同居、非法怀孕和计划外生育者，对有谩骂、侮辱、殴打计划生育工作人员等行为者，按有关法律法规和政策严肃处理。

五、学龄儿童和青少年有依法接受教育的权利和义务。其法定监护人应保证子女接受九年制义务教育。

六、本村任何组织和个人一律不准招用 16 周岁以下的人做工。违者责令其限期辞退，情节严重的，报有关部门依法处理。

七、凡符合服兵役条件的本村村民，都有服兵役的义务，应积极主动参加兵役登记、体检和应征，对逃避服兵役（包括不参加初检、不参加复检和体检合格拒绝服兵役）的村民，按照有关法律和政策规定予以处理，情节严重的由有关部门依法追究法律责任。

八、要尊老爱幼，保护老人、妇女、儿童在社会和家庭生活中的合法权益，禁止虐待、遗弃、伤害行为。任何人不得剥夺已婚女子的合法继承权。丧偶女子有继承遗产和带户再婚的权利。

九、父母、继父母、养父母对未成年的子女、继子女和养子女必须依法履行抚养义务。成年子女、继子女、养子女及其配偶，对基本丧失劳动能力或无生活来源的父母、继父母、养父母必须依法履行赡养义务。

十、村民发生赡养纠纷时，由村调解委员会进行调解，调解不成的，村民委员会支持被赡养人依法向人民法院提起诉讼。

十一、严禁任何单位和个人非法制造、经销、买卖、私藏管制刀具、火枪等凶器和危险物品；严禁吸毒、贩毒。任何人不得以各种借口煽动群众到机关、学校、企业、村民委员会办公地、他人住宅起哄捣乱、闹事、制造事端，不得寻衅滋事，扰乱社会治安秩序。

十二、不得非法搜身、侵入他人住宅和限制他人人身自由，不准诽谤他人和侮辱妇女，邻里之间发生纠纷不得采用威胁、要挟的方法，对殴打他人造成伤害的，应赔偿医药费、误工费等，情节严重的，提请司法机关依法处理。

十三、不偷拿国家、集体、他人财物，不在公路、水域航道上设置障碍，不损毁、移动指示标志，不损毁机耕道路、排灌渠道、耕作机械等集体公共设施，不乱砍滥伐树木。

十四、严禁传播淫秽物品，严禁卖淫嫖娼，严禁赌博和小偷小摸，反对迷信活动，严禁利用迷信活动造谣惑众、骗取财物。

十五、积极推行殡葬改革，服从殡葬管理。提倡勤俭节约，反对婚嫁，丧葬大操大办。

十六、村庄卫生环境整治、垃圾处理办法：

1. 每户必须做到"门前三包"，卫生垃圾统一倒入垃圾池里，由集体收集，就地分拣，综合利用，无害化处理。

2. 建筑垃圾，应倒入集体指定的地方处理。

十七、村庄绿化及庭院绿化办法：

故意破坏树苗一根，按照市场价格罚款1—3倍，并按季节重新补种同样大小的树种，并保证成活。

十八、违反本村规民约的，除触犯法律由有关部门依法处理外，村民委员会可作出如下处理：

1. 予以批评教育；

2. 写出悔过书，用村广播进行通报；

3. 责令其恢复原状或作价赔偿；

4. 视情况给予经济处罚；

5. 取消享受或者暂缓享受村里的优惠待遇。

十九、凡违反本村规民约要进行处理的，必须在调查核实后，经村民委员会（或村民代表会议）集体讨论、决定，不得擅自处理。

二十、凡被依法处罚或违反本村规民约的农户，在本年度不评先进、文明户、五好家庭户、遵纪守法户。外来人员在本村居住的参照执行本村规民约。

二十一、本村规民约有与国家法律、法规、政策相抵触的，按国家规定执行。

二十二、本村规民约由村民会议（村民代表会议）通过。

结束语：问题与前景

自浙江省"中心镇"战略和衢州市"强镇"政策实施以来，华埠镇的工业化和城市化发展成就是巨大的，本报告之前的资料充分表明了这一点。不过，在课题组的实地调查以及对在衢州市、县及华埠镇主要领导、相关部门的访谈过程中，我们也深切感受到强镇扩权作为一种正在探索中的重大举措，在取得效果的同时，也存在一些制约发展的因素。如规划的滞后、园区建设的落后制约了中心镇产业的集聚发展，使得资源利用率还不很高，有些扶持政策未到位，影响到中心镇更快发展。制约中心镇发展的因素虽涉及多个方面，但是其核心问题可归结为一条，就是制度问题，是原有制度的设计与安排不尽合理，存在缺陷，一定程度上制约和束缚了中心镇的发展。因为现有中心镇的相关管理体制和政府职能，仍是面向农业、农村、农民为主要管理、服务对象的，浙江省类似华埠这类中心镇早已不是原来的农业镇，经济实力甚至比得上内地的一些县市。身大衣小，财大权小，公共建设滞后，导致乡镇经济数据好听，市镇面貌难看，使得中心镇的自主发展受到了极大制约，已经很难适应其加速推进的工业化和城市化需求了。

一　中心镇发展中的体制问题

1. 条块关系不顺，政府职能定位和权责划分不明确。乡镇作为最基层一级政府，上级政府和有关部门每年都要下达各项工作任务指标进行考核，签订诸如安全生产、森林防火、防汛、动物防疫、计划生育、环保、社会治安综合治理等许多责任状。乡镇政府对本乡镇的经济社会发展负有全面的责任，根据权责一致的原则，理应具备相应的权力，乡镇一级政府直接面对群众，社会管理职能应该更具有灵活性，乡镇政府机构也应具有相对健全的功能，但事实上很难做到。除了法律、法规规定不能放给乡镇管理的机构外，在实行条块结合的机构中，县级主管部门也多倾向于强调要实行以条为主管理；有的以块管理为主的机构，其上级业务主管部门却还掌握着资金划拨权和人事权。

目前，县政府有关部门延伸到镇的机构大致可归为四类：第一类是县有关部门设在乡镇的事业单位，如中小学、卫生院、广电站、林业站、土管所等；第二类是乡镇直属机构，如计生服务站、综治办、便民服务中心、民政以及党委相关组成机构等；第三类是垂直管理部门设在乡镇的机构或按经济区域派驻在乡镇的机构，如公安派出所、工商所、税务所、法庭等；第四类是各金融机构和垄断行业所属企业，如邮电所、信用社、电管所等。这些机构尽管在设置形式上各有不同，但归根到底，都是为实现乡镇政府的职能而服务的。

2003年实施强镇政策以后，作为衢州市扩权乡镇之一，华埠镇在条块关系上虽有所改观，但是依然存在"条块分割，多头管理"的现象，许多问题条上"管得着，看不见"，而块上"看得见，却无权管"。调查中，许多人反映"权在县里、钱在县里、责在镇里"，形容乡镇一级是"天大的责任、巴掌大的权力"。机构职能条块分割、责权利不统一、人员管理使用上的不一致等，不仅导致互相推诿扯皮，办事效率低下，而且还严重削弱了乡镇政府的职能，造成政府管理功能不全，在具体工作中缺乏有效的手段。

2. 管理权限不足，束缚了中心镇的自主发展，也难以应对各种新问题。随着中心镇的发展，一些中心镇的规模和功能具备了小城市的性质，但镇政府缺乏应有的城镇管理、协调和执法权限。

一是缺乏立项审批权，大大小小项目必须报上一级政府管理部门审批。华埠镇每年有大量的建设项目要上，但是不管项目大小，镇政府都没有这方面的审批权。一个项目从准备到报送县级政府计划管理部门审批同意，其中须经过大量的审批环节和很长时间，这与省级中心镇加速经济发展对政府的高效率要求相去甚远。

二是规划、土地、建设、环保、林业等方面的管理权限没有完全到位，随着华埠镇建成区规模扩大以后，土地、规划、建设、林业等方面的违法违章现象也相应增多，需要及时进行处理，而镇政府缺乏这方面的调查处罚权，县级主管部门又鞭长莫及，许多问题得不到及时处理。

三是执法主体缺失，城镇管理与稳定成为老大难问题。当前，我国的法律法规及地方性法规规定的管理职能只落实到县以上人民政府，县政府是行政执法的最基本单位，乡镇政府没有执法权限，只有在受县政府及其部门委托的前提下，乡镇才能履行一些具体管理职能。这种体制是在城镇不够发达、档次低、规模小，与乡村区别不大的情况下产生建立起来的。目前，我国小城镇政府的管理内容已从农业管理为主转移到多产业与全社会管理为主，与计划经济体制下乡镇管理内容、方法有着根本区别，因此，乡镇的管理模式、权限也应有明显区别。我国现有的体制和法律法规仅允许赋予镇与乡等同的管理权限，给城镇管理造成了许多不便。比如，华埠通过几年来的城镇建设，城区面积不断扩大，从2002年的1.35平方公里扩展为现在的近3平方公里，社区从原来的一个社区，扩分为现在横街、枫树底、东岸三个社区。而且，随着华埠3平方公里的有机硅产业基地建设，黄衢南高速、杭新景高速、九景衢铁路的开通，华埠集镇建成区面积还会有一个飞速扩张、人口快速积聚的进程。但是，华埠城市管理相对落后，城区乱搭、乱建、乱占、乱停现象非常严重，由于镇政府缺乏相应的执法主体和行政执法权限，县城管大队又鞭长莫及，华埠城镇管理一直以来都是一个老大难，影响到社会稳定。还有在工业发展以及环境保护等一些违章行为方面，镇政府看得到，管不着，而相关职能部门管得着，看不见。

3. 行政能力不强，难以适应工业化、城市化对政府管理和服务的新要求。这受制于小城镇的行政编制。中心镇的行政机构按一般乡镇的行政机构设置模式沿袭而来，在很大程度上是针对农业和农村的职能需要设置的，仍按以前核定的标准配备，没有充分体现实际发展需要，明显缺乏合理性。目前华埠镇党委政府在编人员近90人，其中农业口编制37人，加上党委系统组成人员，实际从事工业经济、城市化建设服务、管理人员只有21人，其中还有7位是从领导岗位退下来的老同志。而这种机构配设，还是2003年实施强镇体制以后通过竞聘上岗，优化组合后的设置，许多同志都是半道出家，边干边学，而真正具备工业贸易、城市建设管理的专业人才非常缺乏。现在的中心镇，已远不是所谓的小城镇了，从纵向看，工业总产值比当时增长了好几倍；从横向看，常住人口、流动人口和工业总产值比其他一般乡镇明显要多出许多，大量城镇建设和公共事务管理任务等在编制配备上没有得到体现。而中心镇的管理重点是要为经济发展创造一个良好的环境，加强对规划、公共事务的管理和服务，与此相对应的机构却没有设置起来，有的即使设置了，人员编制也太少，与实际需要不相适应。中心镇编制受限、机构设置的滞后以及专业人才的不足，已成为当前制约华埠等中心镇发展的一个重要因素。

4. 改革进程不快，相应的配套改革长期难以到位。省、市、县各级政府都出台了促进中心镇加速增长的相应政策，但是中心镇行政管理体制改革是一个系统的工程，需要一系列的改革相配套。与中心镇行政管理体制改革相关的改革，如户籍制度改革、社会保障体系建立、投融资体制改革、公共财政改革、人事制度改革等，这些改革不及时跟上，行政管理体制改革也很难开展。

二　强镇扩权的进一步思考

为解决上述矛盾，应当进一步转变政府职能，理顺职责关系，明确和强化责任，优化政府组织机构，规范机构设置，完善运行机制，逐步形成权责一致、分工合理、决策科学、执行顺畅、监督有力的行政管理体制。具体到强镇扩权的实质性目标，应当是实现管理资源下移，真正赋予华埠等中心镇部分县级管理职能。虽然浙江省、市各级政府对于扶持中心镇和小城市发展的力度很大，但真正落实起来，可能还需要假以时日。

推进中心镇行政管理体制机制改革，以下原则或为必要：一是保证权力规范运行，做到"扩权不越权"，以适应扩权强镇后加强中心镇权力规范运行和科学管理的必然要求。二是提高为民服务能力，做到"到位不缺位"，通过中心镇在工业化和城市化加速发展中的社会管理和服务职能，切实改善民生。三是推进基层反腐倡廉，做到"干事不出事"，以确保乡镇干部从政安全。四是促进经济社会发展，做到"协调不失调"。通过提升乡镇治理能力，推动镇域发展和小城市培育。

在具体措施上：

（1）进一步扩权强镇，理顺条块关系，完善"中心镇"功能。目前，镇政府功能不全，主要的原因是条块分割，肢解了镇一级的功能。在下一步改革中，需进一步理顺县、镇管理关系，增加镇政府对其职能部门统筹协调能力。要按照"充分授权、权责统一"的原则，坚持能放则放，真正赋予华埠镇部分县级经济社会管理权限，强化镇级管理职能。一是委托镇政府直接行使职能，主要包括：镇政府直接投资的政府性项目审批及基本建设、内外资投资项目的审核、核准、备案。生产性企业技改项目的审批、核准、备案。区域内市政、园林、绿化、环卫等公用事业的建设管理和房屋拆迁、安置；域内建设项目的审批、放验线、验收等工作；颁发建设工程竣工验收规划确认书、建设用地规划许可证、建设工程规划许可证、乡村建设规划许可证、临时建设用地规划许可证、临时建设工程规划许可证；市政基础设施配套费收取；负责违法、违章、违规案件的查处；临时占用镇内道路审批；挖掘镇内道路审批；广告审批及所有张贴、张挂广告的管理；镇域范围内的房屋所有权证的受理、登记、发放、收费等。二是进一步规范派驻机构落实授权，环保、安全、社保、国土等部门部分管理执法职能委托镇政府行使，实行综合执法，对上报省、市有关部门的审批事项，县主管局"见章盖章"，履行上报手续。

（2）根据经济社会发展需求，科学配置中心镇机关人员编制。中心镇既有城市建设任务，又有涉农职能，对周边地区的经济和社会发展具有一定的辐射作用。在机构设置上，要按照"小政府、大服务"，"小政府、大社会"以及精简、高效的要求来设置。更好地促进政府职能转变，更有利于强化中心镇的社会管理职能，有利于承接县级有关部门下放的经济管理权限和职能。

根据华埠镇经济发展和城市发展的需要，结合县级部门事权下放，应重新归并设置政府内设机构。从有利于华埠社会管理角度出发，适时组建华埠公安分局，对治安案件、刑事案件拥有立案侦查权，对治安案件有裁决权，以有效地缩短对案件办理的时间，提高对各类违法行为的打击力度。同时在特种行业许可、消防安全许可有审批权。组建华埠城管中队，人员纳入事业编制，由县城管大队进行统一管理，加强对华埠集镇的管理，促进社会和谐发展。2011年衢州市借鉴义乌佛堂镇综合执法改革试点经验，在柯城区和衢江区探索开展乡镇综合执法试点，在强镇扩权方面迈出了新的步伐。

（3）大力推进中心镇事业单位机构改革。首先，要合理界定中心镇事业单位的职责任务。按照政事公开的原则，事业单位承担的行政管理职能交回政府履行，克服事业单位行政化倾向。党政机关承担的技术性、辅助性、事务性、服务性工作则转移给事业单位或社会中介机构，使党政机关与事业单位这两种性质不同的组织，按照各自的社会功能、管理规范、行为准则科学有效地运行。其次，要规范中心镇事业单位机构设置，要在科学划分事业类型的基础上，进一步优化乡镇事业单位的布局，提倡事业单位（不含中小学校、卫生院）综合设置，压缩精简财政供养人员。最后，要实行分类管理，对服务型的事业单位，可引入市场机制，走企业化、社会化的路子。对公益型的事业单位，财政可适当给予扶持，要鼓励社会力量兴办。政府主要是做好对这类事业单位及组织的监管工作，规范管理，加强引导，充分发挥民间资金及社会力量的作用，实现投资主体的多元化，投资形式的多样化，促进事业单位在中心镇经济社会发展中发挥更大作用。

三　华埠经济的发展前景

浙江省《新型城市化发展"十二五"规划》提出，要把培育发展中心镇作为推进新型城市化、促进城乡一体化发展的重要战略支点和节点。力争到 2015 年，将全省 200 个中心镇培育成为县域人口集中的新主体、产业集聚的新高地、功能集成的新平台、要素集约的新载体，成为经济特色鲜明、社会事业进步、生态环境优良、功能设施完善的县域中心或副中心。

专栏：《浙江省新型城市化发展"十二五"规划》关于发展中心镇的若干设想

中心镇是统筹城乡发展的战略节点。"十二五"时期，要把培育发展中心镇作为推进新型城市化、促进城乡一体化发展的重要战略支点和节点，以促进中心镇转型升级为目标，以改革创新为动力，坚持分类指导、突出重点、梯度发展的原则，分类引导和培育现代小城市、都市卫星城、专业特色镇和综合小城镇。着眼于形成"一城数镇"县域城镇新格局，综合考虑各县市的发展基础、区位条件和资源禀赋，加强分类指导，培育发展一批户籍人口 5 万以上的中心镇。人口较多的经济强县，规划建设"一城五六镇"；人口相对较少的经济强县，规划建设"一城三四镇"；户籍人口 30 万以下的小县以及经济发展相对落后的山区、海岛县，规划建设"一城两镇"或"一城一镇"。进一步加大中心镇培育建设力度，扩大中心镇管理权限，推动中心镇加快发展。按照"宜工则工、宜农则农、宜商则商"的要求，做大做强中心镇特色产业，促进中心镇产业集聚发展。探索建立按居住地登记的户籍管理制度，引导人口向中心镇集聚。加强中心镇社区建设，强化社区服务功能，推动形成基本公共服务、居民互助服务、市场有偿服务、居家养老服务相结合的社区服务体系。积极推进道路交通、水电气、污水与垃圾处理、广播电视通信等基础设施建设，大力发展中心镇社会事业，加快建设上接县城、下联中心村的综合服务平台，全面增强中心镇的综合承载、集聚辐射和公共服务能力。更加注重省际边界县市发展，形成一批省际边界重镇。力争到 2015 年，将全省 200 个中心镇培育成为县域人口集中的新主体、产业集聚的新高地、功能集成的新平台、要素集约的新载体，成为经济特色鲜明、社会事业进步、生态环境优良、功能设施完善的县域中心或副中心。力争100 个左右中心镇的建成区户籍人口达到 5 万人或常住人口达到 8 万人以上、建成区户籍人口集聚率达到 45% 以上，工业功能区增加值占全镇工业增加值的比重达到 70% 以上，第三产业增加值占生产总值的比重达到 35% 以上，年财政总收入达到 4 亿元以上。

积极开展小城市培育试点。在全省范围内选择一批人口数量多、产业基础好、发展潜力大、区位条件优、带动能力强的中心镇，积极开展小城市培育试点，以加快推进人口集中、产业集聚、功能集成、要素集约为着力点，加大改革创新力度，加快培育一批经济繁荣、社会进步、功能完备、生态文明、宜居宜业、社会和谐的小城市，构筑集聚能力强、带动效应好、体制机制活、管理水平高的城市化发展新平台，走出一条具有浙江特色的城乡一体化发展新路子。按照彰显特色、集聚发展的要求，制订完善小城市规划，大力推进基础设施和服务平台建设，着力提升小城市功能。按照城市经济的特点，大力发展小城市经济。努力改善居民生产生活条件，大力推进小城市社区建设，加快集聚小城市人口。按照城市管理职能和小城市建设发展的需要，全面提升小城市管理水平。到 2015 年，将 27 个小城市培育试点镇建设成为经济繁荣、社会进步、功能完备、生态文明、宜居宜业、社会和谐的小城市。其中，在建设规模方面，各小城市建成区面积达到 8 平方公里以上，建成区户籍人口 6 万人以上或常住人口 10 万人以上，建成区户籍人口集聚率到 60% 以上；在经济实力方面，各小城市年财政总收入达到 10 亿元以上，农村居民人均纯收入达到 2 万元以上，工业功能区工业增加值占全镇工业增加值达到 80% 以上，第三产业增加值占 GDP 比重达到 40% 以上，二、三产业从业人员比重达到 90% 以上；在服务水平方面，科技教育、文化体育、卫生计生等设施比较完备，商业、金融等服务业网点布局合理，社会保障水平较高，便民利民的社区服务网络进一步健全；在管理体制方面，建立与小城市发展相适应、权责一致、运作顺畅、便民高效的行政管理体制，形成民主自治、管理有序、服务完善、治安良好、环境优美、文明祥和的社区管理服务体系。

2010 年 4 月 6 日，衢州市发布《新型城市化行动纲要 2010—2015年》①，为推进衢州特色新型城市化发展提出了总体目标和思路。到 2015 年的主要奋斗目标是：确保衢州在四省边界地区经济实力和发展质量相对领先，要素和产品集散具有优势，城市生态环境最好，城市文化软实力相对较强，城市区块紧凑多元，城市特色品牌显现，市民的幸福感、归属感不断增强。全力打造"五个之城"：产业高端，打造实力之城；文化繁荣，打造文明之城；生态优美，打造宜居之城；特色鲜明，打造魅力之城；社会和谐，打造幸福之城。通过构筑新型城市化发展体系，逐步建立以衢州市区为中心，江山、龙游、常山、开化城区为副中心，以交通要道为轴线，"一个中心、四个县城"为主体的浙西城市群形态。

开化县在实施"生态立县、特色兴县"战略基础上，提出并确立了走"产业高新、小县大城、生态发展"的发展之路。实施"小县大城"的主要思路是以新 205 国道为发展轴，城关、工业园区、华埠为节点的"一轴三点"产业发展空间总体布局框架，建设目标通过推进城华区域规划一体化、产业发展一体化、基础设施一体化、公共服务管理一体化，加快构筑以山水园林城市为定位，以城关城区、工业园区、华埠城区"三大区块"为组团，交通路网发达、产业结构合理、城市功能完善、人居环境适宜、生态环境良好的"小县大城"新格局。

在此背景下，华埠镇的经济发展具有地理位置独特的特征，因而前景良好。从地理区位来说，华埠镇位于开化县南边，界常山、开化、玉山三县边缘，扼浙、赣、皖三省咽喉；从交通条件来说，贯穿开化县的两条重要道路——205 国道和 317 省道，都经过华埠进入开化，在区位上看，华埠镇正是开化县的南部门户地区。

从区域影响力来说，华埠镇是始建于唐朝末年的千年古镇，是浙、赣、皖三省交界处古往今来的主要商品集中地。而且长期以来，华埠镇的城镇建设一直走在全县前列，先后被列为全国小城镇建设试点镇、浙江省小城镇综合改革试点镇、全省首批 36 个中心镇之一和"全国文明镇"（衢州地区唯一获此殊荣的乡镇），有实力建设成为开化县南部对外宣传和展示的门户地区。

从开化县城的地域发展特征来看，开化县城空间除了沿芹江两岸还有呈狭长形间隔分布的可供建设的河谷低丘以外，其余广大地区均为中低山与重

---

① 2012 年 2 月 9 日浙江省政府发布了《浙江省新型城市化发展"十二五"规划》。

丘陵地区。因此，城市空降拓展的主要方向只能是沿马金溪南下，把华埠镇纳入城市区统一规划建设是开化城市发展的必然选择。而华埠凭借其经济和城镇建设优势成为未来开化城市的一个副中心是毋庸置疑的。

华埠镇已经确立了其建设目标，即建成规划统一、配套齐全、环境优美、功能齐全、机制灵活、可持续发展的县城组团式城市，整个城市面积将达到5平方公里，城镇人口4万人。为实现此目标，华埠也已规划好下一步的工作任务：（1）按照建设城华一体县城组团式城市要求和"城镇北上、工业南移"思路，以"城华对接"为主线，完善城市规划体系，加快毛家、金星新农村建设和华民新区建设，拉开城镇建设框架。（2）重点加快"二线三口四区"（二线为马金溪、沿205国道沿线，三口为彩虹桥口、华康药厂口、下界首口，四区为华埠工业集聚区、旧城区、江东新区、华民新区）建设，完善城镇基础设施，增强城镇龙头带动和吸附作用，繁荣商贸，集聚人气，打造生态优美城镇。（3）加快城华沿线和317省道公路两侧视线范围内的河道清理、林相改造，新建特色景观带，建设县森林生态博览园和金星休闲园，全力推动城华十里"旅游长廊"形成。（4）利用华埠山水优美的环境和浓厚的历史文化底蕴，在建筑风格中，注重徽派等特色，合理布置生活区、生产区，在规划房屋布局、房地产开发上不宜过于密集，充分体现显山露水的特色，把城市做精、做美、做特、做强，营造良好的人居环境。同时

远山近水如诗如画

深入开展以"创文明城镇，建和谐家园""打造文明城镇，建设最佳人居环境"等为主题的文明城镇创建活动，巩固全国文明村镇建设成果。

相信华埠镇的上述目标，一定会在不远的将来得以实现。

附　　录

附录一：浙江省级中心镇名单

地区	县(市、区)	第一批（2007年公布）		第二批（2010年公布）	
		数量（个）	中心镇名称	数量（个）	中心镇名称
杭州	萧山区	3	临浦镇、瓜沥镇、义蓬镇	1	河上镇
	余杭区	3	塘栖镇、余杭镇、瓶窑镇	1	良渚镇
	桐庐县	3	分水镇、横村镇、富春江镇	0	—
	淳安县	2	千岛湖镇（县城）、汾口镇	1	威坪镇
	建德市	3	乾潭镇、梅城镇、寿昌镇	1	大同镇
	富阳市	2	大源镇、新登镇	1	场口镇
	临安市	3	昌化镇、於潜镇、太湖源镇	1	高虹镇
宁波	江北区	1	慈城镇	0	—
	北仑区	1	春晓镇	0	—
	鄞州区	3	咸祥镇、集士港镇、姜山镇	0	—
	余姚市	3	泗门镇、梁弄镇、马渚镇	1	陆埠镇
	慈溪市	3	观海卫镇、周巷镇、逍林镇	1	龙山镇
	奉化市	2	溪口镇、莼湖镇	1	松岙镇
	宁海县	2	西店镇、长街镇	1	岔路镇
	象山县	2	石浦镇、西周镇	1	贤庠镇

地区	县（市、区）	第一批（2007 年公布）		第二批（2010 年公布）	
		数量（个）	中心镇名称	数量（个）	中心镇名称
温州市	龙湾区	1	瑶溪镇	0	—
	瓯海区	1	瞿溪镇	0	—
	乐清市	2	虹桥镇、柳市镇	1	大荆镇
	瑞安市	2	塘下镇、马屿镇	1	飞云镇
	永嘉县	2	上塘镇（县城）、桥头镇	1	瓯北镇
	洞头县	1	北岙镇（县城）	0	—
	文成县	1	大峃镇（县城）	1	珊溪镇
	平阳县	2	昆阳镇（县城）、鳌江镇	1	水头镇
	泰顺县	1	罗阳镇（县城）	1	雅阳镇
	苍南县	2	灵溪镇（县城）、龙港镇	1	金乡镇
湖州市	吴兴区	2	织里镇、八里店镇	0	—
	南浔区	2	南浔镇、菱湖镇	1	练市镇
	德清县	2	武康镇（县城）、新市镇	2	乾元镇、钟管镇
	长兴县	2	雉城镇（县城）、泗安镇	1	和平镇
	安吉县	2	递铺镇（县城）、孝丰镇	1	梅溪镇
嘉兴市	南湖区	1	新丰镇	1	凤桥镇
	秀洲区	2	王江泾镇、王店镇	0	—
	嘉善县	2	魏塘镇（县城）、西塘镇	2	姚庄镇、天凝镇
	平湖市	2	新仓镇、新埭镇	1	独山港镇

续表

地区	县(市、区)	第一批（2007 年公布）		第二批（2010 年公布）	
		数量（个）	中心镇名称	数量（个）	中心镇名称
嘉兴市	海盐县	2	武原镇（县城）、沈荡镇	0	—
	海宁市	2	许村镇、长安镇	2	袁花镇、盐官镇
	桐乡市	3	洲泉镇、崇福镇、濮院镇	1	乌镇镇
绍兴市	越城区	1	皋埠镇	0	—
	绍兴市	3	钱清镇、杨汛桥镇、平水镇	2	兰亭镇、福全镇
	诸暨市	2	大唐镇、店口镇	3	枫桥镇、牌头镇、次坞镇
	上虞市	3	崧厦镇、章镇镇、丰惠镇	1	小越镇
	嵊州市	2	长乐镇、甘霖镇	1	黄泽镇
	新昌县	1	儒岙镇	1	澄潭镇
金华市	婺城区	2	汤溪镇、白龙桥镇	0	—
	金东区	1	孝顺镇	0	—
	兰溪市	1	游埠镇	1	诸葛镇
	东阳市	3	巍山镇、横店镇、南马镇	0	—
	义乌市	3	佛堂镇、苏溪镇、上溪镇	0	—
	永康市	2	古山镇、龙山镇	1	芝英镇
	浦江县	1	黄宅镇	1	郑宅镇
	武义县	1	柳城镇	1	桐琴镇
	磐安县	1	尖山镇	0	—
衢州市	柯城区	1	航埠镇	0	—
	衢江区	1	廿里镇	1	高家镇

地区	县(市、区)	第一批（2007 年公布）		第二批（2010 年公布）	
		数量（个）	中心镇名称	数量（个）	中心镇名称
衢州市	龙游县	1	湖镇镇	1	溪口镇
	江山市	1	贺村镇	1	峡口镇
	常山县	2	天马镇（县城）、辉埠镇	1	球川镇
	开化县	2	城关镇（县城）、华埠镇	1	马金镇
舟山市	定海区	1	白泉镇	1	金塘镇
	普陀区	2	六横镇、朱家尖镇	1	虾峙镇
	岱山县	2	高亭镇（县城）、衢山镇	0	—
	嵊泗县	1	菜园镇（县城）	1	洋山镇
台州市	黄岩区	1	院桥镇	1	宁溪镇
	路桥区	1	金清镇	0	—
	临海市	2	杜桥镇、白水洋镇	1	东塍镇
	温岭市	3	泽国镇、大溪镇、松门镇	2	箬横镇、新河镇
	玉环县	2	珠港镇（县城）、楚门镇	1	沙门镇
	天台县	1	平桥镇	1	白鹤镇
	仙居县	2	横溪镇、白塔镇	0	—
	三门县	2	海游镇（县城）、健跳镇	1	六敖镇
丽水市	莲都区	1	碧湖镇	0	—
	龙泉市	1	安仁镇	0	—
	青田县	2	鹤城镇（县城）、船寮镇	1	温溪镇
	云和县	1	云和镇（县城）	1	崇头镇

地区	县（市、区）	第一批（2007 年公布）		第二批（2010 年公布）	
		数量（个）	中心镇名称	数量（个）	中心镇名称
丽水市	庆元县	1	松源镇（县城）	1	竹口镇
	缙云县	2	五云镇（县城）、壶镇镇	0	—
	遂昌县	1	妙高镇（县城）	1	石练镇
	松阳县	1	西屏镇（县城）	1	古市镇
	景宁县	1	鹤溪镇（县城）	1	沙湾镇
合计		141		63	

资料来源：根据有关政府文件整理。

附录二：浙江省《关于加快推进中心镇培育工程的若干意见》

浙江省人民政府

（浙政发〔2007〕J13 号，2007 年 4 月 3 日）

中心镇是统筹城乡发展、建设社会主义新农村、走新型城市化道路的重要节点，是发展县域经济的重要载体，是就近转移农村人口的重要平台。根据《中共浙江省委、省人民政府关于全面建设社会主义新农村建设的决定》的要求，现就加快推进"中心镇培育工程"提出如下意见：

一　指导思想和目标

（一）指导思想。以科学发展观为指导，以统筹城乡、区域协调发展，加快推进社会主义新农村建设为目标，以农业现代化为基础，以新型工业化和新型城市化为支撑，按照因地制宜、突出重点、梯次发展的原则，实施政府推动、政策扶持、体制创新、市场运作，努力把中心镇培育建设成为产业的集聚区，人口的集中区，体制机制的创新区，社会主义新农村建设的示范区。

（二）目标。有重点地选择 200 个左右中心镇，分期分批地进行全方位的培育，形成一批布局合理、特色明显、经济发达、功能齐全、环境优美、生活富裕、体制机制活、辐射能力强、带动效应好、集聚集约水平高的现代化小城市。其中"十一五"时期的主要目标是：

——城镇规模进一步扩大，基础设施不断完善，建成区人口集聚率年均增长 1 个百分点以上，主要公共服务设施基本达到"十一五"末省内县级市城区水平。

——产业结构进一步优化，竞争实力不断增强，三次产业比重达到全省平均水平，非农从业人员比重达到80%以上，年财政总收入比2005年翻一番。

——社会事业快速发展，教育、文化、卫生等设施基本满足当地发展需要，各项社会事业发展指标超过全省平均水平，人居环境全面改善。

列入"中心镇培育工程"的县城要在上述基础上，发展成为集约水平更高、基础设施更为完善、产业特色更为鲜明、社会事业更为发达、城市管理和服务体系更为健全的中小城市。

二　主要任务

（三）加强规划编制和管理。把加强规划编制和管理作为"中心镇培育工程"的首要任务。按照科学发展、统筹发展和推进新型城市化的要求，突出中心镇在县、市域总体规划中的地位，加强中心镇总体规划与土地利用、环境保护等各类专项规划的有机衔接。加强规划管理，建立健全规划编制、修订和重大建设项目的公众参与制度，逐步完善规划实施的检查、纠正和责任追究制度。

（四）加快特色产业培育和集聚。把促进特色产业培育集聚作为推进"中心镇培育工程"的核心要求。根据中心镇的实际，明确功能定位，培育各具特色的工业强镇、商贸重镇、旅游名镇等。高度重视发展现代农业，大力培育新型农业生产经营主体和主导产业，推进农业产业化。按照集聚、集约发展的要求，建设产业功能区，做大做强特色块状经济，引导中心镇区域范围内和周边乡镇的企业向产业功能区集聚。符合条件的中心镇产业功能区优先纳入开发区（园区）扩容规划。坚持工业化与城市化互动，实现产业功能区与城镇基础设施的共建共享。按照政府引导、市场运作的方式，创新产业功能区的开发和管理体制。鼓励、支持发展商贸、物流和特色旅游等第三产业，提高第三产业在经济发展中的比重。

（五）加快社会事业发展。把加快社会事业发展作为推进"中心镇培育工程"的重点内容。加大对中心镇社会事业的投入，建设和完善"一校（高标准的普通高中或职业高中）、二院（综合性医院、敬老院）、三中心（文化中心、科普中心、体育中心）"等设施，有效解决农村社会资源短缺等问题。加快建立和完善中心镇社会养老保险、新型合作医疗和社会救助制度，发挥中心镇的农村公共服务平台作用。

（六）加快基础设施建设。把加快基础设施建设作为推进"中心镇培育工程"的基本保障。按照统一规划、适度超前、统筹兼顾、确保重点的要求，建设与中心镇经济社会发展相适应的基础设施，提倡和鼓励中心镇与周边乡镇共建共享。建设和完善"一路（高标准的进镇道路）、二厂（自来水厂和污水处理厂）、三网［自来水供水网、垃圾收集（处理）转运网、通村公交网］"等设施，加快基础设施向农村延伸。

三　扶持政策和改革措施

（七）建立和完善中心镇财政体制。按照分税制的要求和财权事权一致、因地制宜、分类指导的原则，进一步完善中心镇财政体制，使之更加适应中心镇培育和壮大的需要。

（八）实施规费优惠政策。在中心镇范围内收取的规费和土地出让金，除规定上缴中央部分外，地方留成部分向中心镇倾斜。财政部门要强化监督、专款专用。

（九）加大对中心镇的投入。各级政府要加大对中心镇的投入，努力增强其集聚和辐射能力，提升其服务"三农"功能。省级有关部门要整合各类专项资金，合力支持培育中心镇。中心镇符合条件的产业、社会事业和基础设施建设项目，优先列入各级政府的重点工程，并安排一定的专项资金给予支持。金融机构要创新信贷品种、拓宽服务领域，采取多种扶持措施，加大对中心镇的信贷扶持力度；在中心镇吸收的储蓄存款原则上按照规定的存贷比投放中心镇。

（十）加大用地支持力度。各地在修编新一轮土地利用总体规划时，应充分考虑中心镇发展的需要，合理布局，统筹安排。支持中心镇向国家有关部委申报开展城镇建设用地增加与农村建设用地减少相挂钩试点。各地应从省政府下达的用地指标中，安排一定数量，专项用于中心镇发展，并下达给中心镇。支持和鼓励中心镇通过挖潜，改造旧城，开展拆村并点、土地整理，开发利用荒地和废弃地，做到集中用地和集约用地；对符合条件的项目，省里优先核定土地周转指标给予支持。

（十一）扩大中心镇经济社会管理权限。按照"依法下放、能放则放"的原则，赋予中心镇部分县级经济社会管理权限。按照创建服务型政府的要求，强化中心镇政府农村科技服务、信息、就业和社会保障、规划建设、公共文化、义务教育、公共医疗卫生、计划生育和法律援助等公共服务职能。按照"精简、统一、效能"的原则，根据实际需要综合设置机构，在核定的人员总编制范围内配置工作人员。积极探索中心镇行政执法监管改革，界定法定职责，规范委托执法职权，合理确定协助义务。理顺中心镇条块关系，垂直部门派驻中心镇的机构及主要领导干部的考核要纳入中心镇考核体系，主要领导干部的任免须事先征求当地党委意见。

（十二）深化投资体制改革。坚持谁投资、谁经营、谁受益的原则，支持中心镇加大投资体制改革力度，允许中心镇依法组建城镇建设投资公司，拓宽融资渠道，吸引各类资本以多种方式参与中心镇基础设施、社会事业和产业功能区的建设。积极推行市政、绿化养护和环卫作业等公开招投标，加快推进中心镇市政公用事业市场化改革。积极培育自然人、企业法人或社团法人发起的小额贷款组织、担保机构，加强对中小企业和农民创业的融资服务。

（十三）加快推进户籍制度改革。凡在中心镇有合法固定住所、稳定职业或生活来源的人员及其共同居住生活的直系亲属，均可根据本人意愿办理城镇常住户口，在教育、就业、兵役、社会保障等方面享受与当地城镇居民同等待遇，并承担相应义务；在转为城镇居民之日起 5 年内，可继续享受农村居民生育政策。

（十四）加快集体非农建设用地使用制度改革。进一步探索集体建设用地流转方式，保障集体建设用地依法、合理、规范流转。允许中心镇开展农民住宅产权登记试点。采取异地置换方式，积极鼓励山区农民迁移到中心镇落户就业。

（十五）深化农村集体资产管理体制改革。推进镇中村撤村建居社区管理体制改革，认真执行和落实好征地留用地政策，规范撤村建居的集体资产管理制度，提高集体资产民主管理水平，促进集体资产保值增值，积极推进集体经济的股份制合作改革，促进集体经济发展壮大。

（十六）加快建立统筹城乡的就业和社会保障制度。建立机构、人员、经费、场地、制度和工作"六到位"的中心镇劳动保障工作平台，加快中心镇人力资源有形市场和就业服务信息网络建设，建立健全农村劳动力转移就业培训制度，促进农村富余劳动力向中心镇非农产业转移。加快中心镇社会保障制度建设，规范和完善被征地农民基本生活保障制度，有条件的地方要积极探索面向农业劳动者的农村养老保险制度，全面普及新型农村合作医疗，深化完善新型农村社会救助体系，不断完善最低生活保障标准，建立与发展水平相一致的联动增长机制，逐步实现农村基本社会保障全覆盖。

四 组织领导

（十七）加强组织协调。省小城镇综合改革试点领导小组负责全省"中心镇培育工程"推进工作的组织协调。各市、县（市、区）人民政府要建立相应的组织协调机构，及时研究解决中心镇培育工作中出现的困难和问题，确保各项政策落实到位和培育目标的顺利实现。中心镇培育的主要指标列入市、县（市、区）政府领导班子新农村建设考核内容。

（十八）强化督促指导。省小城镇综合改革试点领导小组成员单位和省级相关部门要从各自职责出发，指导和支持各地推进中心镇培育工作。领导小组办公室要提出中心镇培育工作的具体目标体系，及时了解掌握和监察督促各地中心镇培育工作情况，建立中心镇培育动态评价、激励和退出机制。

附录三：浙江省《关于进一步加快中心镇发展和改革的若干意见》

中共浙江省委办公厅、浙江省人民政府办公厅

（浙委办［2010］115 号，2010 年 10 月 11 日）

改革开放以来，小城镇建设一直是我省区域和城乡发展的一大特色和优势。"十一五"以来，省委、省政府把培育发展中心镇摆上重要位置，部署实施"中心镇培育工程"，并取得了明显的阶段性成效。着眼新型城市化和城乡一体化发展的新趋势，适应加快转变经济发展方式、促进经济转型升级的要求，中心镇发展和改革正面临新的历史机遇。为深入贯彻党的十七大精神，进一步加快中心镇发展和改革，经省委、省政府同意，现提出如下意见。

一　指导思想和总体目标

（一）指导思想。坚持以邓小平理论和"三个代表"重要思想为指导，深入贯彻落实科学发展观，把培育发展中心镇作为推进新型城市化、促进城乡一体化发展的重要战略支点和节点，以促进中心镇转型升级为目标，以改革创新为动力，加快推进中心镇人口集中、产业集聚、功能集成、要素集约，走特色发展之路，使中心镇建设在推进经济发展、环境改善和人民群众生活质量提高中发挥更加重要的作用，促进县域经济和社会各项事业实现科学发展。

（二）总体目标。到 2015 年，将全省 200 个中心镇培育成为县域人口集中的新主体、产业集聚的新高地、功能集成的新平台、要素集约的新载体，成为经济特色鲜明、社会事业进步、生态环境优良、功能设施完善的县域中心或副中心。力争 100 个左右中心镇的建成区户籍人口达到 5 万人或常住人

口达到 8 万人以上，建成区户籍人口集聚率达到 45% 以上。工业功能区增加值占全镇工业增加值的比重达到 70% 以上，第三产业增加值占生产总值的比重达到 35% 以上，年财政总收入达到 4 亿元以上；努力把一批规模大、条件好的中心镇培育发展成为现代新型小城市。

二　主要任务

（一）科学规划，促进中心镇资源要素优化配置。按照城乡统筹、区域协调的要求，因地制宜调整行政区划，拓展中心镇发展空间。依据县市域总体规划和土地利用总体规划，加快修编中心镇总体规划、土地利用规划，编制完善中心镇控制性详细规划，调整优化中心村布局规划和建设规划。结合编制"十二五"发展规划，因地制宜定位中心镇功能，加快编制产业发展、基础设施、公共服务、资源环境等专项规划。

（二）实施"千亿产业集聚提升"工程，加快中心镇经济发展方式转变。按照"宜工则工、宜农则农、宜商则商"的原则，做大做强特色产业，科学合理开发利用低丘缓坡、滩涂、农村建设用地等资源，支持中心镇设立产业集聚发展功能区。加快产业共性技术创新，提升企业自主创新能力，促进产业转型升级。支持中心镇加快商贸综合体和商业网点建设，着力改造提升专业市场，积极开发旅游资源，发展特色旅游业，加快现代服务业发展。加快农村土地承包经营权流转，大力发展设施农业、规模农业和精品农业。到 2012 年，完成 1000 亿元左右产业投资，有效提升中心镇产业集聚发展水平。

（三）实施"千亿公共设施建设"工程，促进城乡基本公共服务均等化。大力发展中心镇社会事业，加大教育、卫生、文化、体育、社会保障、社会福利等设施的投入和建设力度。大力推进城乡道路交通、水电气、污水垃圾处理、广播电视通信网络等工程建设。加快构筑上接县城、下联中心村的综合服务平台，全面增强中心镇的综合承载和集聚辐射能力，提升中心镇公共服务水平。到 2012 年，完成 1000 亿元左右公共设施投资，努力使中心镇成为城乡基本公共服务均等化的先行示范区。

（四）开展小城市培育试点，构建城市化发展新平台。按照"自愿申报、审核批准、动态管理、绩效评价"的办法，在全省范围内选择一批人口数量多、产业基础好、发展潜力大、区位条件优、带动能力强的中心镇，积极开展小城市培育试点。通过试点，推动试点镇加快构建比较完备的基础设施网络、比较完善的社会事业发展网络、比较健全的社会保障网络、比较繁荣的商贸服务网络、便民利民的社区服务网络、和谐有序的社会管理网络，成为人口集中、产业集聚、宜居宜业的城市化发展新平台。

三 改革举措

（一）开展强镇扩权改革。坚持依法放权、高效便民、分类指导、权责一致的原则，赋予中心镇相应的经济类项目核准、备案权和市政设施、市容交通、社会治安、就业社保、户籍管理等方面的社会管理权。鼓励将非行政许可事项由县级部门直接交办给中心镇行使，行政许可事项由县级部门依据法律、法规、规章的规定，委托给中心镇直接行使。推动行政执法重心下移，支持在中心镇开展城市管理相对集中行政处罚权改革试点，实行综合执法。调整完善县级部门与其派出（驻）中心镇机构的审批管理制度，在中心镇集中办理各类审批事项。各县（市、区）政府要因地制宜，出台中心镇扩权事项目录，建立职责明确、权责对应的责任机制，确保扩权事项有效落实、规范运行。同步推进中心镇政府的依法行政工作，加强法制机构和队伍建设，努力提高管理和服务水平。

（二）推进规划体制改革。按照城乡统筹、部门联动和规划编制、实施、监管并重的要求，进一步加强中心镇发展规划、总体规划、土地利用总体规划的统筹协调，加强中心镇空间布局、用地指标、建设时序的紧密衔接，实现中心镇中长期发展战略、发展目标与空间布局、土地、资源配置的协调统一。加强和改进规划实施管理，建立中心镇辐射范围内规划共编、工程共建、功能共享的体制机制，促进城乡资源合理流动、高效配置。

（三）深化财政和投资体制改革。按照分税制财政体制的总体要求，建立和完善有利于中心镇发展的财政体制。合理划分县（市、区）与中心镇的事权，按照财权与事权相匹配的原则，进一步理清。顺县（市、区）与中心镇的财力分配关系，实现财力适度向中心镇倾斜，促进中心镇经济社会发展和小城市培育。建立和完善规费优惠激励机制，鼓励市、县（市、区）将中心镇土地出让金净收益留成部分返还用于中心镇建设，将在中心镇征收的城镇基础设施配套费全额留镇使用，其他规费除按规定上缴中央和省以外，原则上留给中心镇使用。各级政府应建立支持中心镇基础设施建设、重大产业和公益事业发展的投入机制，支持有条件的中心镇设立创业投资引导基金，支持符合条件的重点建设项目发行企业债券。省级有关部门要加大专项资金整合力度，重点扶持中心镇"千亿产业集聚提升"和"千亿公共设施建设"工程项目。各级各部门要支持中心镇深化投资体制改革，降低准入门槛，鼓励民间资本投资旧城改造、农村新居住点和基础设施建设以及社会事业发展，形成多元化投资格局。

（四）完善土地管理制度。优先支持中心镇开展农村土地综合整治，整合城镇建设用地空间，切实保障中心镇建设用地需要。安排一定的土地启动指标，支持中心镇开展城乡建设用地增减挂钩改革。对中心镇的城镇建设用地指标，各地要在年度城镇建设用地切块指标中作出专门安排。

符合条件的"千亿产业集聚提升"和"千亿公共设施建设"工程项目用地，要优先列入省重点建设项目给予保障。支持中心镇开展"旧房、旧村、旧厂"改造，优化土地资源配置，提高土地利用效率。加快推进农村集体土地所有权、宅基地使用权、集体建设用地使用权的确权登记颁证工作。对符合规划并已办理确权登记手续的经营性集体建设用地，鼓励开展土地使用权流转试点，探索试行集体建设用地流转模式和相关机制。允许农村集体经济组织使用中心镇土地利用总体规划确定的建设用地兴办企业，或以土地使用权入股、联营等形式参与开发经营，并依法办理用地手续。探索建立经营性集体建设用地使用权流转收益分配及相应的税收调节机制。

（五）推进农村金融制度创新。加快发展多元化的新型农村金融组织，鼓励金融机构在中心镇设立分支机构，支持具备条件的中心镇设立村镇银行和小额贷款公司。积极推进农村金融产品创新，推广小额信用、联户担保等信贷产品，支持中心镇开展农村住房产权、土地承包经营权抵押融资。支持中心镇各类金融机构加入支付清算系统，大力推广应用银行卡、银行本票等非现金支付工具，增强金融服务功能，提高金融电子化水平。积极稳妥推进农村资金互助社和农民专业合作社开展信用合作试点，探索建立政府主导、社会参与、市场运作的农村信贷担保机制。

（六）加大户籍制度改革力度。全面建立按居住地登记的户籍管理制度，在中心镇有合法固定住所的农村居民，可根据本人意愿，申报登记为城镇户口。在其尚未享受全面城镇居民社会保障待遇前，可继续保留原集体经济组织成员的权益，五年内继续享受农村居民的计划生育政策。已登记为城镇户口，且已置换宅基地和土地承包权的进镇农民，应享受与当地城镇居民同等的待遇。

（七）深化就业和社会保障制度改革。加快建立城乡统一的就业制度和就业公共服务平台，将准备转移就业的农村劳动者统一纳入城镇居民就业政策和服务范围。积极探索建立城乡统筹、制度和政策相互衔接的社会保障体系，加快推进社会保障制度全覆盖，逐步缩小城乡社会保障待遇差距。已在中心镇就业、与用人单位建立劳动关系的人员，应按规定参加各项社会保险。

（八）推进住房制度改革。按照城市住房制度改革和住房保障的模式，加快建立完善中心镇住房保障制度，要把登记为城镇户口、已置换宅基地的进镇农民，纳入城镇住房保障体系。鼓励有条件的中心镇把已在中心镇就业并参加社会保险的外来务工人员，纳入城镇住房保障体系。加快推进农村住房改造建设，继续开展农村困难群众住房救助，促进农村人口向中心镇转移集聚。

（九）深化行政管理体制改革。按照"促进经济发展、加强社会管理、强化公共服务、推进基层民主"的要求，科学界定中心镇政府职能，重点强化面向基层和群众的社会管理和公共服务职能，实行政企分开、政资分开、政事分开、政府与中介组织分开，降低行政成本，提高行政效率。创新机构编制管理，按照"精简、统一、效能"的原则，允许中心镇根据人口规模、经济总量和管理任务等情况，在核定编制总数内统筹安排机构设置和人员配备，积极探索综合执法、行政审批服务、土地储备、公共资源交易等平台建设。配优配强中心镇党政领导班子，省级中心镇党委书记一般由县（市、区）级领导班子成员兼任。少数不兼任的，可根据工作需要和干部本人条件，高配为副县（市、区）级。创新县级部门与其派出（驻中心镇）机构的管理体制，建立"事权接受上级主管部门指导、财政以中心镇属地管理为主、干部任免书面征求中心镇党委意见、赋予中心镇党委人事动议权"的双重管理制度。

（十）创新社会管理体制。按照城市管理的理念，加快推动中心镇社会管理向现代城市管理模式转变。重点加强中心镇社区建设，加快构建以社区党组织为核心、社区居委会和社区服务站为两翼的社区管理组织架构，形成基本公共服务、居民互助服务、市场低偿服务三结合的社区服务体系。强化社区服务功能，加快建立劳动就业、社会保险、社会救助、社会福利、卫生计生、文化体育、法律援助、社会治安等社区服务管理新机制。积极有序培育公益服务类民间组织、中介组织和相关经济合作组织，积极探索市场化的社区服务机制。创新投入保障机制，鼓励引导社会力量参与社区公共服务，建立多渠道、多元化的社区建设投入和运作机制。

四　保障措施

（一）加强组织领导。省里将成立中心镇发展改革和小城市培育试点工作协调小组，负责组织协调全省中心镇发展和改革工作。协调小组办公室设在省发改委，负责日常工作。各市、县（市、区）党委、政府要高度重视中心镇发展改革和小城市培育试点工作，建立健全相应的组织领导机构，切实加强对这项工作的组织领导。县（市、区）党委、政府是中心镇发展和改革工作的责任主体，要切实负起责任，在统筹县域发展中切实加大中心镇工作力度，抓好各项工作的落实。省市各有关部门要各司其职，密切配合，形成合力，加强对中心镇发展和改革的指导和协调。

（二）加强政策支持。进一步落实中心镇培育的各项政策，加大政策资源的整合力度，充分发挥现有政策的效应。抓紧制订出台有利于加快中心镇发展和改革的配套政策措施，进一步激发中心镇发展活力。各级各部门要以求真务实的精神、改革创新的思路，在实践中不断丰富和完善各项政策措施，努力为中心镇发展和改革提供有力的政策保障。

（三）加强舆论引导。充分利用广播、电视、报刊、网络、宣传栏等多种渠道和形式，广泛宣传加快中心镇发展和改革的重要意义及各项政策，激发基层干部群众的积极性、主动性和创造性，形成全社会关心支持中心镇发展和改革的良好氛围。及时总结推广各地的成功经验，典型引路，示范带动，把中心镇发展和改革工作不断引向深入。

附：第二批省级中心镇名单（略）

附录四：衢州市《关于进一步加快经济强镇发展的意见》

中共衢州市委、市人民政府

（衢委发〔2008〕19号，2008年6月20日）

自2003年实施经济强镇政策以来，各县（市、区）委、人民政府、市级各有关部门及各经济强镇认真贯彻落实经济强镇发展的各项政策措施，积极推进经济强镇建设，取得了明显成效。为了进一步加快经济强镇发展，更好地发挥经济强镇集聚和辐射作用，根据《浙江省人民政府关于加快推进中心镇培育工程的若干意见》（浙政发〔2007〕13号）的要求，市委、市政府决定继续对柯城区航埠镇、衢江区廿里镇、龙游县湖镇镇、江山市贺村镇、常山县辉埠镇、开化县华埠镇6个镇进行重点扶持，并就进一步加快经济强镇发展提出如下意见：

一　充分认识进一步加快经济强镇发展的重要意义

1. 切实增强对进一步加快经济强镇发展的认识。实施经济强镇政策五年来，各经济强镇综合实力明显增强，在县域经济中的占比逐年提高，集聚辐射功能明显提升、人民生活水平快速提高，已成为推动县域经济发展的重要增长极。但是，我市经济强镇的经济实力、建设品位、集聚功能、发展后劲与省内发达地区相比，都还有很大的差距，而且在进一步加快发展中面临着权责不符、要素紧缺、体制不顺等诸多问题。因此，我们必须进一步提高对加快经济强镇发展重要性、紧迫性和长期性的认识，把加快经济强镇发展作为全面推进"创业创新、富民强市"的具体行动，统筹城乡发展、建设社会主义新农村的重要节点，发展县域经济的重要载体，就近转移农村人口的重要平台，继续解放思想，坚持改革开放，推进强镇扩权，推动各经济强镇又好又快发展。

二 进一步明确加快经济强镇发展的指导思想和主要目标

2. 指导思想：以科学发展观为指导，以"创业创新，富民强市"为主线，以"政府推动、政策扶持、体制创新、率先发展"为原则，以完善规划体系、深化体制改革、加大扶持力度、强化产业支撑、加快人口集聚、健全工作机制等为主要手段，提高经济强镇发展水平，发挥经济强镇集聚和辐射功能，促进城乡经济社会快速、协调、可持续发展。

3. 主要目标：通过强镇扩权，加快经济强镇经济发展和社会各项事业建设，力争到 2012 年，各经济强镇特色更明显、经济更发达、功能更齐全、环境更优美、人民生活更富裕、辐射能力更强大，努力把经济强镇建设成为产业集聚区、体制机制创新区、社会主义新农村建设示范区。

主要目标是：

——经济实力进一步增强，产业结构更趋优化。航埠镇、廿里镇：①各项主要经济指标的增幅力争在全市平均水平 150% 以上；②经济总量在全区占比力争达到 10% 以上；③新增规模以上企业力争 15 家以上；④工业增加值占地区生产总值比重力争达到 50% 以上，非农产业就业劳动力占就业劳动力总数比重力争达到 60% 以上。湖镇镇、贺村镇、辉埠镇、华埠镇：①各项主要经济指标增幅力争在全市平均水平 130% 以上；②经济总量在全县（市）占比力争达到 18% 以上；③新增规模以上企业力争 15 家以上；④工业增加值占地区生产总值力争达到 65% 以上，非农产业就业劳动力占就业劳动力总数比重力争达到 70% 以上。每个经济强镇形成 1 个以上市场竞争力较强的主导产业，培育 1 个以上优势产业集群，形成具有较强竞争能力和发展活力的产业结构。

——城镇化水平进一步提高，基础设施更趋完善。加大经济强镇基础设施建设投资力度，镇区建成较为完善的供水、供气、道路、绿化和污水、垃圾处理等基础设施，与农民生产生活直接相关的乡村道路、饮水等基础设施有明显改善。建成区面积、人口集聚等指标有明显提高。

——新农村建设进一步推进，农村面貌明显改善。农业产业化经营水平进一步提升，主导农产品竞争力进一步增强，基本形成"一镇一业、一村一品"的农业产业格局；农民收入有较大幅度提高，五年平均增幅高于全市 2 个百分点以上；村庄整治进一步深化，农村垃圾集中处理等重点工程全面推进，农村面貌有较大改观。

——社会事业进一步发展，文明程度明显提高。教育、科技、文化、卫生、体育等设施进一步配套，社会事业得到全面发展，城乡就业和社会保障制度基本建立，乡风文明，社会和谐，居民民主管理意识明显增强，形成较为健全的社会事业管理体系，力争全部获得"省级文明镇"称号。

三　强化经济强镇发展的产业支撑

4. 高起点编制发展规划。各经济强镇要根据各自经济社会、人口资源环境条件，按照统筹城乡发展和建设社会主义新农村的总体要求，加快制订和完善城镇发展规划体系。规划编制要以国民经济和社会发展总体规划、主体功能区规划为指导，加强与城乡建设、土地利用、环境保护等各类规划的有机衔接，突出经济强镇连接城乡、服务农村的节点作用。逐步完善经济强镇规划管理体制，建立健全规划编制、修订和重大项目建设的公众参与制度，强化规划实施的检查、纠正和责任追究制度。

5. 加强工业功能区建设。各县（市、区）要在土地指标安排、规费减免、土地出让金预算支出等方面加大对工业功能区的扶持力度，还可视财力情况，建立强镇发展基金，用于解决经济强镇工业功能区建设或贷款贴息。强镇工业功能区享受所在县（市、区）经济开发区各项优惠政策。金融部门对强镇工业功能区内的中小企业贷款要优先考虑、给予利率优惠、创新担保方式。各经济强镇要加快工业功能区基础设施建设，并在"五通一平"、标准厂房、公共服务平台、集中供热、集中治污等方面不断提升档次和品位，增强产业承载能力。

6. 积极引导产业集聚。各经济强镇要科学制定产业发展规划，明确工业功能区产业定位，引导工业企业向工业功能区集中，严格限制工业零星布点，促进产业集群化发展。要坚持差异化发展，加大招商选资力度，着力引进一批节能环保、投入产出率高、带动能力强的大项目、好项目；加大特色主导产业的培育力度，做大做强一批主业突出、竞争力强、关联度高的优势骨干企业，壮大特色块状经济；大力培育一批成长型、初创型中小企业。要大力弘扬"劳动立身、创业光荣"的创业文化，不断改善投资环境，按照放心、放手、放胆、放开和不限比例、不限速度、不限方式、不限规模的原则，鼓励农民自主创业，积极引导农民由外出务工向本地自主创业转变，促进家庭工业快速发展。

7. 加快商贸业发展。支持各经济强镇积极营造服务业发展的氛围和环境，以工业化、城镇化和新农村建设为基础，大力培育专业市场、发展农家乐休闲旅游业和现代物流业，全面提升经济强镇现代服务业发展水平。

四　大力推进经济强镇新农村建设

8. 加快发展现代农业。各经济强镇要加大农业主导产业的改造提升力度，增加农业效益，提高农民收入；大力发展投资小、周期短、效益好的短平快生态高效农业项目；积极拓展农业功能，着力发展休闲农业、观光农业。结合土地制度创新，大力推进农业规模化、产业化经营，培育、完善农村经济合作组织和农业产业化经营组织，引导各类工商资本投资现代农业。切实加大投入力度，加快农田水利、耕地保护、土壤改良、林区道路等基础设施建设步伐，不断提高农业综合生产能力。

9. 健全农民持续增收的长效机制。各经济强镇要在充分挖掘农业增收潜力的同时，充分发挥工业功能区的平台作用，通过深化农民素质培训，着力提高农民转移就业和自主创业能力，加快农村劳动力向二三产业转移，大幅增加农民工资性收入。要高度重视低收入农户增收工作，健全结对帮扶机制，增强低收入农户自我发展、持续发展能力，切实增加低收入农户收入。

10. 着力改善农村面貌。各县（市、区）在制订村庄整治五年规划和年度计划时，对经济强镇要优先考虑、优先安排并加大扶持力度，促进经济强镇加快推进村庄整治，加快推进垃圾集中处理、农村沼气利用、农民饮用水等重点工程建设，不断改善农民生产生活条件。

11. 加快中心村培育。各经济强镇要按照各县（市、区）的村庄布局规划合理进行村庄布点，积极稳妥地推进村庄撤并工作。对整体搬迁村、自然村农民建房要加强规划引导，并制订激励政策鼓励农民到中心村建房居住。

五　加快经济强镇的人口集聚

12. 积极实施户籍制度改革。实施居住证制度，凡在经济强镇建成区内拥有合法固定住所，有稳定职业或生活来源的本地农民、外来人员及其共同居住生活的直系亲属，根据本人意愿均可办理城镇居民户口。要采取规划引导、建设民工公寓和下山脱贫安置区等措施，有序引导外来人口向经济强镇规划点集中居住。对外来务工经商人员的子女就学等问题，要积极创造条件，妥善解决。

13. 以土地流转推动农民向强镇转移。按照依法、自愿、有偿的原则，在坚持集体土地所有权不变、确保耕地保有量不减少和保障农村集体经济组织成员基本生活和基本养老的前提下，积极探索集体建设用地、土地承包经营权有序流转机制。在不改变土地用途的前提下，积极探索农用地出租、抵押、投资等农村土地使用权的市场实现形式，实现农村土地使用权市场化、货币化、股份化。

六 加大对经济强镇发展的扶持力度

14. 继续实行经济强镇财政倾斜政策。从 2008 年起，各县（市、区）以经济强镇 2006 年的地方财政收入为基数，将超基数收入的地方留成部分全额留给镇里，专项用于经济强镇的基础设施建设和各项社会事业的发展。此项政策一定五年不变。

15. 继续实行对经济强镇规费返还制度。经济强镇规划区范围内收取的各种规费，除按规定上缴中央、省部分外，市、县（市、区）地方留成部分原则上全额留镇使用。土地出让金县（市、区）可用部分预算支出原则上全额安排该镇使用，专项用于基础设施建设、公共服务设施建设和耕地保护。其他县城和县级市的市区可以收取的费用，报经县（市、区）人民政府同意后，也可按同样的标准和范围收取，并全部留镇使用。上述专项经费要严格专款专用，不得挪作它用。

16. 加大对经济强镇项目支持力度。各级有关部门在安排专项资金时，对经济强镇符合专项资金使用范围的项目，应优先考虑，切实提高经济强镇的科技、文化、教育、交通、水利、电力、通信、卫生、环保、环卫、治安、消防、市场和安全生产等方面的建设水平，并辐射和服务周边乡镇、村。

17. 加大经济强镇土地要素保障力度。新一轮乡级土地利用总体规划编制时，土地要素资源要向强镇集聚，尽可能留足发展空间，优化布局结构，节约集约发展。新增建设用地指标要向强镇倾斜，同时安排适量房地产指标用于集镇开发、建设。土地开发整理复垦项目要优先安排，所取得的用地指标和土地指标调剂等收益，全部留镇使用。

七　创新经济强镇发展体制机制

18. 扩大经济强镇经济社会管理权限。按照责权利统一和合法、便民的原则，促进县级管理资源下移到经济强镇，为农村居民及企业提供便捷周到的审批和服务，提高办事效率。各县（市、区）可依法通过委托、授权等形式赋予经济强镇相关行政审批权和相关行政执法权。县级部门要针对委托行政执法事项加强人员培训和经费支持，确保高效、规范的审批和执法。上报省、市有关部门的审批事项，市、县（市、区）主管部门要优先办理，及时上报，提高审批效率。

19. 扩大经济强镇基础设施有偿使用和有偿服务范围。按照统一规划、适度超前、统筹兼顾、确保重点的要求，推进与经济强镇发展相适应的基础设施建设，承接中心城区公共服务、公共产品的延伸，提倡和鼓励经济强镇与周边乡镇共建共享，加快基础设施向农村延伸。要积极探索经济强镇基础设施建设筹资机制，理顺价格关系，建立政府调控价格和市场定价相结合的公用事业价格体系，逐步形成投资、经营、回收的良性循环发展机制。鼓励以股份制、合资、独资等灵活形式，成立专业公司承包市政维护、污染治理、环卫清扫、垃圾收集运输、绿化养护等任务。

20. 继续深化经济强镇干部人事制度改革。为了加强经济强镇的协调能力，在机构不升格的前提下，经济强镇的党委书记由县（市、区）委常委兼任或高配副县级，经济强镇的镇长纳入市管干部序列，并保持经济强镇党政领导班子相对稳定。经济强镇根据工作职责和工作需要，在核定的编制内，不强求上下对口、组织形式一致。除国家规定实行垂直管理的部门外，其他县级以上驻镇机构和人员，实行条块结合、以块为主的管理体制。垂直管理的驻镇派出机构接受经济强镇党委、政府的监督，主要领导的任免须书面征求镇党委意见。组织人事部门要积极创造条件，优先为经济强镇引进规划、建设、工业等方面的紧缺人才。

21. 切实加强对经济强镇工作的领导。各县（市、区）委、政府要把经济强镇作为县域经济发展的重要增长极来抓，加强领导和指导力度，县

（市、区）委常委会每年至少一次听取经济强镇工作汇报，及时研究解决经济强镇发展中出现的困难和问题。市经济强镇领导小组成员单位和市级有关部门要根据各自职能，加强对经济强镇发展的指导、服务和支持；领导小组办公室要加强对经济强镇扶持政策落实情况的检查督促，确保各项扶持政策及时落到实处。

22. 完善经济强镇考核激励机制。实行经济强镇动态管理机制，现在确定的经济强镇如连续三年不能完成经济发展考核目标，则取消其经济强镇资格，不再进行重点扶持；其他发展更快的中心镇在经济总量、在县（市、区）占比均超过的情况下，经市委、市政府同意可将其确定为经济强镇，享受经济强镇相关政策扶持。同时，为确保各项政策的落实和各项目标的实现，市委、市政府决定把经济强镇各项主要经济指标完成情况纳入对各县（市、区）委、政府农业农村经济发展考核的重要内容。要加强对经济强镇党政一把手的考核，考核办法由市经济强镇领导小组办公室另行制订下发，考核结果要与干部使用挂钩。

后　记

　　本书是中国社会科学院"国情调研重大项目/乡镇系列"之一——华埠镇调研的最终成果。本次调研由中国社科院经济所王宏淼博士负责，他承担了从申请立项、调研设计、现场调查到撰稿写作的全程工作和主要任务。中国政法大学贵斌威博士参与了实地调研、访谈与部分数据的处理、调研报告的讨论。魏枫博士在中国社科院研究生院读博期间就参与了课题的前期讨论，虽后因毕业回到黑龙江大学执教而未能参与现场调研，但他细读了所有调研资料，承担了部分文字撰稿工作，并组织硕士生任晓菲、赵明、赵宇亮帮助录入处理了第一批统计年鉴数据。本调研自2009年夏启动，在2010年完成初稿，2011年又补充了数据和资料，于今终于付梓出版。

　　我们能够顺利完成华埠调研、撰稿及本书的出版工作，是与衢州市、开化县及华埠镇方方面面所给予的大力帮助分不开的。衢州市农办、衢州市强镇办公室蒋国强、杨天森、巫燕飞、姚文峰、王雪川等领导不仅给我们详细介绍了衢州市强镇政策及实践情况，还持续提供了六个强镇的有关数据，杨天森与巫燕飞两位处长陪同课题组进行了部分实地调研。华埠镇苏新祥、汪奎福、李世古、方汉春等时任党政领导给予课题组热情接待和情况介绍，镇政府有关职能部门同志帮助填写调查问卷并提供了数据与图片，方汉春副镇长全程陪同我们的实地考察。许多华埠镇村民朋友以及金星村、炉庄村、溪上村的村委领导接待了我们的现场访谈。开化县统计局给课题组借阅了1985—2008年历年《开化统计年鉴》，国家统计局衢州调查队邵阿明副队长提供了2009—2011年开化统计数据的电子版。在实地调研期间，课题组成员与王宏淼曾经的衢州二中高中同学、目前已在衢州市政府、文教卫生和企业界诸领域有着突出成绩的李昱、巫燕飞、万文龙、柴建明、包建峰、王晓成、郑鹏飞等一同畅谈衢州经济发展，使我们增加了不少感性认识。在此，课题组对给予帮助的领导、朋友和同学，一并表示深深的谢意。

　　衢州是我们的故乡，我们生于斯、长于斯，对这片土地有着深厚的情感。作为研究中国长期增长与宏观稳定的学者，我们希望通过此书忠实记录华埠镇的发展历程，让人们更好地理解当代浙西乡镇工业化和城市化的历史变迁和经验，为家乡经济建设贡献绵薄之力，同时也为中国经济发展提供一些有益的启示。三年来调研撰搞中的最大挑战，来自于华埠镇的统计基础与口径的不一致，以及数据存在前后差异，耗费了我们大量的时间去分析调整，从而使得实际进展远比预期要缓慢得多。课题组力图以事实为导向，客观体现浙西中心镇扩权的历史背景及华埠绿色经济的发展全貌，而较少反映我们的主观理解和判断，以便为今后的后续研究积累一些基础性资料。尽管我们已经尽了最大努力，但其中或仍有不少错漏之处，在此恳请读者批评指正。

中国社科院经济所华埠镇课题组
2011 年岁末识于北京